Norwegen

In Zusammenarbeit mit

BIG PACK
Hoechst Trevira

SALOMON®

HAUSER
EXKURSIONEN
international   GmbH

 **Bruckmann**

Vom gletscherbedeckten Gipfel des Glittertind, dem
zweithöchsten Berg Norwegens, öffnet sich das
Land weit nach Osten, über die Tallandschaft des
Gudbrandsdalen bis zur gletscherlosen, kahlen
Bergwelt des Rondane.

Abenteuer Trekking

Alwig Derstvenscheg

Norwegen

Herausgegeben
von Bruno Baumann

Bruckmann

Eine Produktion des
Bruckmann-Teams, München

Umschlaggestaltung: Uwe Richter
Lektorat: Dr. Helmut Kremling
Layout-Entwurf: VerlagsService Dr. Helmut Neuberger
& Karl Schaumann GmbH, Heimstetten
Layout: Verlagsservice G. Pfeifer, Germering
Herstellung: Ina Hesse

Bildnachweis:
Alle Fotos stammen von Alwig Derstvenscheg;
ausgenommen Einband-Titel: Superbild Eric Bach,
Grünwald b. München.

Die Kartenskizzen zu den Touren wurden vom
Ingenieurbüro für Computerkartographie Uli Venzl,
Haimhausen, die Übersichtskarte vom Ingenieurbüro
für Kartographie Heidi Schmalfuß, München, erstellt.

Umschlag-Vorderseite:
Felsszenerie auf der Insel Falkstadøya, Lofoten

Umschlag-Rückseite:
Zwischen den trockenen, mit Flechten und Geröll
überzogenen Bergen des Rondane bietet das grüne
Illmanndalen herrliche Lagerplätze (Tour 3).

Gedruckt auf chlorfrei gebleichtem Papier

Die Deutsche Bibliothek – CIP-Einheitsaufnahme

Derstvenscheg, Alwig:
Norwegen / Alwig Derstvenscheg. Hrsg. von Bruno
Baumann. –
München : Bruckmann, 1996
(Abenteuer Trekking)
ISBN 3-7654-2815-9

Inhalt

Die Trekkingtouren

▶ 5 Der Jotunheimen-Nationalpark 104

Wandern im Reich der (Riesen)gebirge

1. Tag: Mit dem Boot ins Gebirge 104 –
2. Tag: Torfinnsdalen–Svarthammarbua 105 – 3. Tag: Svarthammarbua–Gjendesheim 107 – Ein Mann der Berge 107 –
Tagesausflug über den Besseggen 109 –
4. Tag: Über den Besseggen-Grat 110 – Zum
Russvatnet 113 – 5. Tag: Russvatnet–
Glitterheim 113 – 6. Tag: Auf den Glittertind 114 – 7. Tag: Grünes Veodalen und
gletscherumrahmte Skautflya 115 – »Hotel«
Spiterstulen unter den Gletscherströmen
des Galdhøpiggen 116 – *Auf den Galdhøpiggen 116* – 8. Tag: Spiterstulen –Leirvassbu 117 – Liebliches Visdalen am Fuß
der »Kirche« 117 – 9. Tag: Durch den
wilden Osten 118 – 10. Tag: Olavsbu –
Eidsbugarden 120

▶ 6 Oktober im Saltfjellet-Nationalpark 122

Wintereinbruch am Polarkreis

1. Tag: Letzte Herbsttage im Lønsdalen 122 –
2. Tag: Ein Atlantiktief vertreibt den Frost
des ersten Winters 124 – Winter im Steindalen 125 – 3. Tag: Saltfjellstua–Bjøllådalen 125 – Durchs sumpfige Bjøllådalen 125
– Die Steinstua – Notunterkunft mit Atmosphäre 126 – 4. Tag: Bjøllådalen–Raud-
fjelldalen/Bolna 128 – Hinauf ins Raudfjelldalen 128 – *Der Svartisen-Gletscher 129*

▶ 7 Spätwinter in den Sulitjelmabergen 132

Auf Skiern durch nordische Tallandschaften

Anreise: Die Grubenstadt Sulitjelma 132 –
1. Tag: Jakobsbakken–Balvasshytta 133 –

Vorwort des Herausgebers

Kein anderes europäisches Land weist ein derartiges umfassendes Spektrum an Urlandschaften auf wie Norwegen. Die eiszeitliche Vergletscherung war die fast alles gestaltende Kraft. So entstanden gerundete, wie abgehobelt aussehende Bergformen, ausgeprägte U-Täler, wild zerrissene Küsten mit tief ins Land reichenden Fjorden und ausgedehnte Hochplateaus. Obwohl die heutige Vergletscherung nur noch ein schwacher Abglanz jener eiszeitlicher Eisbedeckung ist, findet man im Jostedalsbreen immer noch den längsten Gletscher Kontinental-Europas.

Das heutige Erscheinungsbild der Landschaften wird vor allem durch die unterschiedlichen Klima- und Vegetationszonen geprägt. Allein aufgrund Norwegens Nord-Süd-Ausdehnung von über 1700 Kilometern ist die Spannweite enorm. Sie reicht vom fruchtbaren und lieblichen Telemark im Süden, über Jotunheimen, dem Dach Norwegens mit den vergletscherten Gipfeln Galdhöppigen und Glittertind, über die gerundeten Bergketten des Dovrefjell und Rondane, bis hinauf in die Wildnisse der Finnmark nördlich des Polarkreises. Eine Landschaft für sich stellt die Hardangervidda dar. Vidda bedeutet »Weite«, und dort unterwegs zu sein heißt, dem Horizont zu begegnen.

Beträchtliche Teile der Naturschätze Norwegens liegen heute innerhalb der Grenzen von Nationalparks und sind somit vor größeren Veränderungen geschützt. Die – zusammen mit jenen auf Spitzbergen – insgesamt 21 Nationalparks erschließen nahezu alle Facetten nordischer Landschaft und eröffnen viele Möglichkeiten, Trekkingtouren zu unternehmen. Diese Form des Unterwegsseins in der Natur ist für die Norweger nichts Neues. Das Wandern in den Fjells – auch im Winter mit Ski – ist eine beliebte Freizeitbetätigung. Während manche Nationalparks mit einem Netz von Hütten und markierten Routen erschlossen wurden, sind andere reine Wildnis geblieben, in die sich nur derjenige wagen darf, der auf Grund seiner Erfahrung befähigt ist, sich völlig autark in der Natur zu bewegen.

Von den nordischen Landschaften geht eine seltsame Faszination aus. Man muß einmal das Licht des Nordens im Sommer erlebt haben, wenn es 24 Stunden lang hell bleibt und nördlich des Polarkreises die Mitternachtssonne scheint. Man muß einmal die Freiheit kennengelernt haben, losgelöst von den Fesseln der Zeit, die Tag und Nacht vorgeben, sich draußen zu bewegen. Der Autor des vorliegenden Bandes ist diesem Reiz des Nordens erlegen, trotz oder gerade weil die Natur und vor allem das Wetter im Norden Europas viele Gesichter hat. Mehr als ein Jahrzehnt hat er seine kostbarste Zeit in diesen Landschaften verbracht – nicht nur im Sommer, sondern in verschiedenen Jahreszeiten war er dort unterwegs; auch im Winter, dann, wenn sich die andere Seite der Landesnatur offenbart, wenn das Licht der Sonne am Tag nur wie ein flüchtiger Schatten über den Himmel huscht, aber die Schleier der Aurea borealis, des Nordlichts, zuweilen den eisig-dunklen Nachthimmel erhellen. Seine Auswahl an Touren und Vorschlägen geben einen repräsentativen Querschnitt von der Vielfalt der Trekkingmöglichkeiten, die dieses faszinierende Land bietet.

(Bruno Baumann)

Zu diesem Buch

Wenn ich über die Berge Norwegens zu erzählen beginne, kann dies sehr schnell in eine Liebeserklärung ausarten. Nach meiner ersten Reise nach Norwegen vor zwölf Jahren zog es mich immer stärker zurück in den Norden. Zunächst einmal jährlich, ja, bis zu dreimal im Jahr konnte ich dem inneren Druck, meinen Rucksack zu packen und nach Norden aufzubrechen, nicht widerstehen. Dabei war meine erste Begegnung mit den nordischen Bergen ein eher unangenehmes Unterfangen. Naiv und unerfahren, schlecht ausgerüstet, und mit der Überzeugung, die Femundsmarka auf 700 Meter Höhe wäre ein Spaziergang, startete ich mit einem Freund die erste Wanderung. Schon nach wenigen Kilometern versanken wir mit ungeeignetem Schuhwerk im Sumpf, und die Stiche der Moskitos färbten unsere Kleidung blutrot. Entnervt brachen wir die erste Tour frühzeitig ab. Drei Jahre sollte es dauern, bis ich dieses Erlebnis verarbeitet hatte, drei Jahre, in denen ich erkannte, daß eine Annäherung an dieses für mich neue Reiseland einer geistigen Vorbereitung bedarf und ein Umdenken von der andersartigen Bergwelt der Alpen erfordert. Die Norweger lebten mir ihr »Friluftsliv« vor und zeigten, daß nicht das Abstecken konditionsprotzender Etappen, sondern das Motto »Der Weg ist das Ziel« hier uneingeschränkt seine Bedeutung verwirklicht findet. Alpines Leistungsdenken rückt in diesem Land in den Hintergrund. Die Norweger lernten mir, der nordischen Natur und der in manchen Landesteilen endlosen Weite mit Ruhe und Gelassenheit entgegenzutreten, wie auch den Sümpfen und den im Sommer allgegenwärtigen Mücken. Mit der Zeit erwachte in mir der Blick für die Kleinigkeiten am Wegesrand, seien es die Blumen, die in der arktischen Landschaft Farbkontraste setzen, Vögel, deren Gezwitscher die atemlose Stille durchbricht, Lemminge, die aufgeschreckt in ihre Bodenlöcher zurückkehren, oder Rentiere, deren Körper mit ausholenden Sprüngen in der Weite entschwinden.

Zu neuen Begegnungen bereit, wuchs in mir der Wunsch zurückzukehren. Die eintönig grün-grauen Schotterhalden des Rondane, die wilden, zerfurchten, mit Gletscher bedeckten Gipfel des Jotunheimens, die lieblich anmutenden, grünen Berghänge der Hardangervidda oder der Setesdalsheiene, oder die ausgedehnten, sich verlierenden Fjells des Nordens, die kalte, klare Luft des Winters, die mückenumschwärmten lauen, lichtumfluteten Nächte des Sommers, das Farbenspiel des Herbstes, und die geheimnisvolle, mythische Lichterscheinung des Polarlichts, waren in unermüdlicher Folge meine Ziele und werden sie auch in Zukunft sein.

Erleben, sich und die Umwelt entdecken und fühlen, das – meine lieben Nordland-Enthusiasten – ist uns gemein. Kälte, Feuchtigkeit, klammer Schlafsack, frustrierende Regentage – wie schnell sind sie vergessen und bereichern eine Tour, wenn die Sonne wieder scheint, das berauschende Lichtspiel der Jahreszeiten innere Hochstimmung und Entzücken hervorruft, wenn Körper und Geist durch die Ruhe der nordischen Natur eins werden, und der Wunsch nach mehr, noch mehr Ruhe, mehr Weite erwacht und die Urlaubspläne für das nächste Mal geschmiedet werden.

God tur i skog og fjell

Alwig Derstvenscheg
Graz, August 1996

Zwischen der Hütte Gjendesheim und dem Besseggen-Grat steigt der Pfad über den trockenen Kamm des Veslefjellet hinauf. Über 700 Meter fällt die Felswand senkrecht zum grünlich schimmernden Gletscherwasser des Gjende-Sees ab.

Das Land

Überblick

Norwegen ist das nördlichste Land Europas. Es erstreckt sich vom 58. bis zum 71. Grad nördlicher Breite (Nordkap 71° 10′ 21″), was einer Süd-Nord-Erstreckung von 1750 km entspricht. Macht man das Gedankenexperiment, das Land um den südlichsten Punkt Lindesnes wie um eine Achse zu drehen, so zeigt sich erst seine enorme Länge. Denn es reicht dann bis Rom. Die begrenzte Küstenlinie vom Svinesund ganz im Süden, an der schwedischen Grenze bis zum Jakobselv, an der Grenze gegen Rußland im Norden ist etwa 2650 km lang. Folgt man jedoch der Küste des Festlandes in all ihre Einbuchtungen hinein, so ergibt sich eine Küstenlinie von insgesamt 21 000 km, denn die Küste ist durch tiefe Fjorde und Sunde mit ihren zahllosen, vorgelagerten Inseln und Schären wild zerrissen und romantisch zerklüftet.

Mit einer Ausdehnung von 324 000 km² ist Norwegen flächenmäßig das fünftgrößte Land Europas. Allerdings leben auf diesem großen Gebiet nur 4,2 Millionen Einwohner, so daß Norwegen nach Island das am dünnsten besiedelte Land Europas darstellt. Die Bevölkerungsdichte beträgt durchschnittlich 13 Personen pro km², verglichen mit 145 in den EU-Ländern (Deutschland 223) ist das sehr wenig. Alleine im Großraum Oslo leben heute etwa 20 % der Bevölkerung. Weitere Ballungsgebiete finden sich entlang der Süd- und Südwestküste sowie beiderseits des Trondheimsfjords. Charakteristisch ist, daß mehr als 80 % aller Norweger weniger als 15 km von der Küste entfernt wohnen.

Auf der Karte sieht man auch, wie schmal das Land im Verhältnis zu seiner großen Länge ist. Am geringsten ist die Ost-West-Ausdehnung in Nordnorwegen,

wo sich an den Küstenstreifen nur ein schmales Hinterland anschließt. Von den Inseln außerhalb des Sognefjordes im Westen bis zur schwedischen Grenze findet man die größte Breitenausdehnung mit 440 km. Von Stadlandet jedoch, auf dem Übergang vom Nordfjord nach Sunnmøre zu verjüngt sich das Land gleichmäßig, bis sich die Küstenlinie in Nordland der schwedischen Grenze nähert. An einer Stelle, und zwar in der Landschaft Ofoten südlich von Narvik, liegen nur 9 km zwi-

Alljährlich locken die Langlauf- und Skisprung-
wettbewerbe, die oberhalb von Oslo am
traditionsreichen Olympiasprungturm »Holmen-
kollen« durchgeführt werden, Zehntausende
sportbegeisterte Zuschauer an.

schen der See und der Grenze. Weiter nördlich aber wird das Land wieder bedeutend breiter, und in Finnmark macht es einen weiten Bogen gegen Osten.

Ein Blick auf die Karte hinterläßt den Eindruck, als ob das ganze Land voller Berge wäre. Ganz so extrem verhält es sich jedoch nicht. Allerdings bildet der Kaledonische Gebirgszug – bis auf wenige Ausnahmen, wie der fruchtbaren Jærenlandschaft im Süden, der bewaldeten Hügelzüge Ost-Norwegens, der Tallandschaf-

ten um den Trondheimsfjord sowie der weitgestreckten Finnmark – ganz deutlich den Kern des Landes. Dabei aber sind die gewaltigen Bergmassive durch lange Fjorde zerspalten, und tiefe Talrinnen machen aus ihnen einen scheinbar zusammenhanglosen Wirrwarr.

15 ◄

In mehreren Stufen stürzt sich der Kinso-Fluß von der Hochebene der Hardangervidda zum Fjord bei Kinsarvik hinab. Das weitläufig ausgeschliffene U-förmige Tal ist das Werk mächtiger Gletscher.

Entstehung der Landschaft

Ein Gebirge entsteht

Vor ungefähr 400 Mio. Jahren kollidierten die nordamerikanische und die eurasische Kontinentalplatte. Die Kollisionszone folgt zum Großteil der Westküste Norwegens. Die Gebirgsformationen von damals sind heute nicht mehr zu erkennen, denn anschließend war dieser erste Gebirgszug lange Zeit der Erosion ausgesetzt. Dabei unterscheidet man verschiedene Arten von Erosion: *Frostverwitterung* findet statt, wenn Wasser in Spalten eindringt und friert. Das Eis sprengt Teile vom Bergboden ab. Bei der *chemischen Verwitterung* werden die Mineralien durch Wasser aus dem Gestein gelöst. Kalkstein ist davon am meisten betroffen. Bäche verschwinden unter der Oberfläche und bilden Grotten (Grønligrotten bei Mo i Rana). Verwittertes Gestein wurde in großen Mengen vom Wasser weggespült und von den Flüssen an die Küste getragen, wo es auf dem Kontinentalsockel aushärtete. Aus diesen Ablagerungen gewinnt man heute Öl und Gas. Am Anfang der Tertiärperiode war das Land durch Erosion wieder bis auf das Niveau des Meeres abgetragen. Die Kaledonische Gebirgskette war verschwunden, nur einzelne Restgebirge blieben übrig.

Vor 50–60 Mio. Jahren drifteten die Kontinente wieder auseinander. Während dieses Prozesses hob sich der Kontinent und wurde zur Küste hin steil aufgestellt und brach dort ab, während er sich nach Osten hin flacher abdachte. Heute sind Reste der flachen Landesteile aus der Zeit vor der Kontinentalhebung in der Hardangervidda, der Finnmarksvidda und Femundsmarker sowie zwischen den großen Tälern Südnorwegens erkennbar. Langsam wurde das Klima kälter, und mit den zunehmenden Schneemassen im Gebirge bildete sich eine neue Kraft aus, die die Berge bis heute nachhaltig prägt.

Gletscher geben den letzten Schliff

Während der Quartiärperiode, die vor knapp 2 Mio. Jahren ihren Anfang hatte, wurde ganz Skandinavien mehrfach von riesigen Eispanzern bedeckt, die eine Mächtigkeit von bis zu 3000 m erreichten. Deren immenser Druck sprengte gewaltige Gesteinsmassen ab, die wie ein Hobel das Land bearbeiteten und gerundete Bergformationen, U-förmig ausgeschliffene Täler, Fjorde, Moränenwälle und die Strandflate hinterließen. Nur die höchsten Erhebungen ragten aus dem Eis hervor. Nach dem Abschmelzen des Eises, vor ungefähr 12000 Jahren, begann sich das durch den Eisdruck tief in den Erdmantel abgesenkte Land wieder zu heben. Ehemals überschwemmte Küstenteile kamen wieder zum Vorschein und bilden heute die fruchtbarsten Böden des Landes. Dieser Landhebungsprozeß spielt sich heute noch ab und kann jährlich mehrere Millimeter ausmachen. Vor etwa 8500 Jahren war alles Eis geschmolzen. Erst im Zuge einer Klimaverschlechterung vor ca. 2500 Jahren vermochten sich die derzeitigen Vergletscherungen neu zu bilden.

Einst bedeckten gewaltige Eismassen das ganze Land und gaben ihm sein heutiges Aussehen. Neben den gewellten und gerundeten Bergformen sind es vor allem die Fjorde, die den eiszeitlichen Gletschern ihr jetziges Erscheinungsbild verdanken.

Das norwegische Klima wird stark von feuchten Westströmungen beeinflußt. Weiter im Osten, wie hier im Rondane, haben sich die Regenwolken an den küstennahen Bergen entladen und verlieren im Schatten der küstennahen Berge ihre Wirkung.

Klima

Küstenklima und Golfstrom

Wenn man bedenkt, daß sich Norwegen bis zum 71. Grad nach Norden zieht und damit auf der gleichen Breite wie Grönland oder Sibirien liegt, müßte man annehmen, es handle sich dabei um ein arktisches Land. Aber der *Golfstrom*, der aus dem Karibischen Meer warmes Wasser an Norwegens Küste transportiert, sorgt nicht nur dafür, daß die Küste das ganze Jahr über eisfrei bleibt, er ist auch dafür verantwortlich, daß die Temperaturen von Rogaland im Süden bis zur Küste der Finnmark weit über dem auf diesen Breiten üb-

lichen Jahresdurchschnitt liegen *(Küstenklima)*. Selbst im Winter sind Temperaturen um den Gefrierpunkt die Regel. Die Lofoten weisen sogar ein höheres Temperaturmittel von mehr als 20°C gegenüber anderen auf gleicher Breite liegenden Gebieten, wie z. B. Nord-Alaska, auf.

Allerdings führen die vorherrschenden Westwinde auch feuchte Luftmassen mit sich, die im Winter mild und im Sommer kühl sind, und so einen Ausgleich der Temperaturunterschiede während der Jahreszeiten bewirken. Die atlantischen Tiefdruckgebiete stauen sich an den hohen Küstenbergen und bringen ergiebige Niederschläge (3000–5000 mm/Jahr).

▶ 18

Inlandsklima

Hinter der schützenden Barriere des Gebirges unterscheidet sich das *Inlandsklima* stark vom Küstenklima. Diese Leegebiete (Østlandet, Finnmarksvidda) werden durch die Atlantikströmungen relativ wenig beeinflußt. Als Folge sind die Sommer warm und sonnenreich und die Winter kalt. Aussagekräftig sind auch folgende Temperaturvergleiche. Die absolut niedrigste Temperatur, die in Karasjok, im Inneren der Finnmark gemessen wurde, betrug $-51,4\,°C$, in Røros an der schwedischen Grenze in Südnorwegen immerhin auch $-50,3\,°C$.

Auch wenn eine Schlechtwetter-Atlantikfront weit in das Landesinnere vordringt, bedeutet dies meist starke Regenfälle an den Küsten und in den angrenzenden Gebirgszügen, mit abnehmender Tendenz in Richtung Landesinnere, und bis zur Ostseite des Landes (Rondane, Femund) verbleiben lediglich relativ harmlose Wolken mit einzelnen Nieselschauern. Die durchschnittlichen Niederschlagsmengen sinken mancherorts im küstenentfernten Hinterland auf wüstenähnliche Werte (Hjerkinn-Rondane: 220 mm durchschnittlicher Jahresniederschlag).

Doch erfahrungsgemäß ist das Wetter äußerst wechselhaft. Kein Jahr gleicht dem anderen. Es ist keine Seltenheit, daß sich im Süden für längere Zeit ein kontinentales Hoch hält, während zur gleichen Zeit der Norden von regnerischem, kühlem Wetter heimgesucht wird – oder umgekehrt.

Mitte Mai bietet die Blütenpracht der unzähligen Obstbäume am Hardangerfjord dem Besucher ein farbenfrohes Schauspiel. Nur dem wärmenden Einfluß des Golfstroms ist es zu verdanken, daß so weit im Norden Kulturpflanzen gedeihen können.

Licht des Nordens

Das Licht des Nordens wirkt auf viele wie ein Magnet, jenseits des Polarkreises zu reisen. Je nach Breitengrad kann man bis zu zweieinhalb Monate die Mitternachtssonne oder in den Wintermonaten, wenn die Sonne sich nur noch kurz oder gar nicht mehr über den Horizont erhebt, das Polarlicht beobachten. Während der Schein der Mitternachtssonne von vielen auf ihren Reisen in Richtung Nordkap

erlebt wird, finden die spektakulären Lichterscheinungen des Polarlichtes meist vor heimischem Publikum statt.

Polarnacht

Kaamos nennt man im Norden die düstere Zeit der Polarnacht. Für mehrere Wochen

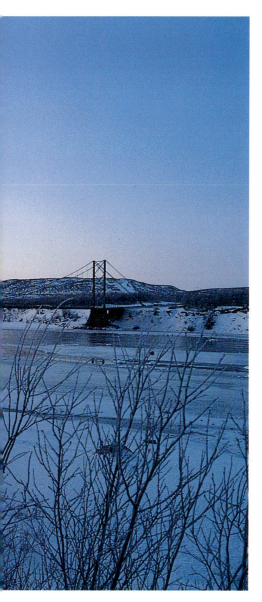

versinkt die Sonne hinter dem südlichen Horizont, und nur für wenige Stunden täglich erinnert ein blauer oder orangener Streifen an die Wiederkehr der Sonne. Eisige Stürme fegen über das Land, das für Monate unter einem weißen Eispanzer versinkt. Es ist dies die schwerste Zeit für die Bewohner des Nordens. Niemand geht freiwillig außer Haus, die Familie rückt zusammen und für die 100 m zum Nachbarn setzt man sich ins Auto. Tag und Nacht ist man auf künstliche Lichtquellen angewiesen. Das geisterhafte Polarlicht, das uns, die es zum ersten Mal erblicken, in Begeisterung versetzt, wird kaum noch beachtet. Viele versinken in eine tiefe Depression, nirgendswo anders ist die Selbstmordrate höher als hier. Alle warten auf den Tag, an dem die Sonnenstrahlen zum ersten Mal auf die Gesichter leuchten. Die Menschen versammeln sich und feiern die Rückkehr der Sonne. Zunächst nur für Minuten hebt sich der Sonnenball vom Horizont ab, um gleich wieder unterzutauchen. Nach wenigen Tagen ist es bereits eine Stunde. Doch es wird noch eine Zeitlang dauern, bis auch der Körper die Wintermüdigkeit abschütteln kann.

Polarlicht – Aurora borealis

Kaum daß die Sonne zu Herbstbeginn hinter dem Horizont untertaucht und die Nächte erstmals wieder dunkel werden, flammen die ersten Schleier des Polarlichts am Firmament auf. Weiß-grünliche Lichterbögen überspannen den Abendhimmel, zunächst flau, fast schüchtern

Ab Anfang Dezember bleibt die Sonne in den nördlichen Landesteilen hinter dem Horizont verschwunden – es herrscht die düstere Zeit der Polarnacht mit wenigen Stunden Dämmerlicht.

In einem langen, flachen Bogen nähert sich die Sonne dem Horizont. Ohne diesen zu erreichen, hebt sie sich zunächst fast unmerklich, später jedoch deutlich wieder empor – dies ist die faszinierende Zeit der Mitternachtsonne (Ramberg – Lofoten).

und unbewegt, doch plötzlich fällt es als leuchtender Vorhang herab, durch senkrechte Strahlen wie in Falten gelegt. Form und Farben wechseln ständig, bis es sich in raschen Wellenbewegungen über den ganzen Himmel ausbreitet. Langsam verblassen die Farben, das Leuchten wird schwächer, bis es erneut am Himmel aufleuchtet. Seltener zeigt es sich auch in ganz anderen Erscheinungsformen. Es kann sich gleichmäßig über den Himmel ausbreiten und dabei eine unglaubliche Helligkeit ausstrahlen, oder auch in Sekundenschnelle ungleichmäßig über den Himmel flackern.

Märchen und Mythen rankten sich um diese Naturerscheinung, mit der die Menschen des hohen Nordens lange Zeit nichts anzufangen wußten. Geister und Dämonen suchen mit brennenden Fackeln den Himmel nach Seelen der Verstorbenen ab. Oder sie glaubten, in den Lichterscheinungen die Geister der Ahnen oder der im Kampf Gefallenen zu erblicken, die mit ihren golden funkelnden Schilden nach Walhall eingingen. Auch als Widerschein glänzender Schuppen riesiger Fischschwärme im Meer, oder von Schwänen, die weit im Norden mit den Flügeln schlagen, um sich vom Eis zu befreien, wurde das Polarlicht gedeutet.

Die Theorie, daß der Ursprung des Polarlichts in der Tätigkeit der Sonne zu finden ist, konnte erst im Zeitalter der Raumfahrt eindeutig geklärt werden. Mit den ständigen Eruptionen auf der Sonne werden mit hoher Geschwindigkeit Protonen (positiv geladen) und Elektronen (negativ

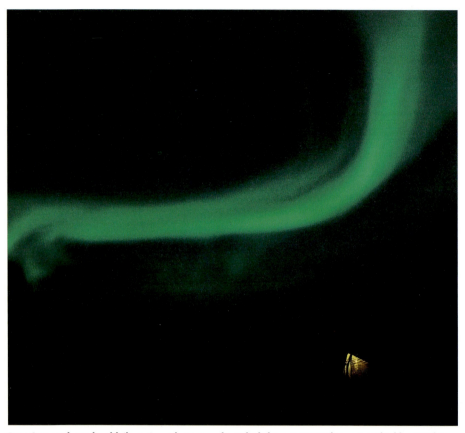

Dem Sommerbesucher bleiben sie verborgen – die Polarlichter. Erst mit den ersten dunklen Nächten, Anfang September, zucken die grünen Lichterbögen über den klaren Sternenhimmel des Nordens.

geladen) als sog. Sonnenwind ins Weltall geschleudert. Das Magnetfeld der Erde verhindert das Eindringen in unsere Atmosphäre. Der Sonnenwind verzerrt allerdings das Magnetfeld zur sonnenabgewandten Seite hin, und zieht es praktisch wie einen langen Schwanz mehrere Mio. km hinter sich nach. An seinem Ende ist das Magnetfeld bereits so schwach, daß Elektronen und Protonen eindringen können, und entlang magnetischer Kraftlinien zu den Polen geleitet werden. Im Abstand von 1000 bis 80 km zur Erde treffen sie auf Stickstoff- und Sauerstoffmoleküle unserer Luftschicht, die zum Leuchten angeregt werden. Die Eruptionen der Sonne

unterliegen regelmäßigen Schwankungen und treten in einem Rhythmus von elf Jahren verstärkt auf. Mittlerweile konnte auch nachgewiesen werden, daß das Auftreten, die Intensität und Erscheinungsform des Polarlichts auf der Nord- und Südhalbkugel (Aurora australis) praktisch identisch sind.

Mitternachtssonne

Einen nicht übersehbaren Einfluß auf den Lebensstil der im Norden ansässigen Bevölkerung übt die ununterbrochene Gegenwart der Sonne während der Sommermonate aus. Der Tagesrhythmus ver-

Ort	Breitengrad	Mitternachtssonne	Polarnacht
Bodø	67° 17′ 15″	4.6. – 8.7.	14.12. – 28.12.
Tromsø	69° 39′ 10″	20.5. – 22.7.	25.11. – 17.1.
Nordkap	71° 10′ 10″	12.5. – 31.7.	18.11. – 24.1.

schiebt sich weit in die Nacht hinein, den notwendigen Schlaf kann man ja in der dunklen Zeit des Winters nachholen. Aber selbst in Südnorwegen dunkeln sich die Nächte nur bis zum Dämmerlicht ab.

Der Grund für die extrem unterschiedlichen Tageslängen, der Mitternachtssonne im Sommer sowie der Polarnacht im Winter, wo die Sonne sich für Wochen gar nicht zeigt, liegt in der Neigung der Erdachse, während sie ihre Bahn um die Sonne zieht. Die Erdachse weicht zur Senkrechten um 23,5° ab. Im Sommer wendet sich der nördliche Teil der Erdkugel um diesen Wert zur Sonne hin, die deswegen nördlich des Polarkreises auch auf der »Schattenseite« zu sehen ist. Dementsprechend wendet sich dieser Erdteil während des Winters von der Sonne ab und versinkt in ewige Nacht.

Tier- und Pflanzenwelt

Tierwelt

Große Wildtiere, wie der *Bär, Wolf* oder *Vielfraß*, kommen zwar noch vereinzelt in den nördlichen Fjellregionen und grenznahen Wäldern vor, sind aber so selten und scheu, daß eine Begegnung mit ihnen nahezu auszuschließen ist. *Elche* findet man dagegen in allen Landesteilen in großer Zahl, stellenweise sind sie zu einer echten Landplage geworden. Zu den Besonderheiten der norwegischen Tierwelt zählt der *Moschusochse*, der nach zunächst mißglückten Versuchen im Dovrefjell einen überlebensfähigen Stamm aufbauen konnte. Durch Unfälle und Abwanderung sind sie immer wieder dezimiert worden. Abkömmlinge konnten auch im Femund-Rogengebiet eine Herde bilden.

Ständiger Begleiter für Wanderer ist der *Lemming*, ein niedliches kleines Nagetier mit braun-schwarz-geschecktem weichem Fell. Vor allem in sogenannten »Lemmingjahren«, die periodisch auftreten, wird man deren Gegenwart und Aufdringlichkeit allerorts zu spüren bekommen. Im Jahr darauf liegen dafür überall die ausgedörrten buschigen Kadaver auf dem Weg. Die Gründe des explosionsartigen Populationsanstiegs alle 3–4 Jahre sind bisher noch nicht geklärt. Wahrscheinlich müssen bestimmte Witterungsbedingungen vor allem während des Frühjahrs zusammentreffen. Lemminge vermehren sich sehr rasch. Schon nach etwas mehr als zwei Wochen kann ein Weibchen geschlechtsreif sein. Die Tragezeit beträgt etwa 3 Wochen, und Würfe bis zu 10 Jungen sind keine Seltenheit. In einem populationsreichen Jahr kann der Nachwuchs eines Lemmingpärchens mehrere Hundert betragen. Da Lemminge große Mengen an Futter zu sich nehmen, kommt es während einer Lemmingschwemme rasch zu Futterknappheit, und eine Abwanderung ist die Folge. Auf ihren Wanderungen gibt es

Dem Rentier, einem Verwandten unseres Hirsches, wird man im Süden nur mit Glück begegnen, im Norden werden die domestizierten Tiere der Samen aber zum ständigen Begleiter.

nichts, was sie aufhalten könnte. An einem Wasserlauf verharren sie kurz, stürzen aber unter dem Druck der nachfolgenden Tiere selbst in Flüsse, Seen und Fjorde. Obwohl sie gute Schwimmer sind, ist die Sterblichkeitsrate während ihrer Wanderungen sehr hoch.

In südlichen Landesteilen hat man manchmal die Möglichkeit, wilde *Rentiere* zu sehen (Hardangervidda, Dovrefjell und Setesdalsheiene). Ihr angestammter Lebensraum ist jedoch im Norden zu finden, wo die Samen ihr exklusives Recht der Rentierzucht betreiben. Da die Rentierwirtschaft große Gebiete beansprucht, leben die etwa 220 000 domestizierten Rentiere großteils in der Finnmark und nur zu kleinen Teilen in den Provinzen Nordland, hinunter bis Trøndelag und im Femund-Gebiet.

Der feucht-sumpfige Lebensraum bietet zahlreichen *Insekten*, die in widerstandsfähigen Eihüllen überwintert haben, hervorragende Lebensbedingungen. Sind sie in den nahrhaften flachen Sumpfgewässern nach der Schneeschmelze erst mal ausgeschlüpft und herangewachsen, werden sie zur Pein für jeden »Warmblüter«. Um größere Mengen an Eiern bilden zu können, benötigen die Stech- und Kriebelmücken Blut. Aber selbst ohne »Beute« gemacht zu haben, können sie aus ihrer Muskulatur eine geringere Anzahl Eier umbilden, so daß eine Vermehrung in jedem Fall garantiert ist. Stechmücken werden nicht nur durch Körpergeruch angezogen, sondern erkennen das Opfer an der es umgebenden wärmeren Luft. Sie registrieren Temperaturschwankungen, die weniger als ein dreihundertstel Grad ausmachen. So unangenehm diese Plagegeister auch sein mögen, tragen sie doch erheblich zur Ernährung der in den sumpfigen Regionen nistenden Vögel bei.

Vegetation

Aufgrund des alpinen Charakters, der unterschiedlichen Klimaverhältnisse und der nach Norden langgestreckten Lage Norwegens, findet sich ein Nebeneinander verschiedener Vegetationsformen. Welche Pflanzen Wurzeln fassen können, wird durch die unterschiedlich langen Vegetationsperioden und die stark abweichenden Durchschnittstemperaturen beeinflußt.

Bedingt durch den wärmenden Einfluß des Golfstroms gedeihen in den Fjorden Westnorwegens Kulturpflanzen (Kirsche, Äpfel, Erdbeeren), die in diesen nördlichen Lagen sonst nirgends angebaut werden könnten. In Südnorwegen überwiegen Misch- und Laubwälder. Stellenweise fruchtbarer Boden erlaubt landwirtschaftliche Produktion. Sonst breiten sich inneralpin bis zu einer Höhe von 800 m Fichten- und Kiefernwälder aus, die nach Osten in die ausgedehnten Nadelwälder der Taiga übergehen. Der Unterboden ist meist nährstoffarm und recht karg, über weite Flächen wachsen dort nur anspruchslose Pflanzen, von denen Moose und Flechten die häufigsten sind. Am auffälligsten zeigt sich hier die sogenannte Rentierflechte, die mit ihrer fast weißen Farbe kontrastreich ins Auge fällt. Auf feuchterem Untergrund gesellen sich noch verschiedene Beerensträucher und Heidearten dazu.

In höheren Lagen wird der Nadelwald von einem Birkengürtel abgelöst. Der niedrige Pflanzenbewuchs wird auch hier durch den Feuchtigkeits- und Nährstoffgehalt des Bodens bestimmt. Ab einer Höhe von 900 bis 1000 m lichtet sich der Birkenwald und macht Fjellheiden und Tundraböden Platz. Seggen- und Wollgrasflächen breiten sich hier aus. Die hochalpine Zone ist die Welt der genügsamsten Pflanzenarten, darunter Moose

Nur wiederstandsfähige Pflanzen wie der Gletscherhahnenfuß können in den höheren Lagen der kalten, steinübersäten Bergwelt Norwegens überleben.

und Flechten. Aber selbst hier gesellen sich noch einige überlebensfähige Gefäßpflanzen dazu, wie das rosa blühende Stengellose Leimkraut und der weiße Gletscher-Hahnenfuß. Geschützt in Felsspalten setzen sie farbenfrohe Punkte in einer Welt, die sonst nur noch von grauem Fels dominiert wird.

Die nördliche Waldgrenze verläuft etwa am 70. Breitengrad, und geht dann bis in Höhen von 200 bis 300 m in Fjellbirkenbewuchs über. Während überall sonst auf der Welt die Nadelbäume die nördlichste Baumart bilden, gedeiht hier noch die kleingewachsene Fjellbirke als nördlichste Baumart.

In der weiten Hochebene der Finnmark wachsen nur noch stellenweise Birken. Der Grund dafür ist aber weniger darin zu finden, daß wie in diesen Breiten üblich, Permafrostboden ein Wachstum behindert, sondern aufgrund der exponierten Lage. Nur in gegen den Wind geschützten Tallagen und Küstenbereichen finden sich noch hochwachsende Wälder, wie in Stabbursdalen.

Wirtschaft

Bodenschätze

Zählt man die Vorkommen natürlicher Ressourcen pro Einwohner, ist Norwegen eines der reichsten Länder. Die gigantischen Umwälzungen, die sich heute im wirtschaftlichen und sozialen Leben abzeichnen, sind den Entdeckungen von Erdöl vor der norwegischen Küste zu verdanken. Allerdings ist Norwegen eher ein Rohstofflieferant (Öl, Gas, Fisch, Metalle). Deshalb ist es ein vorrangiges Ziel der norwegischen Wirtschaft, aus den derzeitigen Exportüberschüssen, die die Öl- und Gasproduktion erlauben, die Festlandindustrie weiter auszubauen, und die Produktion von Fertigwaren selbst zu übernehmen. Der Export von Öl und Gas erbrachte 1994 rund 115 Milliarden Kronen, wohingegen das Defizit ohne das »schwarze Gold« über 50 Milliarden Kronen ausmachen würde. Daraus zeigt sich die Abhängigkeit Norwegens von Öl und Gas.

Mit der zunehmenden Industrialisierung verlor der primäre Sektor in der norwegischen Wirtschaft rasch an Bedeutung. Waren 1930 noch 36 % in diesem Sektor tätig, fiel der Anteil an Beschäftigten bis heute auf 5,5 % (Landwirtschaft, Forstwirtschaft, Fischereiwesen). Mit annähernd 70 % ist der Dienstleistungssektor der bedeutendste Wirtschaftszweig. Knapp 25 % entfallen auf die Industrie.

Landwirtschaft

Norwegen ist das nördlichste Land Europas. Das Nordkap liegt nur 2100 km vom Nordpol entfernt. Daß es trotz der nördlichen Lage möglich ist, in diesem Land Landwirtschaft zu treiben, verdankt es dem günstigen Einfluß des Golfstroms, der die durchschnittlichen Temperaturen weit über diejenigen ähnlich nördlicher Länder anhebt. Norwegen ist ein typisches Hochgebirgsland, dessen alpiner Charakter weiten Teilen des Landes keine landwirtschaftliche Bebauung ermöglicht und große Herausforderungen an die norwegische Landwirtschaft stellt. Die landwirtschaftliche Nutzfläche beläuft sich auf weniger als 3 % der gesamten Landesfläche (EU 57 %). 22 % der Oberfläche entfallen auf produktiven Wald. Die Landwirtschaft

Leben auf kleinen Schären. Die abweisenden Felsformationen der Lofoten-Inseln lassen dem Menschen wie hier bei Reine nicht einmal einen schmalen Küstenstreifen.

Größere zusammenhängende landwirtschaftlich genutzte Flächen erlaubt der gebirgige Charakter Norwegens nur in wenigen Landesteilen, wie hier in den Niederungen des Trondheimfjords.

Der Fischfang stellt für die Bewohner des Nordens einen noch beachtlichen Stellenwert dar, auch wenn Quotenregelungen und effizientere Fangmethoden die Anzahl der Fischer in den letzten Jahrzehnten drastisch zurückgehen ließ (Svolvær – Lofoten im März).

trägt zum Bruttosozialprodukt mit 2,4 % bei.

Die relativ kurzen Vegetationsperioden (Süden 190 Tage, Norden 100 Tage) begrenzen die Anzahl der Nutzpflanzen, die angebaut werden können, sowie das Ertragsniveau. Trotzdem unterstützt der Staat gerade den Getreideanbau, um nicht zu sehr von Importen abhängig zu sein (70 % Import). Aufgrund historischer und kultureller Bande sowie der Tatsache, daß Berge, Wälder und Seen das Land tei-

len, ist die durchschnittliche Betriebsfläche relativ klein. Nur in wenigen Gebieten in Südost-, Südwest- und Mittelnorwegen erlauben flache, zusammenhängende Flächen größere landwirtschaftliche Betriebe. Als Folge beziehen nur 40 % der Landwirte daraus ihr Haupteinkommen. Um der heimischen Landwirtschaft ein Überleben zu garantieren, zahlt der Staat einerseits große Subventionen, andererseits verfolgt die Regierung eine Agrarpolitik, die mit hohen Zöllen, Im-

Aquakultur, die künstliche Aufzucht von Fisch, hat seit seiner »Erfindung« einen durchschlagenden Erfolg verzeichnen können, und ist die nicht ganz unumstrittene Antwort auf die Überfischung der Meere (Lofoten).

portregulierungen und anderen Abgaben den heimischen Markt vor der wesentlich billigeren ausländischen Konkurrenz schützen soll (dies wird sich demnächst ändern).

Auch die Forstwirtschaft spielt in vielen Landesteilen eine erhebliche Rolle, sind doch Forstprodukte nach Erdöl und Erdgas, Metallen, Schiffahrt und Fischereiprodukten die fünftgrößte Warengruppe, die aus Norwegen exportiert wird (5,5 % des gesamten Exportes).

Fischfang

Fischfang hat eine lange Tradition in Norwegen. Mit dem Abschmelzen der Eismassen zogen die Menschen die Küstengebiete hinauf und fuhren schon früh mit kleinen Booten zu den reichen Fischgründen auf den Atlantik hinaus. Mit dem technischen Fortschritt wurden die Boote größer, und effizientere Fangmethoden erlaubten immer reichere Beute. Die Folge war eine Überfischung der Meere. Um das ökologische Gleichgewicht nicht nachhaltig zu stören, mußten Regelungen, sog. Quoten, die jedem Land bzw. als Folge jedem Schiff auferlegt wurden, eingeführt werden. Somit wurde der Fischfang unrentabel, viele haben ihren Job aufgegeben. Allerdings spielt gerade in vielen Küstengebieten Nordnorwegens der Fischfang nach wie vor eine wichtige Rolle. Von den 25 000 registrierten Fischern – 18 000 betreiben Fischfang als Hauptberuf – entfallen auf Nordnorwegen über die Hälfte (1940 waren es noch etwa 120 000 Fischer). Dazu kommen noch 12 000 Menschen, die in der Fischverarbeitung beschäftigt sind.

Norwegen gehört damit zu den größten Fischereinationen der Welt, in Europa wird es nur von Rußland überboten. Gemeinsam mit Rußland werden auch die reichen Ressourcen in der Barentsee verwaltet. Allerdings konnte man sich bis heute (nach mehr als 20 Verhandlungsjahren) nicht über eine Trennlinie einigen, so daß eine unkontrollierte »Grauzone« bleibt.

Das Aufeinandertreffen kalter und warmer (Golfstrom) Meeresströmungen bietet gute Voraussetzungen für die Entstehung von Plankton, dem wichtigsten Nahrungselement für die Fische. So finden sich in den Seegebieten des Kontinentalsockels der Nordsee und der Barentsee, aber auch der Helgelandküste reiche Fischbestände.

90 % des gefangenen Fisches gehen in den Export, meist im tiefgekühlten Zustand, wenn es sich um Speisefisch handelt. Jedoch zählen zwei Drittel des norwegischen Fischfangs zu Industriefisch, der zu Fischöl, -mehl und zu Tierfutter verarbeitet wird. Mit einem Exportwert von ca. 14 Milliarden Kronen (1994, incl. Zuchtfisch), was 10 % des Gesamtexportes ausmacht, ist Fischfang nach wie vor ein wichtiger Industriezweig.

Aquakultur

Die geschützten Buchten und Fjordarme der norwegischen Küste bieten ideale Standorte für die Fischaufzucht. Von Rogaland im Süden bis in die Finnmark kann man die im Wasser verankerten Ringkäfige finden, deren Netze bis zu 20 m Tiefe reichen. Nach langjährigen Versuchen und Rückschlägen konnten in den 70er Jahren die ersten Erfolge verbucht werden. Rasend schnell breitete sich in der Folge der neue Wirtschaftszweig entlang der Küste aus. Doch schon bald tauchten neue Probleme auf. Noch ungenügend stabile Konstruktionen wurden in heftigen Stürmen zerstört, und die Unmengen proteinreicher Nahrung schafften ökologische Pro-

bleme. Durch die fortschreitende Über-
düngung nahm die Algenbildung rapide
zu, und Krankheiten wie die parasitische
Kiemenlaus breiteten sich unter den Fischen aus. Jahr für Jahr wurden dem
Meerwasser Tonnen von Antibiotika zuge-
setzt, was natürlich auch auf in der Umgebung lebende Tierarten Auswirkungen
zeigte. Immer mehr Zuchtanlagen entstehen deshalb an Land. Auch wechselt man
zu anderen Fischsorten und entwickelt
ständig neue Futtermethoden.

Der Exportwert gezüchteten Lachses
ist in den letzten Jahren fast explosionsartig gestiegen (1982: ca. 20000 t; 1988:
ca. 80000 t; 1993: ca. 160000 t). Heute
macht er bereits ein Drittel des gesamten
norwegischen Fischexportes aus. Mittlerweile ist Norwegen sowohl von der Pro-
duktionsmenge als auch vom Know-how
her marktführend. Um möglichst viele Ar-
beitsplätze zu schaffen, ist die Größe der
einzelnen Zuchtanlagen gesetzlich beschränkt.

Ölwirtschaft

In den 60er Jahren wurden die Verwal-
tungsrechte der Nordsee nach dem Mittel-
linienprinzip zwischen den Anrainerstaa-
ten aufgeteilt. Zu diesem Zeitpunkt waren
die großen Gas- und Ölressourcen, die
sich größtenteils im norwegischen Sektor
auf dem Festlandsockel unter der Nordsee
befinden, noch nicht bekannt. Im Jahr
1966 wurden, zunächst erfolglos, die ersten Probebohrungen durchgeführt. Erst
1970 wurde man im Ekofisk-Feld (300 km
südwestlich von Stavanger) fündig, und
ab 1972 floß das Öl in den Export. Seitdem entwickelte sich die Ölwirtschaft
sprunghaft. Gleichzeitig wuchs der Wohlstand unter der Bevölkerung. Das Pro-
Kopf-Einkommen zählt heute zu den
höchsten der Welt.

Der Ölreichtum hat das Land in eine
große Abhängigkeit gebracht. Sollten die
Ölquellen einmal versiegen, müßte Norwegen wieder aus den Einnahmen der Festlandsindustrie leben. Um den wirtschaftlichen Wohlstand nach der Zeit des Öl-
segens zu sichern, verfolgt der Staat ent-
sprechende Maßnahmen. Die Ölproduk-
tion soll sich möglichst langsam vollziehen
und weitgehend nationalisiert werden.
Außerdem will man gezielt die nordnorwegischen Reserven erschließen und mit
den derzeitigen Gewinnen eine überlebensfähige Festlandsindustrie schaffen.

Global gesehen sind die Reserven relativ bescheiden, Öl wird mit 1,4 % und Gas
mit 2,5 % der weltweiten Vorräte angegeben. Bei den bekannten Reserven (1994)
kann man davon ausgehen, daß die Öl-
vorkommen weitere 10 Jahre reichen, Gas
hingegen noch 50 Jahre. Deswegen werden allmählich die derzeit noch größeren
Ölexporte von zunehmenden Gasexporten
abgelöst werden. Bereits jetzt existieren
Rohrleitungen, die das Gas auf direktem
Weg nach Europa bringen (Dünkirchen).
Norwegen hat sich vertraglich verpflich-
tet, im Jahr 2005 54 Mio. Tonnen Gas
nach Westeuropa zu liefern. Deutschland
würde damit zu einem Viertel mit norwe-
gischem Gas versorgt werden. Jahr für
Jahr werden neue Ölfelder erschlossen.
Die Probebohrungen in der Barentsee
wurden allerdings 1994 nach 53 ergeb-
nislosen Versuchen eingestellt.

Elektrizitätswirtschaft

Die an der Westküste steil abfallende
Bergwelt und die durch Gletscher ausgeschliffenen Täler mit oft natürlich einge-
betteten Seen, bieten, zusammen mit den
hohen Niederschlägen entlang der Küstengebiete, optimale Voraussetzungen
für die Gewinnung der Hydroelektrizität.

Norwegen besitzt ein immenses Potential an Wasserkraft. Viele Wasserfälle mußten für die Energiegewinnung »sterben«, nicht jedoch der Låtefossen, oberhalb des Hardangerfjords.

Die Erdölfunde vor der Küste haben Norwegen zu einem ungeahnten Wohlstand verholfen (Sandefjord).

Kurz nach der Jahrhundertwende schaffte der Wasserkraftausbau die Grundlage für die Industrialisierung des Landes. Zunächst nutzte man die große Fallhöhe der Wasserfälle, ging dann aber vermehrt dazu über, große Staudämme zu errichten, um den Wasserstand regulieren zu können. Einige dieser Speicher haben ein so großes Fassungsvermögen, daß sie, einmal durch die Schneeschmelze gefüllt, Wassermengen, die mehr als ein Jahr für die Stromgewinnung notwendig sind, aufnehmen können (Reserve für niederschlagsarme Jahre).

Dank der Nutzbarmachung dieser sauberen und erneuerbaren Energiequelle konnte Norwegen trotz reicher Öl- und Gasvorkommen auf Wärmekraftwerke und Kernkraftwerke verzichten – im Gegensatz zu seinen skandinavischen Nachbarn Schweden und Finnland. Europaweit besitzt Norwegen 23 % der gesamten nutzbaren Wasserenergie, bei einem Bevölkerungsanteil von nur 0,8 %. Derzeit produziert Norwegen jährlich rund 120 TW. Damit sind 60 % des nutzbaren Potentials realisiert. Etwa ein Viertel der elektrischen Produktion geht in die energieintensive Industrie (Schmelzöfen für Aluminium, Magnesium). Mit dem weiteren Ausbau (ca. 30 % sind noch unerschlossen) könnte Norwegen die bisher geringen Exporte erweitern, und seinen Nachbarn dazu verhelfen, den Verbrauch der »unsauberen« Energien (Wärmekraft und Kernkraft) zu verringern. Allerdings stößt die Regierung und die Wirtschaft dabei auf harten Widerstand der Bevölkerung.

Die Samen

Auf einer Fahrt nach Norden wird man den Samen, die fälschlicherweise oft als Lappen bezeichnet werden, häufig begegnen. Am Straßenrand verkaufen sie samisches Kunsthandwerk und touristische Souvenirs, leben dort vielerorts in Zelten und präsentieren sich so, wie ihre Vorfahren gelebt haben.

Ihre Abstammung konnte bis heute nicht eindeutig geklärt werden, da es keine schriftlichen Aufzeichnungen gibt. Mit dem Abschmelzen der Eiskappe, was vor 20 000 Jahren seinen Anfang nahm, zogen große Herden wilder Rentiere in das baumlose inländische Gebirgsplateau der Finnmark. Angezogen von den reichen Wildbeständen folgten ihnen die Jäger. Zahlreiche Funde, wie Siedlungen, Begräbnisstätten, Fallgruben, Gerätschaften für Fischfang und Jagd sowie zahlreiche Jagd- und Fischszenen, die als Ritzzeichnungen in den Fels graviert wurden (z. B. Alta), bezeugen dies. Diese Bilder, denen ein Alter von 2500 bis 6000 Jahren zugewiesen wird, wurden wahrscheinlich von sozial höhergestellten Personen, wie dem Schamanen, angefertigt, mit der Absicht, die Natur zu beeinflussen und Geister anzurufen. Die Samen können als Nachfahren des Volkes der Samojeden angesehen werden, einer Volksgruppe, die ihren Ursprung östlich des Urals hat. Einige Merkmale, wie die Verwandtschaft der Sprache, weisen darauf hin. Allerdings muß auch eine Vermischung mit anderen Kulturen (Komsa-Kultur), die den Weg aus dem Süden entlang der eisfrei gewordenen Küste genommen haben, angenommen werden.

Die ersten Einwohner lebten vom Jagen, Fischen und Sammeln. Sie führten ein halbnomadisches Leben und bewegten sich zwischen mehreren Niederlassungen, wo sie je nach Saison von den Gaben der Natur lebten. Die Jagd auf wilde Rentiere war ein wichtiger Bestandteil ihrer Jagdkultur.

Im Laufe der Zeit entwickelten sich verschiedene Lebensformen. Während die einen diesen nomadisierenden Lebensstil, der auf Rentierjagd beruhte, weiterentwickelten (Bergsamen), wechselten andere zu einem festen Wohnsitz und betrieben Landwirtschaft oder Fischfang (Seesamen). Die nomadisierenden Samen organisierten sich zu Gruppen, sog. Siiddat (Einzahl: Siida) und wanderten innerhalb eines bestimmten Gebietes mehrmals jährlich zwischen Landesinnerem und Küste.

Mit wachsendem Einfluß der Staaten, der ab dem 16. Jh. eine immer größere Zuwanderung aus dem Süden, hohe Steuern und territoriale Eingriffe mit sich brachte,

Lange mußten die Samen um ihre Anerkennung kämpfen. Heute tragen sie wieder mit Stolz ihre Trachten (Kautokeino).

Ostern ist das größte Fest der Samen. Aus nah und fern kommen sie zusammen. Hier treffen sie sich in ihren traditionellen, bunten Trachen am Gotteshaus von Kautokeino.

konnte der alte Lebensstil, der auf Jagen und Sammeln basierte, nicht mehr aufrechterhalten werden. Man ging dazu über, die Rentiere zu »Haustieren« zu machen, begleitete und beaufsichtigte die Tiere auf ihren Wanderungen zwischen Sommer- und Winterweide.

Lange Zeit verfolgte die Regierung eine Assimilationspolitik. Man wollte die »Wilden des Nordens« zu Norwegern machen und ihnen Sprache, Schreibweise und Lebensform aufzwingen. Dies führte teilweise zum Identitätsverlust. Erst in den letzten Jahrzehnten fand ein Umdenken statt, und neue Gesetze, die Lebensweise, Sprache, Kultur sowie das Recht auf politische Organisation sicherstellten, wurden beschlossen.

Heute leben von den insgesamt 60 000 Samen, die sich auf Norwegen, Schweden, Finnland und Rußland verteilen, etwa die Hälfte in Norwegen. Allerdings leben in diesem Land nur etwa 2000 Samen von der Rentierzucht. Ortschaften, die mehrheitlich von Samen bewohnt werden, findet man im Inneren der Finnmark (Karasjok, Kautokeino). Auch wenn sich diese kaum von »typisch« norwegischen Ansiedlungen unterscheiden, bestimmt das Gewerbe des Renhirten eindeutig deren Lebensrhythmus.

Natürlich hat sich vieles in der Rentierwirtschaft gewandelt. Die Rentierzucht soll der modernen Marktwirtschaft angepaßt werden. Zu diesem Zweck steigt man auf effektivere Transportmittel, wie allradgetriebene Fahrzeuge und Helikopter um und errichtet riesige Schlachthäuser.

Auch der heutige Nomadismus der Samen (Haupwohnsitz z. B. Kautokeino und

ein Sommerhaus bei den Rentieren an der Küste) ist eine Anpassung an die periodischen Wanderungen der Rentiere selbst. Das Ren wandert im Sommer aus dem Inneren des Landes an die Küsten, wo das Klima kühler und windiger ist, um Moskitos und Stechmücken zu entgehen und um sich an der üppigen Vegetation zu laben. Im Winter, wenn die Küste aufgrund ihres feuchten Klimas unter Unmengen von Schnee versinkt, ziehen die Tiere in den geschützten Birkenwald der Finnmark zurück, wo wenig und trockener Schnee fällt. Mit ihren Hufen scharren sie sich bis zu den begehrten Rentiermoosen durch. Und hier liegt eines der Hauptprobleme

der heutigen Rentierwirtschaft. Um den allgemeinen Wohlstand erreichen zu können, haben sich die Samen immer größere Herden angeschafft (früher 200–300, heute 500 Tiere). Während das rasche Vegetationswachstum an der Küste genug Nahrung für die Tiere hergibt, sind die kargen, äußerst langsam nachwachsenden Winterweiden im Landesinneren hoffnungslos überfordert.

Als Folge magern die geschwächten Tiere ab und geben Fleisch minderer Qualität. Die Samen sind nur schwer davon zu überzeugen, auf ökologisch sinnvolle Herdengrößen zurückzugreifen, denn mehr Tiere bedeuten ein höheres »Konto«. In

den letzten Jahren gibt es eine Initiative des Staates, der mit großen Entschädigungszahlungen und neuen Jobs für die jüngere Generation die Samen zur Aufgabe der Rentierwirtschaft bewegen will.

Früher wurden die Rentiere fast vollständig verwertet. Aus ihren Fellen fertigten die Samen Kleidung, aber auch zur Bedeckung ihrer kegelförmigen Zelte (Lavuu) fand die Haut Verwendung. Aus den Renknochen wurden allerlei Geräte hergestellt. Heute liegt in der Produktion des Fleisches die Bedeutung der Rentierwirtschaft. Felle, Geweihe und deren Verarbeitungsprodukte finden in der Touristik ihren Absatz.

Nationalparks

In Norwegen bestehen derzeit 18 Nationalparks, die insgesamt eine Fläche von 13 907 km² bedecken (dazu kommen noch die drei Nationalparks Forlandet, Nordwest-Spitzbergen und Süd-Spitzbergen, die sich auf der Inselgruppe von Spitzbergen–Svalbard befinden). Dies entspricht einem Anteil von 4,3 % der Gesamtfläche des Landes.

Wenn man bedenkt, daß viele entlegene Landesteile des Nordens bis zum Ende des letzten Jh.s nur einigen Samen und Jägern bekannt waren, müssen heute Naturschützer um jeden Quadratkilometer Gebiet gegen die Interessen der Wirtschaft kämpfen. Man sollte annehmen, daß in einem Land wie Norwegen noch große unberührte Naturgebiete existieren. Nach unseren mitteleuropäischen Maßstäben gerechnet trifft dies auch zu. Aber der Ausbau von Wasserkraft, Bergbau, Industrie, Forstwirtschaft sowie Straßenprojekte sind in den letzten Jahrzehnten immer tiefer in ehemalige Wildnisgebiete vorgedrungen.

Unter dem Druck von Naturschützern stellte die Regierung im Jahr 1962 ein Gebiet im Rondane unter Naturschutz, das später mit anderen Gebieten zum Nationalpark erklärt wurde. So konnten viele Landstriche in ihrem, für die nordische Natur typischen Zustand erhalten bleiben, ob es sich um Waldgebiete, Moore, Seenlandschaften, arktisähnliche Hochebenen, vergletscherte Hochgebirge oder um Gebiete mit botanischen oder geologischen Besonderheiten handelt.

Dem Wanderer und Naturliebhaber stehen alle Nationalparks für Besuche offen. Es gelten strenge Verhaltensbestimmun-

Das Hüttenleben in Norwegen hat eine eigene Lebensphilosophie. Jede zweite Familie besitzt eine »Hytter,« also ein Wochenendhaus in den Bergen, an Seen oder am Meer.

Bietet der Boden
reiche Nährstoffe,
erstrahlen die Fjell-
flächen im Frühsom-
mer in den Farben
vieler Blumenarten.

gen, die unbedingt eingehalten werden müssen, um die empfindliche Natur, die oft letztes Rückzugsgebiet seltener Tiere ist, zu schützen. Weitere Nationalparks sind geplant. In den nächsten 10 Jahren soll sich ihre Zahl verdoppeln. Im folgenden werden die derzeit bestehenden Nationalparks kurz vorgestellt.

Hardangervidda Im Süden Norwegens, eingerahmt von relativ stark besiedelten Tälern, breitet sich oberhalb des Hardangerfjordes die große Hochfläche der Hardangervidda aus. Hier findet sich eine typische »Vidda«-Landschaft, d.h. eine relativ ebene Fjellandschaft, die mit unzähligen Hochweiden, Tümpeln, Mooren und Seen übersät ist, deren Ursprung auf die Ablagerung großer Moränenrücken zurückzuführen ist. Neben einem großen Stamm wilder Rentiere, gibt es eine große Anzahl subarktischer und arktischer Flora.
Fläche: 3420 km²; eingerichtet 1981.

Die ausgedehnte Tundrenlandschaft
des Nordens unterscheidet sich deutlich von
gebirgigen südlichen Landesteilen.

Wandermöglichkeiten: Ausgedehntes Wanderwegnetz.
Weitere Informationen: Siehe Tour 2.

Jotunheimen Vom verzweigten Ende des Sognefjords erhebt sich jäh die höchste Bergwelt Skandinaviens, das Jotunheimen-Gebirge. Der größte Teil dieser von hochaufragenden Gipfeln, ausgedehnten Gletscherflächen und langgestreckten, tiefen Seen bestimmten Landschaft konnte zum Nationalpark erklärt werden.
Fläche: 1140 km², eingerichtet 1980.
Wandermöglichkeiten: Vielfältig.
Weitere Informationen: Siehe Tour 5.

Jostedalsbreen Im Westen von Jotunheimen erstreckt sich auf einer Höhe von etwa 2000 m die insgesamt 1000 km² große Eisfläche (zusammenhängende Eisfläche: 486 km²) des Jostedalsbreen (-gletscher). Somit ist er der größte Gletscher von Festlandeuropa. Das Eis des knapp 100 km langen Plateaugletschers erreicht eine Dicke von 400 m. Nur wenige Felsgipfel ragen aus ihm heraus. 24 Gletscherzungen fließen als Eisströme teilweise bis weit in Tallagen herab und können auf teils leichten Wanderungen erreicht werden.
Fläche: 1239 km², eingerichtet 1991.
Wandermöglichkeiten: Leichte Wanderungen führen zu den Gletscherarmen Nigardsbreen (Jostedalen – Gletscherzentrum), Briksdalsbreen sowie Flatbreen (Fjærland – Gletschermuseum). Überschreitungen des Plateaugletschers sind möglich – Erfahrung vorausgesetzt. Es werden auch ungefährliche geführte Touren angeboten.

Ormtjernkampen Dieser kleine Nationalpark, der etwa 40 km westlich von Lillehammer liegt, ist geprägt von urwaldähnlich wachsenden, in völliger Unberührtheit liegenden Fichten- und Kiefernwäldern. Im üppigen Pflanzenbewuchs zwischen den drei im Park liegenden Bergen (ca. 1100 m) finden sich auch seltene Blumen, die nur hier in Norwegen vorkommen.
Fläche: 9 km², eingerichtet 1968.
Anreise: Von Lillehammer Straße 255 bis Forset; auf kleiner Straße Richtung Fagernes bis markiertem Parkplatz »Ormtjernkampenweg«.

Wanderwege: Im Nationalpark keine Wege.
Hütten: Keine Übernachtungsmöglichkeiten.
Karten: Serie 1:50 000, Blatt 1717 II Synnfjell.

Rondane Für norwegische Verhältnisse extrem trockene Hochgebirgslandschaft mit 10 Gipfeln über 2000 m. Nährstoffarmer Boden und Ausschürfungen während der Eiszeit sind die Ursache für eine karge, eigentümliche Welt, die auf weiten Strecken wüstenartig erscheint.

Flechten und sogenanntes Rentiermoos verleihen den »Geröllbergen« ein grüngelbliches Aussehen. Vegetation findet sich nur in den Tallagen, Wälder nur in kleinen Flächen in den Randgebieten. Beliebtes, leicht zu bewältigendes Wandergebiet. Fläche: 572 km^2, eingerichtet 1962.
Anreise, Wanderwege, Hütten, Karten: Siehe Tour 3.

Dovrefjell Dieses für die Geschichte Norwegens wichtigste Gebirge wird durch die Europastraße E 6 (Drivdalen) in zwei Teile getrennt. Der Westteil besteht

41 ◄

aus eher kargen Hochgebirgen (Snøhetta) und gewaltigen Moränen, die während der Eiszeit ihr erodiertes Aussehen erhalten haben. Hier durchstreifen Moschusochsen die Täler. Die fruchtbaren, kalkreichen Höhen des Ostens (Knutshø) beherbergen eine üppige Pflanzenwelt. Viele seltene Blumen haben hier die letzte Eiszeit überlebt.
Fläche: 265 km², eingerichtet 1974.
Anreise, Wanderwege, Hütten, Karten: siehe Tour 5.

Gutulia Südlich des Femund-Nationalparks soll in diesem eher winzigen Nationalpark ein Wald geschützt werden, in dem so gut wie keine Eingriffe vorgenommen wurden. Am Gutuliavola-Fluß wachsen Fichtenwälder, die bis 300 Jahre alt sind, während in den etwas höheren Teilen Kiefern überwiegen, deren Alter teilweise 400 Jahre übersteigt.
Fläche: 19 km², eingerichtet 1968.
Anreise: Von Femundsenden ca. 20 km nach Norden, wo eine beschilderte Abzweigung über eine Waldstraße zum Gutulisjoen (-See) führt.
Wanderwege: Bis zum Rand des Nationalparks befindet sich ein Pfad (Brücke über den Gutua).
Hütten: Keine Übernachtungsmöglichkeiten.
Karten: Turkart 1:100 000, Søndre Femund.

Femundsmarka Südlich von Røros, zwischen dem Femund-See und der schwedischen Grenze, wurde ein Gebiet zum Nationalpark eingefaßt, dessen Merkmale kiefernumsäumte Seen, felsübersäte Lichtungen und karge Höhen sind, die sanft aus der großteils ebenen Landschaft herausragen. Aufgrund des nahrungsarmen Bodens ist die Vegetation sehr spärlich. Ausgeprägtes Kontinentalklima

bedingt warme, sonnenreiche Sommer, aber auch extrem kalte Winter.
Fläche: 375 km², eingerichtet 1971.
Anreise, Wanderwege, Hütten, Karten: Siehe Tour 17.

Gressåmoen Urwüchsige Fichtenwälder sowie die für diesen Landesteil typische Übergangszone vom Wald zu kahler Berglandschaft waren die Gründe, den in der Provinz Nord-Trøndelag gelegenen Park zu errichten. Vor allem im nördlichen Lurudalen (Gamstuhaugane) finden sich unberührte, dunkle Wälder und entlang des breiten Flußlaufes ausgedehnte Moorgebiete. Das Klima ist allerdings höchst unbeständig und kühl.
Fläche: 180 km², eingerichtet 1970.
Anreise: Von Snåsa (nahe der E 6) auf einer Mautstraße zum Hof Gressåmoen.
Wanderwege: Vom Hof Gressåmoen führt ein Pfad längs dem Luru-Fluß durch den Park.
Hütten: Keine Übernachtungsmöglichkeiten im Park, aber im Hof Gressåmoen (Selbstbedienungshütte).
Karten: Serie 1:50 000, Blätter 1823 I, 1823 II, 1923 III, 1923 IV.

Børgefjell Der nahezu unberührte, aber gut erreichbare Nationalpark liegt im Übergang von der Provinz Nord-Trøndelag nach Nordland an der schwedischen Grenze. Durch den Park zieht sich eine hohe Bergkette mit spitzen Gipfeln (Kvigtind 1703 m) und einigen kleineren Gletschern. Östlich und westlich erheben sich abgerundete Bergformationen, in die größere Seen und grüne Täler eingebettet sind. Hier herrscht reges Vogelleben, wobei sich Brutgebiete nördlicher und südlicher Vogelarten treffen.
Fläche: 1106 km², eingerichtet 1971.
Anreise: Norden: Susendal, Westen: Simskar und Majavatnet, Süden: Store

Steile Felsklippen und ein überaus fischreiches Meer bilden für viele Vogelarten, die auf das Meer als Nahrungsquelle angewiesen sind, optimale Lebens- und Brutmöglichkeiten.

Namsvatnet (private Bootsverbindung zur Parkgrenze).

Wandermöglichkeiten: Einige Pfade in den Randbereichen sind sichtbar, eine markierte Durchquerung wird es voraussichtlich bald geben. In den Randbereichen wurden einige Brücken errichtet.

Hütten: Drei offene Rentierwächterhütten; im Lotterdal, am Båttjørn (SW vom See Tiplingen), am Abfluß aus See Guikare.

Karten: Serie 1:50 000, Blätter 1924 I, 1925 I, II, III, IV, 2025 III, IV.

Saltfjellet-Svartisen Der am Polarkreis liegende Nationalpark wird durch die E 6 in zwei Teile getrennt. Im wesentlich größeren, westlichen Teil erhebt sich das imposante Gebirge des Saltfjellet und der Svartisen-Gletscher. Der Plateaugletscher ist mit 369 km^2 Norwegens zweitgrößter Gletscher, hat in den letzten Jahrzehnten allerdings viel von seiner Mächtigkeit verloren und ist mittlerweile zweigeteilt.

Fläche: 2250 km^2, eingerichtet 1989.

Anreise, Wanderwege, Hütten, Karten: Siehe Tour 7.

Rago Im Rago-Nationalpark, der auf der Höhe von Bodø in unmittelbarer Nachbarschaft zum schwedischen Padjelanta-Nationalpark liegt, findet sich wahrscheinlich eine der faszinierendsten Landschaften des Nordens (gemeinsam mit den schwedischen Nationalparks Padjelanta, Sarek und Stora Sjøfallet 5500 km^2 unberührte Wildnis). Rago repräsentiert die wilde, von Gletscherkraft geformte Bergwelt des Nordens, mit steilen blanken Felsen, an denen keine Vegetation Halt findet. Neben Seen, vegetationsreichen Tälern beinhaltet er mit dem Flatkjølen auch einen größeren Gletscher. Feuchtes, kühles und wechselhaftes Klima.

Fläche: 171 km^2; eingerichtet 1971.

Anreise: Von der E 6 führt ca. 25 km nördlich von Fauske eine kleine Straße nach Lakshola, nahe an den Park heran.
Wanderwege: Weg von Lakshola über Storskogvasshytta bis Ragohytta (insgesamt 6 Std.).
Hütten: Zwei Hütten: Storskogvasshytta und Ragohytta, beide sind unverschlossen, Übernachtung ist gratis.
Karten: Serie 1:50 000, Blätter 2129 I, 2229 IV, 2130 II.

Øvre Dividalen

Nördlich von Narvik, an der schwedischen Grenze, finden wir in dem Nationalpark ursprüngliche Wildnis mit Hochgebirgscharakter. Oberhalb von mit Kiefern bewachsenen Tälern erstrecken sich Hochmoore und gletschergeformtes Kahlfjell (Kistefjellet, 1633 m). Wanderer, die hier unberührte nordische Natur genießen, müssen mit kühlem und wechselhaftem Wetter rechnen.
Fläche: 741 km^2, eingerichtet 1971.
Anreise: Von Andselv (E 6) auf Str. 87 bis Øvergård, weiter ca. 40 km das Dividalen hinein – ca. 30 Min. zu Fuß bis Nationalpark. Weitere Anfahrtsmöglichkeiten siehe Tour 19.
Wanderwege: Mehrere markierte Wanderwege ziehen sich durch den Park.
Hütten: Drei Hütten im Park: Vuomahytta, Dividalshytta, Dærtahytta (Standard DNT-Schlüssel).
Karten: Turkart 1:100 000, Indre Troms.

Ånderdalen

Auf Senja, der zweitgrößten Insel des Landes im Bezirk Troms, liegt der von hohen Bergen (der höchste: Kaperfjell, 853 m) dominierte Nationalpark. Das milde und feuchte Küstenklima läßt in den Fluß- und Seentälern eine üppige Vegetation gedeihen. In den urwüchsigen Kiefern- und Birkenwäldern gibt es einen festen Stamm von Elchen. Wildtiere gibt es aufgrund der Insellage nur kleine, wie einige Füchse, Otter und Wiesel.
Fläche: 68 km^2, eingerichtet 1970.
Anreise: Bei Andselv (E 6) Straße 86 nach Finnsnes. Straße 860 führt südlich des Nationalparkes vorbei.
Wanderwege: Keine markierten Wanderwege.
Karten: Serie 1:50 000 Blätter 1333 II Stonglandet (fast gesamter Park), 1333 I Berg.

Reisa

Nordwestlich von Kautokeino wurde das weite, unbewohnte Gebiet um den Reisaelva (-Fluß) zum Nationalpark erklärt. Von der flachen Hochebene schneidet sich der berühmte Lachsfluß tief in die küstennahen Berge ein. Zahlreiche Wasserfälle und die einzige natürliche Granitbrücke Norwegens begleiten seinen Flußlauf.
Fläche: 803 km^2, eingerichtet 1987.
Anreise: Von Kautokeino Straße 896 Richtung Bidjovagge (stillgelegte Grube – keine öffentlichen Verkehrmittel), nach ca. 33 km führt ein Weg zum Nordrand des Raisajavrre-See und in den Nationalpark; von der Küste (Nordreisa an der E 6 – Bus) Straße 865 bis Leirskole.
Wanderwege: Ein markierter Wanderweg führt von Reisajavrre (von Kautokeino kommend), dem Flußlauf folgend, vorbei am Mollesfossen, durch den Park nach Saraelv (Straße 865, Bus).
Hütten: Zwei Hütten: Raisajavrre (privat, offen) nahe Straße nach Kautokeino und Nedrefosshytta (Troms Turlag, Standard-DNT-Schlüssel).
Karten: Serie 1:50 000, Blätter 1833 III, 1833 IV, 1733 I, 1733 II.

Øvre Anarjåkka

Der größte nordnorwegische Nationalpark liegt südöstlich von Kautokeino (Finnmark), wo er an den finnischen Lemmenjoki-Nationalpark an-

Minuten zuvor vergoldeten die warmen Lichtstrahlen der Sonne an diesem klaren Septemberabend die herbstlich gefärbte Finnmark. Unter den Horizont gesunken färbt sie noch einmal für Sekunden die niedrige Wolkenschicht blutrot.

grenzt. Er zeigt das typische Erscheinungsbild der Finnmark. Weite Teile der Niederungen sind mit niedrigem Birkengehölz und Mooren bedeckt, während in den höheren Teilen (bis 600 m) niedriges Heidegewächs vorherrscht. Die Abgeschiedenheit erlaubt mit Bär, Wolf, Luchs und Vielfraß ein vielfältiges Wildtierleben. Trockenes Inlandklima mit heißen Sommern und kalten Wintern. Winterweidegebiet für Rentiere.

Fläche: 1390 km^2, eingerichtet 1975.

Anreise: Kleine Straße von Karasjok nach Süden bis Angeli (10 km bis zum Nationalpark) oder über Finnland über Lemmenjoki-Nationalpark.

Wandermöglichkeiten: Reines Wildnisgebiet, keine Wege, gute Ausrüstung und Erfahrung notwendig.

Hütten: Samenhütten sind geschlossen.

Karten: Serie 1:50 000, Blätter 1932 I, 1932 II, 2032 III, 2032 IV, 2033 II, 2033 III.

Øvre Pasvik Der Nationalpark liegt südlich von Kirkenes im Dreiländereck zwischen Norwegen, Rußland und Finnland. Dominierend sind die urwaldartig wachsenden Kiefernwälder, die neben ausgedehnten Seengebieten, Sümpfen und Mooren die größte Fläche einnehmen. Das Gelände ist verhältnismäßig flach, die höchsten Hügel ragen gerade 100 m aus der Seenlandschaft hervor. Hauptgrund für die Errichtung des Nationalparkes war die Tatsache, daß sich in diesem Gebiet die westlichste Ausbreitung der sibirischen Taiga befindet. Viele der bisher 190 gefundenen Pflanzenarten gehören den östlichen Arten an. Auch bereits sehr seltene Wildtiere, wie Vielfraß und Bären, können sich hier neben Elchen und Rentieren behaupten.

Fläche: 63 km^2, eingerichtet 1970.

Anreise: Nur über Straße 885 von Kirkenes (ca. 100 km). Kurz nach Vaggetem führt eine kleine beschilderte Straße unweit des Ellenvatn bis nahe an den Nationalpark heran.

Wandermöglichkeiten: Nur bis zum Nordende des Ellenvatn gibt es einen Rentierpfad, sonst keine Wanderwege. Wegen des großen Seenanteils ist die Mitnahme eines Kanus empfehlenswert. Für Landausflüge ist aufgrund der flachen Topographie, die kaum Punkte zur Orientierung bietet, die Mitnahme und Beherrschung von Karte und Kompaß unbedingt notwendig. Wegen der Mückenplage empfiehlt sich ein Besuch von Ende August bis Mitte September.

Hütten: Nur die Ellenvanskoia am Nordende des Ellenvatn steht für Übernachtungen zur Verfügung.

Karten: Serie 1:50 000, Blatt 2333 II Krokfjell.

Stabbursdalen Der Nationalpark liegt nördlich der Kleinstadt Lakselv am Inneren Porsangerfjord, nur etwa 150 km vom Nordkap entfernt. Er erstreckt sich entlang dem Stabbursdalen, der seinen Flußlauf von den durch das Inlandseis abgerundeten Bergformationen der Finnmark und durch eine wilde Schlucht zum breiten Mündungsdelta am Porsangerfjord sucht. Schützend eingerahmt von Bergen befindet sich auf den Kies- und Sandterrassen, die auf nacheiszeitliche, noch nicht abgeschlossene Landhebungsphase hinweisen, auf 70° 10' nördl. Breite der nördlichste Kiefernwald der Welt, dessen Ausmaß etwa 10 km² beträgt. Er ist ein kleiner Rest eines Waldes, der einmal große Teile der Finnmark bedeckt hat. Er konnte sich vor 4500 Jahren während einer zwischeneiszeitlichen Wärmeperiode ausbreiten. Heute dürften die ältesten Bäume um die 500 Jahre alt sein. Viele Vogelarten, Wasservögel, aber auch Höhlenbrüter, die Hohlräume in den Bäumen bewohnen, finden sich hier. Die angrenzenden Berghänge sind dagegen äußerst karg. Loser Sandstein läßt hier kaum Vegetationswachstum zu. Nirgends sonst

sind Wald und arktische Fjellandschaft so nah beieinander wie hier und vermitteln dem Besucher einen interessanten Kontrast.

Fläche: 96 km^2, eingerichtet 1970. **Anreise, Wandermöglichkeiten, Hütten, Karten**: Siehe Tour 9 (Stabbursdalen).

Das norwegische Gebirge

Das Landschaftsbild Norwegens ist fast über seine gesamte Nord-Süd-Ausdehnung von Bergen geprägt. Die geographische Bezeichnung des gesamten Gebirgszugs »Kaledonisches Gebirge« ist für Norwegen-Reisende kaum ein Begriff, bekannter sind vielmehr die einzelnen Gebirgszüge oder Fjellandschaften unter ihren eigenen, regionalen Namen. Ein Grund ist die Verschiedenartigkeit der Bergarten, die von weiten Tundraflächen bis hin zu gletscherbedeckten, massiven Felsformationen reicht. Die einzelnen Gebirgszüge stellen keine Einheit dar, wie wir sie von den Alpen her kennen, sondern sind oft weit voneinander getrennt. Verglichen mit Alpen-Maßstäben erscheinen die Berge Norwegens niedrig. Allerdings lassen sich die Höhen aufgrund der nördlichen Lage nur schwer vergleichen. Plateaugletscher finden sich hier bereits in 2000 m, und deren Gletscherzungen reichen wesentlich weiter hinunter, so daß sich bereits auf Talwanderungen spektakuläre Landschaftsbilder ergeben. Auch die Baumgrenze liegt in den Bergen Norwegens wesentlich niedriger. Im Süden erreicht sie eine maximale Höhe von 1000 m, während sie im Norden nur noch bei 200–300 m Seehöhe anzutreffen ist.

Das Klima ist stark alpin geprägt. Die Niederschlagsmenge nimmt von der Küste bis weiter ins Landesinnere ab. So kann es vorkommen, daß z. B. im östlichen Dovrefjell tagelang die Wolken tief hängen und im benachbarten Rondane-Gebirge blauer Himmel vorherrscht. So nehmen auch die Schneemengen während des Winters zur Küste hin immer mehr zu, bleiben dementsprechend auch länger in den Sommer hinein liegen. Ausgedehnte Altschneefelder sind im Juli keine Seltenheit. Die Temperaturen sind ebenfalls stark vom West-Ost-Gefälle geprägt. Die küstennahen Berge stehen unter dem Einfluß des Golfstroms, was sich mit milderen Wintern und kühleren Sommern auswirkt, während nach Osten zu das Binnenklima mit bitterkalten Wintern und wärmeren, trockenen Sommern aufwarten kann.

Die Gebirgslandschaften des Nordens sind nur wenig von Menschenhand verändert. Wilde, unnahbare Felsformationen wechseln im hohen Norden zu sanften, von Gletscherkraft geformten und abgerundeten Wildnisgebieten, um im äußersten Norden in die von domestizierten Rentieren bewohnten Tundraflächen der Finnmarksvidda überzugehen.

Der norwegische Wanderverein DNT (Den Norske Turistforening) und seine rund 50 angeschlossenen örtlichen Bergvereine haben mittlerweile nahezu 20 000 km Wanderwege angelegt, Brücken errichtet und besitzen über 300 Hütten (dazu kommen noch eine ganze Reihe privater Bergunterkünfte).

◁ **Im Rondane lassen äußerst karge Böden nur ein spärliches Pflanzenwachstum zu. Nur weißgelbe Flechten überziehen den Gesteinsschutt der Berge.**

Stege überbrücken den breiten Ausfluß aus dem
Bossvatnet auf der Setesdalsheiene. Auf den weitläufigen Bergkämmen hält sich bis in den Juli hinein
hartnäckig der Schnee.

Die Trekkingtouren

1

Wandern im unbekannten Süden

Die Hochweiden der Setesdalsheiene

Der Süden Norwegens ist vor allem durch seine fruchtbaren Küstengebiete und die Ölfunde vor seiner Küste bekannt geworden. Doch hinter den südlichsten Fjorden des Landes erhebt sich das Gebirgsplateau der Setesdals- und Ryfylkeheiene. Oberhalb der Baumgrenze präsentiert sich hier ein von Gletscherhand geformtes, abwechslungsreiches Wandergebiet. Das Hochplateau läßt sich im wesentlichen in zwei Teile gliedern: Im Süden finden sich weite Almgebiete, die im Sommer Tausenden Schafen als Weide dienen; nach Norden hin wird das Plateau zusehends vegetationsärmer, mit sanft geschwungenen Felsketten. Hier ist Nordeuropas südlichster Stamm wilder Rentiere beheimatet. Zahlreiche Seen und Wasserläufe sind zum Zweck der Energiegewinnung umgestaltet worden. Den Charakter dieser weitläufigen Landschaft konnten diese Eingriffe aber nicht verändern.

1. Tag: Durch das Monnåni-Tal zum Langevatnet-Stausee

In dem aus nur wenigen Häusern bestehenden Dorf *Sveindal* besteige ich den Bus nach Ljosland. Ich bin der einzige Fahrgast. Offensichtlich dient der teilweise zum LKW umgebaute Bus ohnehin mehr der Versorgung der taleinwärts liegenden Siedlungen und Bauernhöfe. Über 3 Stunden benötigen wir für die 40 km nach Ljosland, dem Ausgangspunkt meiner Tour; denn wir laden bei einer Yamaha-Werkstätte einen Auspuff für einen Schneeskooter ab, händigen den am Straßenrand wartenden Bauern ihre Post aus und stehen über eine Stunde an einer Laderampe in Åseral. Die niedrigen Berge, die das Tal umschließen, sind teilweise in Wolkenfetzen gehüllt. Zwischendurch fällt der für Norwegen typische Sprühregen. Erst am Nachmittag setzt mich der Bus-

Kurzcharakteristik

Leichte, familienfreundliche und gut markierte Wanderung über die Höhenzüge entlang dem Setesdal. Im Süden ein großes Plateau mit grünen Schafweiden, im Norden karge gletschergeformte Bergformationen. Während der Schneeschmelze und nach anhaltenden Regenfällen können viele kleine Bäche etwas problematisch werden, da nicht überall Brücken vorhanden sind. Ideal für alle, die Ruhe und abwechslungsreiche Landschaftsbilder suchen und nicht von lockenden Namen populärer Berggebiete angezogen werden.
Gesamtdauer: 13 Tage
Streckenlänge: 181 km
Kartenskizze: Siehe Seiten 51 und 57.

Chauffeur in der privaten *Ljosland-Touristenstation* ab. Von hier führt, vorbei an einigen Wochenendhäusern (Hytter), eine Schotterstraße dem trockenen Flußbett des Monnåni entlang. Dessen Geheimnis lüftet sich bald: Nach 3 km endet der Fahrweg (markiert und Hinweisschild), und über mir ragt die Betonwand einer Staumauer empor. Unterwegs begegne ich einer Gruppe von etwa zwanzig Norwegern. Sie wollen die Möglichkeit nutzen, den *Langevatnet* (710 m) mit einem Motorboot zu queren und sich so 2 Stunden Gehzeit ersparen (kostenpflichtiges, privates Motorboot über den Langevatnet, Infos und Bestellung in der Ljosland Turisthütte). Während das Motorboot, wieder mit Wanderern besetzt, heranrauscht, führt mein Weg rechts am See entlang. Ich folge dem mit einem roten »T« markierten Pfad durch Birkenwald und nasse Wiesen. Bald spüre ich die 27 kg meines Rucksacks, beinhaltet er doch Proviant für zwei Wochen, die Zeltausrüstung und alleine 6 kg Fotozubehör.

Es nieselt wieder, als ich abends das Zelt bei der unbewohnten *Stinta-Alm* auf einer kleinen Halbinsel des kleinen Sees aufbaue. Auch einige Schafe erfreuen sich hier an dem saftigen Grün. Gegenüber steigt als imposante Kulisse die schwarze Felswand des Stintefjellet empor.

2. Tag: Hinauf aufs Plateau

Grau in Grau zeigt sich der Himmel, als ich morgens das Zelt öffne. Unaufhörlich trommelt der Regen in wechselnder Intensität auf das Zeltdach. Am Nordende des Langevatnet hängen zwar noch die Nebelfetzen in der Luft, und das Erdreich unter mir ist tief aufgeweicht, aber erste blaue Lücken im Wolkenkleid lassen auf Besserung hoffen. Durch das *Ådalen* hinauf, vorbei an *Skothommen,* einem nicht mehr bewohnten Bergbauernhof, erreiche ich *Pytten* (738 m, Selbstbedienungshütte). Von hier steigt der Pfad steil den Wiesen-

Sterbendes Wasser

Früher waren die Flüsse und Seen der Setesdals- und Ryfylkeheiene ein Eldorado für Fischer. Mittlerweile gibt es in vielen Wasserläufen nur noch wenig oder keinen Fisch mehr. Schwefel- und Nitrogenverbindungen aus der Industrie, die durch südliche und westliche Winde in das Innere Norwegens, aber besonders nach Sörland, getrieben werden, fallen hier als saurer Regen. Die Konsequenzen sind sehr schwerwiegend. 60 % des Wassers im Sørland beinhalten keine Fische mehr und weitere 20 % sind stark bedroht. Verstärkt wird das Problem aufgrund des Kalkmangels in dieser Region, denn dieser würde den sauren Regen neutralisieren. Um diesen Mangel auszugleichen, wird den Wasserläufen künstlich Kalk beigesetzt. So stößt man immer wieder auf tonnenschwere Säcke, die mitten in Bächen liegen, und langsam ihren heilenden Inhalt an das Wasser abgeben. Es zeigen sich auch bereits die ersten Erfolge.

hang zum *Bergeheii* (988 m) empor. Erschöpft lasse ich mich neben einem riesigen, freistehenden Felsblock nieder und genieße zum ersten Mal die weite Aussicht über die Vidda.

Hier zeigt sich bereits das typische Antlitz des Terrains westlich des Setesdals, mit abgerundeten Hügeln, vielen kleinen Teichen und grünen Weiden. Doch wie mag der Felsblock hierher gekommen sein? Oftmals auf dieser Tour durchquere ich Landschaften mit großen Gesteinstrümmern, die überall verteilt auf dem blanken Boden liegen, gleichsam wie über Speiseeis gestreute Schokoladenstreusel. Es gibt viele Geschichten und Sagen über Trolle, die während Streitereien mit solchen Steinen geworfen haben sollen; daher auch Namen wie Trollgarden oder Trodlakykje. Heilige behaupteten, die isolierten Steine würden aus der Zeit der Sintflut stammen. In Wirklichkeit haben Gletscher dieses Phänomen verursacht. Diese »Steinheiene« ist eigentlich eine Art von Moräne, aber im Gegensatz zu den Moränen in den Tälern beinhaltet sie kein feines Material. Alles ist in großen Stücken transportiert worden – auf dem Eis, im Eis, unter dem Eis. Kleinere Brocken konnten nicht entstehen, denn hier befand sich während der letzten Eiszeit die Grenze des Eises. Am Ende des Gletschers gab es kaum Bewegung und somit wenig Reibung auf das Gestein. Als das Eis am Ende der Eiszeit abschmolz, sind die Steine überall liegengeblieben.

Parallel zum markanten Einschnitt des *Øyavatn* geht es nun über den baumlosen Bergkamm und an kleinen Seen entlang, bis unter mir als kleiner Punkt die *Gaukhei-Hütte* am gleichnamigen See auftaucht. Ein letztes Hindernis stellt sich mir noch in den Weg. Die gewaltigen Wassermassen haben während der Schneeschmelze die Brücke über den in den See mündenden Bach zerstört. Aber ich finde eine Passage, die mich von Stein zu Stein über den in wilden Sprüngen hinabfließenden Bach bringt. Etwas später betrete ich die Hütte durch die offene Tür. Riesige Stücke Schinken liegen hier und verbreiten einen betörenden Duft. Da habe ich wohl die Türe zur Küche erwischt. Gaukhei ist die älteste Hütte des KOT (Kristiansand og Opplands Turistforening), erbaut 1898. Mehr aus Tradition wird sie auch heute noch in den Sommermonaten bewirtschaftet. Bis vor etwa 30 Jahren war Gaukhei ein beliebter Treffpunkt für Sportfischer, die Sommer für Sommer kamen, und reiche Fänge an Bergforellen machten.

Vom Bergeheii (988 m), kurz vor der Gaukhei-Hütte, überblicke ich zum ersten Mal die Weitläufigkeit der Setesdalsheiene. Den riesigen Felsblock hat ein Gletscher nach seinem Abschmelzen hier abgesetzt.

Weideplatz für die größte Schafherde Norwegens

Bis zum 18. Jh. waren wilde Rentiere, Bären, Vielfraß und andere Wildtiere die einzigen Bewohner der Setesdals- und Ryfylkeheiene. Die Menschen mieden diese gefährlichen Gebiete. Nur im Sommer benutzten sie die wenigen Handelswege, um ihre Rinder zu Marktplätzen zu führen. Schafe gab es schon immer, allerdings wurden sie auf kleinen Weiden unten an der Küste gehalten. Krankheiten, schlechtes Gras und Streitigkeiten der Bodeneigentümer waren an der Tagesordnung. Nach den Berichten der Handelsleute über die guten Weideplätze oben in der Höhe, trieben die Bauern ihre Tiere zu Beginn des Jahrhunderts zum ersten Mal in die Berge. Schwere Unfälle waren die Folge. Bei Schneestürmen und Angriffen von Bären, Vielfraß und Wölfen wurden viele Schafe getötet. Nur noch mutige Männer schickten daraufhin ihre Schafe hinauf.

Mittlerweile hat Rogaland die größte Anzahl an Schafen in Norwegen. Ungefähr 26 000 Schafe werden jedes Jahr in die Berge getrieben, von Sirdal und Setesdal im Süden bis Eidsfjord im Norden. Weder die Tiere noch die Hirten kümmern sich um Bezirksgrenzen, das heißt, die Tiere aus Rogaland weiden in Hordaland, Telemark und dem Agder-Bezirk.

Nach einer langen ersten Etappe liegt die bald 100 Jahre alte Gaukhei-Hütte idyllisch am gleichnamigen See. Die urige Hütte ist gerne Ziel von Kurzwanderungen und wird deshalb trotz ihrer bescheidenen Größe im Sommer bewirtschaftet.

Alljährlich werden im Frühsommer Tausende Schafe auf die grünen Hochweiden der Setesdalsheiene hinaufgetrieben, wo sie den Sommer unbeaufsichtigt verbringen werden.

3. Tag: Søtevatn – Sveinstjørnin

Bei Sonnenschein, aber kaltem Wind steigt der Weg zum *Søtevatn*(-See, 888 m) an. Die Höhenunterschiede, die hier zu bewältigen sind, sind nur minimal. Aber ständig geht es auf und ab. Flache Täler mit Seen und Wasserläufen wechseln sich mit aussichtsreichen Bergkuppen ab. Am *Småtjørn* erreiche ich eine fast zerfallene Almhütte. Das Rauschen des Windes und das Geschrei einer Krähe über mir, sonst bin ich allein in dieser weiten, grünen, kalten, aber trotzdem lieblichen Landschaft. Wie schnell sich doch deren Antlitz verändern kann. Noch vor wenigen Minuten verwandelte die Sonne die Gegend um mich herum in ein strahlendes, warmes Bild. Jetzt treibt der Wind dunkle Wolken heran. Beide Gesichter sind schön, wenn sie auch unterschiedliche Empfindungen hervorrufen. Gerade weil ich allein bin, nehme ich die Ruhe und den Charakter der Welt um mich herum intensiver wahr, achte mehr auf Geräusche, die mir bald vertraut vorkommen und mich in dieser weiten Einsamkeit doch nicht so allein vorkommen lassen.

Beim Abstieg zum *Sveinstjørnin* kommen mir einige Dutzend Schafe entgegen. Ein Hirte mit seinen zwei Söhnen begleiten die Tiere hinauf zur Sommerweide in den Bergen. Vor einem Bach kommen die Tiere kurzzeitig zum Stehen. Doch wer nicht freiwillig durchs Wasser geht oder hinüberspringt, wird von den aufmerksamen Hunden ins Hinterbein gezwickt oder von den Hirten kraftvoll über das Wasser hinweggeschleudert. In den Bergen werden die Schafe unbeaufsichtigt den Sommer verbringen. Erst im September sammeln sie sich in den Niederungen und werden in die Täler und an die Fjorde getrieben.

4. Tag: Øyuvsvatnet – Øyuvsbu-Hütte – Svarteløkfjellet

Am nächsten Morgen steige ich mit schmerzverzerrtem Gesicht in die Schuhe. Auf der Sohle und Ferse haben sich Blasen gebildet. Aber die Füße haben abends auch schrecklich ausgesehen. Durch die Schweißbildung in den Gummistiefeln waren sie weiß aufgeweicht und verrunzelt. Ich muß während des Tages öfter die Schuhe ausziehen und die Schurwollsocken und Einlegesohlen trocknen lassen.

Am Sandstrand des *Øyuvsvatnet* begegne ich einer Familie mit zwei kleinen Kindern. Es ist ihre erste Tour mit den Kleinen, wie sie mir erzählen. Drei Tage gehen sie von Hütte zu Hütte. Dabei darf das Spielen natürlich nicht zu kurz kommen. So lasse ich sie weiter am Wasser Sandburgen bauen und gehe die letzten Meter zur *Øyuvsbu-Hütte*. Idyllisch liegt sie auf einer kleinen Halbinsel am See. Zunächst wundere ich mich, hier so vielen Menschen zu begegnen. Doch wie ich erfahre, verläuft 20 Minuten nördlich der Hütte die neue Straße über die Berge. Nur zwei Busse verkehren hier täglich. So dauert es auch nicht lange, bis sich die Gruppe auf den kurzen, steilen Anstieg zur Straße aufmacht. Ich lege mich noch für eine Weile in die Wiese und genieße die warmen Sonnenstrahlen. Langsam ziehen die wenigen Schäfchenwolken von Osten über den Himmel. Von Osten! Das sicherste Zeichen für gutes Wetter.

Später ist für mich die Begegnung mit der Straße und dröhnenden Autos wie das Zusammentreffen zweier Welten. Für wenige Augenblicke zurück in die Zivilisation. Gedanken an ein gemütliches Café kommen auf. Doch ich wende der Straße den Rücken und bin wieder allein. Kurze

Zeit überkommt mich ein Gefühl von Einsamkeit, als die Straße langsam meinen Blicken entschwindet.

An der steilen Ostflanke zwischen dem Vierheii-Berg und dem See (975 m) liegt noch ein ausgedehntes Schneefeld. Mehrmals breche ich nicht ganz ungefährlich in einen Hohlraum unter dem Schnee ein. An den folgenden zwei Abzweigungen liegen, wie so oft im Frühsommer, die Schilder zerstört am Boden. Ohne Karte kann man schnell die Orientierung verlieren.

Die Wiesen im Tal vor dem *Svarteløk-fjellet* sind von den eben erst zurückweichenden Schneeflächen braun und durchweicht. Nur mit Mühe finde ich einen einigermaßen geeigneten Stellpatz fürs Zelt am Fuß eines kleinen Berges, der mich an die markante Erhebung des Hårteigen in der Hardangervidda erinnert. Mit dem Sonnenuntergang senkt sich auch die Kühle der Nacht über das Land. Das Thermometer zeigt –4 °C (9. Juli !).

5. Tag: Begegnung mit wilden Rentieren

Der heutige Tag ist geprägt durch die Begegnung mit verschiedenen Tieren. Schon am Morgen stoße ich auf ein Moorschneehuhnpaar. Plump flüchtet es erschreckt mit lautem »kok-kok-kok« – Protestgeschrei hinter die nächsten Felsblökke. Nachdem ich voreilig den *Skrubbsåni-Bach* durchwatet habe (eine Brücke befindet sich etwas bachaufwärts), begleiten mich beim Aufstieg zum Manhattan-Fjell die traurigen Rufe des Goldregenpfeifers. Hinter mir erstreckt sich die weite Fläche des künstlich vergrößerten *Rosskreppfjorden*. Auf der Anhöhe queren im Abstand von vielleicht 150 m Rentiere ein Schneefeld. Kaum, daß sie mich entdecken, entschwinden sie meinen Blicken mit langen Schritten.

Welch enorme Kräfte die Wassermassen während der Schneeschmelze aufbringen, zeigt die zerstörte *Brücke bei Svartenut*. Zwischen den Betonsäulen hängen nur noch einige Drahtseile ins Wasser. Wenigstens kann ich mich an denen ganz gut hinüberhangeln. Von Svartenut folge ich dem glänzenden Band des *Risåni* flußaufwärts. In unzähligen Schleifen sucht er sich träge von See zu See fließend seinen Weg durch die sanfte Senke. Nach einigen Kilometern biegt sein Wasserlauf nach links ab, wo er in wilden Kaskaden auf glattem Fels herunterspringt.

Am *Auguntjørnin* (-See , 1014 m) geht es über einen verblockten Hang hinüber zur gleichnamigen Alm. Wieder breche ich mehrmals mit dem Fuß in Hohlräume unter dem Schnee durch. Eigentlich wollte ich heute noch die Bossbu-Hütte erreichen. Die südländische Hitze setzt mir doch sehr zu. Ziemlich erschöpft schlage ich mein Zelt neben einem eigenartigen

---

Wildren – auf verlorenem Posten

Früher war die Heide westlich des Setesdals ein wichtiges Gebiet für das Wildren. Jetzt dürften noch ungefähr 3000 Tiere hier leben. Gegenüber den »zahmen« Rentieren sind sie wesentlich kleiner, da es hier einen Mangel an Winterweide gibt. Auch der Kraftwerksausbau der letzten Jahre hat negative Einflüsse. Futterweiden wurden überschwemmt, und die Wanderrouten der Tiere zwischen den Weidegebieten sind von großen Stauseen versperrt. Aber auch für uns mußten neue Wanderwege angelegt werden, die jetzt teilweise durch früher unberührte Wildrengebiete führen.

Fels auf. Wie durch einen wuchtigen Messerhieb ist er durchschnitten und zweigeteilt. Die untere Hälfte bildet eine mehrere Quadratmeter große Fläche. Die andere Hälfte liegt umgekippt an seiner Seite. Ob hier doch Trolle ihre Hände im Spiel gehabt haben?

6. Tag: Sommeridyll Bossbu

Mit ausgebreiteten Flügeln läßt sich ein großer Vogel mit der Thermik der warmen Morgenluft gegen den Himmel tragen. Er ist bereits zu hoch, um ihn an seiner Zeichnung zu erkennen. Aufgrund meiner Pfiffe klappt er seine Flügel zusammen und stößt im Sturzflug auf mich nieder. Wieder zur vollen Spannweite entfaltet, ist er deutlich an seinem weißen Schwanz mit dunklem Endstreifen und seinen hellen Flügeln mit schwarzem Fleck als Rauhfußbussard zu identifizieren. Mit langem Flügelschlag gleitet er den schwarzen Geröllhalden des Kolsvassfjellet entgegen.

Die *Bossbu-Hütte* liegt paradiesisch. Herrlich grüne Wiesen und ein weitläufiger Sandstrand am Bossvatnet laden zum Verweilen ein. Angesichts der Eisschollen im Wasser kann ich mir aber ein Bad leicht verkneifen.

Die folgenden Wegstunden führen über ein gebirgigeres Terrain. Auch die Schneefelder weiten sich zunehmend aus. Bereits der *Revsvatnet* (1133 m) ist fast völlig von Schnee bedeckt. Ein riesiges Schneefeld zieht sich zu ihm hinunter und bricht in meterdicken Schollen ins Wasser ab. Ich quere seinen Zufluß oberhalb im steilen Hang. Unter mir gräbt sich das hinabstürzende Wasser eine tiefe Höhle in den Schnee. Vorsichtig taste ich mich über den nassen Fels, den Blick hinab in den schwarzen Schlund meidend.

Die Sonne sinkt langsam tiefer, die Berge erscheinen kahler und abstoßender. Der Übergang vom Tag zur Nacht hat immer etwas Geheimnisvolles an sich. Alleine in einer trostlos anmutenden Landschaft – der verlöschende Tag weckt bange und schwermütige Gedanken, die erst weichen, wenn ich mein Zelt aufgebaut habe, und sich die Ruhe des Abends mit den Gerüchen des Abendessens vermischt. Beim Gehen in den Abendstunden wirken Ablenkungen wie die Begegnung mit Tieren aufmunternd, selbst wenn es sich bloß um einen Lemming handelt. Diesmal ist es ein Ren, ein Einzelgänger. Als ich ein großes Schneefeld zwischen zwei noch fast vollständig zugefrorenen Seen (det lange vatnet: 1278 m) quere, taucht über mir, vom weichen Abendlicht beleuchtet, zunächst ein riesiges Geweih und dann der dazugehörende Körper eines Rentieres auf. Minutenlang verharrt es dort, mich beobachtend. Etwas später queren seine Spuren die meinigen, und ein letztes Mal entdecke ich das Tier, wie es sich hinter einer Bergkuppe meinen Blicken entzieht. Wenige Schritte weiter ändert sich das Landschaftsbild schlagartig. Das beklemmende Tal öffnet sich, der Blick geht frei über den *Svartevatn* hinweg gegen das Orange der Abendsonne. Wie ein zu Stein erstarrtes Meer mit seinen weiten, riesigen Wellen, gekrönt mit weißen Gischtkappen, liegt das Land unter meinen Füßen. Der Schnee weicht zurück und ich finde die ersten, noch gelben Grasmatten. Hier bleibe ich.

7. Tag: Hinab ins grüne Tal des Såvatn

Als ich den Schlafsack und das Zelt öffne, erblicke ich wiederum einen strahlend blauen Himmel. Jetzt bin ich froh, hier oben geblieben zu sein. Es gibt nicht ein Moskito. Überhaupt genieße ich die Ruhe dieser Harmonie um mich herum in den Morgenstunden am intensivsten.

Der Abstieg hinunter ins Tal des *Såvatn* (-See, 928 m) bringt mich langsam in eine grüne Welt zurück. Zwischen kleinen Tümpeln und lieblichen Bächen wachsen auch niedrige Birken. Mit den Gedanken schon bei der Kringlevatn-Hütte, stehe ich plötzlich vor einem ausgewachsenen Fluß. Zwar soll eine aufgeschüttete Steinhalde ein Überqueren ermöglichen, doch der Wasserlauf führt so viel Wasser, daß die Steinblöcke gut einen halben Meter unter reißendem Wasser verschwinden. Lange suche ich nach einer möglichen Furt. Etwas flußabwärts ist die Strömung wesentlich geringer. So lege ich die Hose ab, verzurre alles am Rucksack und steige in das erfrischend kalte Wasser. Bis zur Unterhose im Wasser, balanciere ich von Stein zu Stein. Die letzte Stunde bis zur Hütte begleitet mich wieder das Glockenkonzert der Schafe. Durch dichtwachsendes Birkengestrüpp und teilweise aufgeweichten Boden führt der Weg zur *Kringlevatn-Hütte*. Als ich bei der Hütte ankomme, glaube ich, keinen Schritt mehr machen zu können. Die Hitze und direkte Sonnenbestrahlung haben mich fertiggemacht. Über drei Liter Flüssigkeit nehme ich während dieser Pause zu mir und starte erst wieder, als gegen 18 Uhr die Hitze langsam weicht.

Vom *Sandvatnet* stürzt sich wiederum ein Fluß in wilden Sprüngen das Tal zum *Kringlevatnet* (-See, 940 m) hinab. Glücklicherweise ist er an einer Stelle zu durchwaten, wo er sehr breit und nicht zu tief ist. Nach einem kleinen Höhenzug baue ich das Zelt erst um 21.30 Uhr zwischen Schneefeldern auf. Noch steht die Sonne über dem Horizont. Doch kaum, daß sich die Schatten der Nacht über den Lagerplatz legen, sinkt die Temperatur unter den Gefrierpunkt.

8. Tag: Gewitter
am Blåsjø-Staudamm

Kurz nach dem Aufbruch komme ich zu dem Bach, der in den *Sandvatnet* (1043 m) fließt. Teilweise ist er frei, aber auch von Schnee überwölbt. Wähle ich den Weg durch den reißenden Bach, habe ich das gähnende Loch unter mir, in dem das Wasser in einer schwarzen Schneehöhle gurgelnd verschwindet. Kaum auszudenken, was passiert, reißt es mich in den Tunnel. Mich schaudert. Die Schneebrücken scheinen stabil zu sein, auch wenn sie bereits mehrmals eingebrochen und von Spalten durchschnitten sind. Mit weichen Knien taste ich mich über das Schneedach. Es hält. Den folgenden See (1076 m) durchquert man auf einer Reihe von Inseln (vorher Abzweigung nach Bykle: 8 Stunden).

Unter einer brennend heißen Sonne, die meine bereits entzündeten Körperteile zum Schmerzen bringt, sitze ich unter dem Damm des *Blåsjø-Stausees* auf glattgeschliffenen Felsen im fast trockenen Bachbett. Ich beobachte die Sonne, die einen matten, außen von Regenbogenfarben umgebenen Hof bekommt. Verwöhnt nach sechs Tagen mit blauem Himmel, kann ich gar nicht glauben, daß dies Schlechtwetter bedeuten könnte. Doch mit einem Mal, begleitet von kalten Windböen, tauchen von irgendwo weiß-graue Schleierwolken über dem Damm auf. Die Sonne ist nur noch als ein matter Lichtfleck zu erkennen.

Während des steilen Anstieges zum *Gyvassfjellet* (1207 m) ballen sich schwarze Regenwolken aus dem Nichts im Westen zusammen. Unter dem Gipfel braust das Unwetter über mich herein. Eiskalte Windböen treiben Regen und Hagelkörner heran. Überall steigt der Dampf von den heißen Felsplatten auf. Wie ein Leintuch legt sich der Nebel über den See. Dumpfe Donner rollen heran, als mich der Weg über glatten Fels wieder zum See hinab führt. Nebel zwingt mich, vorsichtig von Markierung zu Markierung zu tasten, da auf dem blanken Fels kein Pfad zu erkennen ist. Laut hallt das Echo der Donner

---

Die Setesdalsheiene — ein riesiges Wasserreservoir

Auf diesem Hochplateau liegen viele der größten künstlichen Binnenseen des Landes. Der Blåsjø-Stausee ist der größte von ihnen. Er erstreckt sich auf einer Nord-Süd- und Ost-West-Ausdehnung von jeweils 16 km. Acht Dämme umgeben ihn. Der größte ist der Storvassdammen mit einer Länge von 1500 m und 80 m Höhe. Zwei Jahre braucht der See, um sich zu füllen. In Jahren des Überschusses muß deshalb Wasser hinaufgepumpt werden, um Energie auch für trockene Jahre und extreme Winter zu sichern. Dieses Gebiet bietet alle Voraussetzungen für die Energiegewinnung. Das Plateau erhält reiche Niederschläge, und die Fallhöhe zu den Fjorden im Westen bietet sich zur Energiegewinnung an. Ungefähr 15 % der Energieproduktion des Landes können hier erzeugt werden. Naturschützern ist diese Entwicklung ein Dorn im Auge, immerhin befindet sich hier der südlichste Stamm wilder Rentiere. Für die Tiere ist es schwierig, zwischen den schmalen Korridoren ihre Weideplätze zu erreichen – soweit diese nicht überschwemmt wurden. Auch müssen sie sich die immer kleiner werdenden Flächen mit Wanderern teilen. Gerade in der Kalbungszeit im April und Mai kann dies problematisch sein. Deswegen gibt es seit 1985 eine Initiative, hier einen Nationalpark mit einer Fläche von 2945 km^2 zu errichten. Allerdings existieren auch Pläne, das Wasserkraftprojekt noch weiter auszubauen.

über den Himmel. Doch so schnell das Gewitter gekommen ist, so schnell verschwindet es auch wieder.

Am See ist ein kleiner Damm zu queren, bevor es wieder landeinwärts geht. Als ich hinter dem namenlosen, teilweise schneebedeckten See (1121 m) eine lieblich grüne Wiese als geeignetes Nachtlager entdecke, trägt die Erde noch die Spuren des Unwetters, der Himmel aber ist wieder blau.

9. Tag: Hovatn – Vassdalstjern-Hütte

Heute ist es früh, sehr früh, als ich meinen steifen Körper aus dem Schlafsack dirigiere. Wieder schmerzen meine Glieder, doch mit der Tagesroutine steigt auch mein Unternehmungsgeist. Frühstück, wie jeden Tag Müsli, Kaffee, zu dem ich meist die Karte studiere und meine ersten Tagebucheintragungen mache. Nebelfetzen ziehen über die kahlen Stein-Grasmattenhügel und verleihen mit dem gleißenden Licht der Sonne der Landschaft ein interessantes Aussehen. Der Regen vom Vortag scheint auch ein paar Moskitos zum Leben erweckt zu haben. Nach wenigen hundert Metern stoße ich auf das Lager von ein paar deutschen Wanderern. Mit ihnen werde ich die nächsten zwei Tage verbringen.

Die Selbstbedienungshütte *Hovatn* am gleichnamigen See lassen wir rechts liegen, da sie etwa 30 Minuten vom Hauptweg entfernt liegt. Der weitere Weg zieht sich längs am *Blåsjø-Stausee* entlang. Es ist ein ständiges Auf und Ab. Weite Fernsicht auf eine von Schnee und Fels geprägte Landschaft wechselt mit sanften Mulden, vorbei an unzähligen Seen, die mit Hilfe der warmen Sonne gegen den Winterschnee ankämpfen und uns ein Muster- und Farbenspiel bieten. Trotz der

oft weiten Schneefelder ist mit Hilfe der Karte eine Orientierung problemlos möglich. Meist können wir uns ohnehin an die Markierungen halten, die auf Felsblöcke gepinselt über dem Schnee liegen. Durch die Nähe der Küste fallen hier im Winter extrem hohe Niederschläge, die sich je nach Jahr bis weit in den Sommer halten können.

Während der Pause in der *Vassdalstjern-Hütte* ziehen sich wieder Regenwolken zusammen. Abends bauen wir die Zelte auf halbem Weg nach *Krossvatn* auf einer kleinen Halbinsel am See (1083 m) auf. Weiches Gras als Unterlage wird immer spärlicher.

10. Tag: Ein reißender Wildbach

Zum ersten Mal seit acht Tagen weckt mich das Geräusch von Regentropfen. Schlechtes Wetter hat die Schönwetterperiode verdrängt. Doch noch während wir unsere Sachen zusammenpacken, bessert sich überraschend das Wetter, sogar blaue Flecken huschen über den Himmel. Unsere drei Mädchen sind noch nicht ganz fertig, so beschließen Jost und ich alleine zu starten und später zu warten. Aber wir kommen nicht weit. Schon nach 10 Minuten versperrt uns ein Bach den Weg. Beängstigend schwarz und reißend liegt in einer felsigen Kerbe der *Pøyleåna* vor uns, kontrastreich eingebettet und von tiefen Schneefeldern umgeben. Noch während wir alle losen Teile, wie Fototasche, am Rucksack festzurren und eine geeignete Passage suchen, kommen unsere Begleiterinnen. In zwei Gruppen gehen wir durchs Wasser. Jost hält sich etwas flußabwärts, wo es bei oberschenkeltiefem Wasser sehr reißend ist. Ich wähle eine Passage mit zahmerer Strömung. Dafür reicht uns das Wasser bis zur Unter-

Anfang Juli sind in den küstennahen Gebirgen der Setesdalsheiene (hier bei Krossvatn) ausgedehnte Schneefelder keine Seltenheit. Schlägt zudem das Wetter um, ist bei der Orientierung Vorsicht geboten.

hose. Mit einiger Überwindung helfen wir uns, einander an den Händen haltend, von Stein zu Stein ans andere Ufer. (Eine Rücksprache mit dem Stavanger Turistforening ergab, daß für 1996 der Bau einer Brücke über den Pøyleåna geplant ist. Allerdings gab es dieses Jahr überdurchschnittlich viel Schnee, und der Bergverein rät, in solchen Jahren die Gebiete östlich des Blås-jø-Sees nicht vor Mitte Juli zu bewandern.)

Bis zur *Krossvatn-Hütte* ist die Mithilfe der Karte unerläßlich. Wir bewegen uns jetzt durchgehend auf Schnee. Kurz vor der Hütte flüchtet lautstark eine Schneehuhnmutter mit ihren winzigen Küken ins offene Wasser. Auf blankem Fels liegt die moderne Hütte oberhalb des Krossvatnet. Kurze Zeit später trocknen die Lederstiefel

Während der Schneeschmelze im Frühsommer führt der Pøyleåna-Fluß (zwischen Vassdalstjern und Krossvatn) Hochwasser. Eine Brücke soll demnächst die Passage erleichtern.

über dem gußeisernen Ofen. Hinter der Hütte überspannt eine mächtige Hängebrücke den reißenden Fluß *Spronget*. Am Nachmittag überziehen Regenwolken den Himmel und hüllen uns ein. Jetzt ist genaues Verfolgen des Wegverlaufs anhand der Karte unerläßlich. Manchmal erkennen wir im Geröll den Pfad, wenn er für wenige Meter vom Schnee freigegeben wird, oder kommen an Markierungen vorbei, die uns Gewißheit geben, nicht von der Richtung abgekommen zu sein. Kurz nach der Abzweigung nach Mostøl (Gegenrichtung: Stranddalen) suchen wir uns auf zwei »Schotterinseln« geeignete Zeltplätze.

11. Tag: Hinab durchs grüne Kirchensteindal nach Mostøl

Heute starte ich schon sehr früh und verabschiede mich deshalb von meinen Wegbegleitern auf der Nachbarinsel. Eine Rei

he von querverlaufenden Tälern und Höhenzügen liegt auf dem Weg. Links unter mir zieht sich das weiße Band des *Vestre Kaldavatnet* (-Sees, 1113 m). Obwohl wiederum kein Pfad zu erkennen ist, gestaltet sich die Orientierung einfach, denn bald taucht vor mir der markante Einschnitt des Kyrkjesteinskardet-Paß (1205 m) auf. Ungeachtet etwaiger Markierungspunkte, halte ich geradewegs auf ihn zu. Der Bach, der den sanften ansteigenden Einschnitt durchfließt, ist nur stellenweise offen. Eingebrochene Stellen mit Spalten zeigen mir aber deutlich die Stellen, die ich meiden muß. Nach einer Stunde erreiche ich den Paß.

Nach einem steil bergabführenden Schneefeld erwarten mich die ersten saftig grünen Almen — eine Augenweide nach mehrtägigem Marsch über Schnee und blanke Felspartien. Von beiden Talseiten stürzen unzählige Bäche und Wasserfälle ins Tal hinab. Inmitten des Wasserlaufes ragt ein gewaltiger Felsblock in den Him mel, der Kyrkya (Kirche), wie mir eine Aufschrift zeigt. Auf dem gut begehbaren Weg ins Tal hinab begegnen mir viele Wanderer. Viele nutzen den Sonntag für einen Ausflug. Die nahe liegende Mostøl-Hütte ist mit dem Auto erreichbar und somit ein guter Ausgangspunkt. Schon von weit oben ist die grüne Seterumgebung mit der Mostøl-Hütte zu erkennen. Entlang dem in schäumenden Kaskaden hinabstürzenden *Jonstølåno* (-Bach) geht es durch Birkenwälder dem Talboden entgegen. An einer kleinen Staumauer wird der Bach in einen Tunnel durch den Berg umgeleitet, von wo er zu einem Wasserkraftwerk geführt wird. Wenig später erreiche ich die Straße und die *Mostøl-Hütte*. Von der alten, Atmosphäre ausstrahlenden Hütte führt die unbefestigte Straße das trockene Flußbett des *Gaukstølåna*-Flusses hinauf und endet wiederum an einer Stelle, wo auch dieser Fluß für die Stromerzeugung abgezweigt wird. Über zum Teil nassen Boden steigt der Weg bis zu den im Sommer besetzten Bergbauernhöfen *Skitstølen* und *Krokvasstølen* steil an. Aus den Schornsteinen dringt Rauch, und die Kinder unterbrechen ihr Spiel, um mich lachend nach meinem Woher und Wohin zu befragen. In dem nun folgenden U-Tal zeigen braune Wiesen an, daß hier noch vor kurzer Zeit Schnee gelegen hat. Wieder ziehen jetzt am Abend Wolken auf. Mit den ersten Regentropfen baue ich mein Zelt hoch oben über dem Tal auf.

12. Tag: Zur hundert Jahre alten Bleskestadmoen-Hütte

Morgens bekomme ich Besuch. Zunächst Shetil, ein junger Norweger, selbst mit Rucksack unterwegs, und dann noch eine ganze Gruppe Norweger. Kaffee aus Thermoskannen und Schokolade machen die Runde.

Mein nächstes Ziel ist die *Bleskestadmoen-Hütte*. Da ich gestern von Mostøl noch $2^1/_2$ Stunden gegangen bin, habe ich den höchsten Punkt zwischen den Hütten fast erreicht. Es steigt nur noch mäßig an. Am Paß angelangt, wird mir die Aussicht wegen der tiefliegenden Wolken verwehrt. Der extrem steil den Wiesenhang hinabführende Weg bringt mich rasch in die *Vallarjuvet-Schlucht* hinab und unter die Baumgrenze zurück. Zwischen den Birken taucht dann plötzlich die Hütte vor mir auf. Erbaut im Jahre 1891, ist sie die älteste und sicher eine der schönsten Hütten des Stavanger Turistforening.

Morastiger Untergrund, versumpfte Wiesen, dichtes Buschwerk, glattgeschliffene Felsen, Steilstufen und ein Hochwasser führende Fluß bestimmen den beschwerlichen Weg entlang markierter Pfade hinauf zum Staudamm des *Sandvatnet* (-See). Am Ostende des Sees zweigt der Weg von der Straße ab. Hier bei einer Hütte lege ich eine Zwangspause ein. Seit Tagen schmerzen meine Knöchel. Steile Abstiege, felsiger Untergrund und ein schwerer Rucksack überfordern die Stabilität des Gummistiefels. Schon öfter sprachen mich norwegische Wanderer deswegen an. Jetzt muß auch ich die Nachteile des ansonsten praktischen Schuhwerks erkennen.

Das Ufer des Sandvatnet zu meiner Rechten begleitet meinen Weg über grüne Wiesen nach Norden, vorbei an der Abzweigung ins Kvanndal. Im Gegensatz zu den Seen wenige Tagesmärsche südlicher, ist der See eisfrei. Auch die Schneegrenze liegt hier wesentlich höher. Hinauf durch eine etwas verblockte Schlucht erreiche ich die Hängebrücke über den *Tverråna* (-Fluß). In wilden Kaskaden bahnt er sich seinen Weg durch die Felsen, um nur

Tourenprofil: Die Hochweiden der Setesdalsheiene

Tag	Strecke	Höhe	Entfernung	Gehzeit	Pässe/Bemerkungen
	Start: Ljosland fjellstue	530 m			Pytten-Hütte (4 Std.) Boot über Langevatnet möglich
1.	Gaukhei	840 m	18,5 km	7 Std.	
2.	Øyuvsbu	935 m	16 km	7 Std.	
3.	Svartenut	975 m	13 km	5 Std.	
4.	Bossbu	1030 m	10 km	3 Std.	
5.	Kringlevatn	940 m	19,5 km	8 Std.	1340 m, vor Det lange vatnet
6.	Storsteinen	937 m	13 km	5 Std.	
7.	Hovatn	1111 m	16 km	6 Std.	1180 m, Gyvassfjellet
8.	Vassdalstjern	1110 m	7,5 km	3 Std.	
9.	Krossvatn	1090 m	9,5 km	6 Std.	
10.	Mostøl	600 m	17,5 km	6 Std.	Kyrkjesteinskardet, 1205 m
11.	Bleskestadmoen	711 m	10,5 km	6 Std.	Paß, 995 m
12.	Holmevasshytta	1130 m	15 km	6 Std.	
13.	Endpunkt: Haukeliseter	1000 m	15 km	6 Std.	Turistskardet, 1334 m
	Total etwa:		181 km	13 Tage	

wenige hundert Meter weiter in einer 180-Grad-Biegung sanft dahinzuplätschern. Dort finde ich an seinem Ufer herrliche Grasmatten für das Zelt.

13. Tag: Die letzte, lange Etappe nach Haukeliseter

Die heutige Etappe wird lang. Sieben Marschstunden trennen mich noch vom Ziel Haukeliseter. Warme Sonnenstrahlen wecken den Wunsch, im Bach ein Vollbad zu nehmen. Doch nach einem Blick zum Himmel packe ich in Eile meine Sachen zusammen. Tiefschwarze Wolken wälzen sich über den Bergkamm heran, und in Minuten wird mein Lagerplatz von windgepeitschten Regengüssen erfaßt sein.

Als ich eine Stunde später die *Holmevasshütta* erreiche, jagt der Wind den Regen über die Wiesen des Plateaus. Selbst die Schafe kauern im Schutz von Felsblöcken und der Hütte dicht beieinander. Nicht einmal meine Annäherung kann sie erschrecken. Hier in der Hütte hoffe ich bei einer Tasse heißem Tee auf eine Wetterberuhigung. Doch starke Windstöße jagen mit Geheul schwere Regentropfen gegen die Fensterscheiben und lassen die Hütte erzittern. Um Haukeliseter heute noch zu erreichen muß ich wieder hinaus. Bei dem sanften Anstieg zum Paß zwischen dem Vassdalseggi (1658 m) und dem Kjelatind (1476 m) reißt der Wind immer wieder Löcher in die tiefe Wolkendecke. Der Pfad zum höchsten Punkt dieser Etappe (*Turistskardet*, 1334 m) verschwindet noch einmal unter einem steilen Schneefeld, das sich bis zum *Vassdalstjørn* (-See, 1146 m) hält.

Nützliche Hinweise

Ausgangsort: Ljosland fjellstue.
An-/Rückreise: Nach Ljosland dreimal wöchentlich (Di., Do., Sa.) Busverbindung von Kristiansand. – Von Haukeliseter täglich ein- bis zweimal Busverbindung nach Bergen, Haugesund, Kristiansand, Oslo.
Markierung: Mit rotem »T« durchgehend sehr gut markiert.
Hütte/Zelt: Sehr gutes Hüttennetz; überall ausgezeichnete Stellplätze für Zelte.
Beste Jahreszeit: Anfang Juli (Schneefelder im nördlichen Teil) bis Mitte September.
Schuhwerk: Bergstiefel; Turnschuhe für Bachdurchquerungen.
Karten: Turkart 1:80 000: Sirdal – Setesdalsheiene (südlicher Teil), Suldal – Setesdalsheiene (mittlerer Teil); Top. Karte Serie M 711 1:50 000: Suldalsvatnet 1314 II, Breive 1414 III, Haukelisæter 1414 IV (nördlicher Teil).

Der Blick zur Hardangervidda wird frei. Haukeliseter und die Straße 11 sind in der weiten Ferne erkennbar. Über dem weiten Tal vor mir öffnet sich die Wolkendecke und unzählige Regenbögen begleiten meinen Weg hinab zur Hängebrücke über den Fluß und zum *Kjelavatn.* Am Fuß des Kistanuten verläuft sich der Pfad im Mo-rast und im Schneefeld. Ungeduldig wähle ich deshalb den kürzesten Weg zum *Kjela* (-Fluß), was sich als Nachteil erweist. Um die Brücke zu erreichen, muß ich deshalb dichtes Gebüsch und felsige Passagen durchsteigen. Den letzten Kilometer geht es entlang der Hauptstraße zur *Haukeliseter-Turiststation.*

Hütten dieser Tour

Name	Typ	Betten	Schlüssel	Öffnung	Sonstiges
Ljosland Fjellstove	Bp	48	–	Gj	Rabatt/DNT
Pytten	Up	O	–	Gj	
Gaukhei	B	41	–	24.6.–20.8.	
Gaukhei	S	41	–	Gj/nicht wenn bedient	
Øyuvsbu	U	40	–	Gj	
Svartenut	S	20	–	Gj	
Bossbu	S	34	–	Gj, geschlossen 24.8.–25.9.	
Kringlevatn	S	20	–	1.7.–1.10.	
Storsteinen	S	24	O	1.7.–1.10.	
Hovatn	S	18	–	1.7.–1.10.	
Vassdalstjern	S	24	–	1.7.–1.10.	
Krossvatn	S	18	–	1.7.–1.10.	
Mostøl	S	13	–	10.6.–15.10.	
Bleskestadmoen	S	14	–	10.6.–15.10.	
Holmevasshytta	S	16	–	1.7.–1.10.	
Haukeliseter	B+U	110+30	–	Gj	

2

Eine Süd-Nord-Durchquerung
Durch den gebirgigen Ostteil der Hardangervidda

»Vidda« bedeutet »die Weite – das Hochplateau«. Mit einer Ausdehnung von 7400 km² ist die Hardangervidda das größte Gebirgsplateau Europas. Davon wurden 3420 km² (Saarland 2569 km²), was annähernd 3 % der Landesfläche von Norwegen ausmacht, 1981 zum größten Nationalpark von Norwegen erklärt, in der Absicht, die Vidda vor den weiteren Zugriffen durch die Wasserkraftindustrie zu schützen. Mittlerweile zieht sich rund um die Vidda ein ganzes Netz von künstlichen Seen. Viele Flüsse wurden reguliert. Die größten Flüsse, wie Kinso, Opo, Veig, Kvenne und Dagalivassgraget sind auch außerhalb des Nationalparkes geschützt.

Kurzcharakteristik

Das größte Hochplateau Europas durchziehen etwa 1200 km markierte Wanderwege. Über 40 Hütten liegen gut verteilt an ihren Routen. Die Topographie ist im Westen sehr flach, hier sind kaum Höhenunterschiede zu bewältigen. Nach Osten zu nimmt die Hardangervidda mehr gebirgigen Charakter an. Schwierigkeiten stellen sich aber auch hier dem Wanderer nicht in den Weg. Wegen ihrer geringen Höhe von 1000 bis 1200 m sollte die Vidda nicht unterschätzt werden. Gute Ausrüstung ist selbst im Sommer unbedingt notwendig.
Gesamtdauer: 5 Tage
Streckenlänge: 41 km
Kartenskizze: Siehe rechte Seite

Die Hardangervidda zählt zu den beliebtesten Wandergebieten in Norwegen, einerseits weil es sich wegen seiner weitgehend flachen Oberfläche als sehr familienfreundlich erweist, andererseits wegen seiner zentralen und leicht erreichbaren Lage in Südnorwegen. Trotzdem sollte man nicht übersehen, daß hier, in einer durchschnittlichen Höhe von 1100 m, ein annähernd arktisches Klima herrscht. Schon Nansen und Amundsen haben es als Trainingsgebiet für die Bezwingung des Nord- und Südpols gewählt.

Dabei gibt es doch gravierende Unterschiede zwischen Ost und West. Im zentralen und östlichen Teil bestimmen weitgestreckte, flache Partien mit Seen und Mooren das Bild. Auch die Vegetation ist hier wegen der alten, nahrungsärmeren und stark verwitterten Grundgesteinsarten spärlicher. Nach Westen zu ist das Land von der kaledonischen Gebirgsplatte geprägt. Hier finden sich höhere Gebirgsrücken, die sich bis 1700 m erheben. Auf kalkreichen Böden gedeihen hier eine Fülle von arktischen Pflanzen. Ganz im Westen bricht das Plateau zum Fjord steil ab. An- und Aufstieg sind dort beschwerlich, aber von grandiosen Landschaftsbildern begleitet. Unzählige Wasserfälle stürzen sich die fast senkrechten Felswände hinab. Auch das Klima zeigt sich von zwei sehr unterschiedlichen Seiten. Der gebirgige Westen ist stark dem feuchten Küstenklima ausgesetzt. Höhere Niederschläge und viel Schnee während des Winters sind die Folge. Altschneereste im Juli sind keine Seltenheit. Nach Osten zu nimmt die Niederschlagsmenge ab. Durchschnittlich fallen hier nur noch etwa 500 mm (Westen 1300 mm). Auch die Temperaturen sind ungleichmäßig verteilt. Wegen des Golfstroms bleiben die Winter im Westen milder, die Sommer erreichen dafür nicht die angenehmen Werte des Ostens, der vom Binnenklima geprägt ist (Durchschnittstemperaturen für Juli: Westen 8,5 °C; Osten 12 °C).

1. Tag: Von Haukeliseter auf die Vidda

Seit gestern bin ich in *Haukeliseter,* wo ich mein Zelt am *Ståvatn* (-See) im Windschutz von ein paar kleinen Birken aufgebaut habe. Heftige Windböen peitschen das dunkle Wasser des Sees auf und treiben dunkle Regenwolken von den nahen Küstenbergen heran. In den Bergen soll in der letzten Nacht Schnee gefallen sein. Vor drei Tagen habe ich im Regen die südliche Anschlußtour durch die Setesdalsheiene hier beendet. Jetzt regnet es noch immer. So nutzte ich die Tage, um mich im wetterbegünstigten Setesdal von den Strapazen zu erholen.

Haukeliseter liegt an der Hauptstraße, die von Oslo und über den Hardangerfjord weiter nach Bergen führt. Das Restaurant ist gut besucht. Viele Touristen nutzen diesen abgelegenen Zivilisationspunkt, um etwas Viddaluft zu schnuppern, ohne die Unannehmlichkeiten einer langen Wanderung in Kauf nehmen zu müssen. Vom Café aus beobachte ich die Wanderer, die von der Vidda herab der Seter zustreben – aber niemand geht in umgekehrter Rich-

tung in die Vidda hinein. Meine Tischnachbarn, eine Gruppe Norweger, die ebenfalls heute hier angekommen sind, erzählen mir, daß durch die starken Regenfälle der letzten Tage die Bäche stark angeschwollen sind, und die Brücke über den Borda-

Fluß, etwa vier Gehstunden von Haukeliseter entfernt, zerstört wurde. Viele Wanderer wären umgekehrt. Ein älterer Mann wäre bei dem Versuch, den Fluß zu durchwaten, beinahe ertrunken, als ihn die Wassermassen forttrugen. Bei der Rezeption erfahre ich, daß ein Reparaturtrupp mit dem Helikopter bereits unterwegs ist.

Es ist bereits später Nachmittag, als ich die letzten Startvorbereitungen treffe. Gleich hinter der Straße bei Haukeliseter beginnt der ausgetretene Pfad, der sich 150 Höhenmeter den steilen Hang emporwindet. Das Dröhnen der Autos wird immer dumpfer, Haukeliseter schrumpft schnell zusammen, bis es hinter einer Kuppe verschwindet. Fast gleichzeitig erreiche ich das Plateau, wo mich auch gleich ein kühler Wind erwartet. Es wird still um mich herum. Nur der eintönige, traurig anmutende Gesang des Goldregenpfeifers schallt wie zur Begrüßung über die Vidda. Jetzt geht es auf leicht hügeligem Gelände leicht und schnell dahin. Auch die ersten größeren Schneefelder im Bereich des Loftsdokktjørn (-See, 1096 m) sind zu queren. Hier begegne ich auch den letzten Wanderern für heute. Sie kommen von einer Tagestour zurück, können mir also keine Informationen über die noch etwa 4 Stunden entfernte Brücke machen.

Bald steigt der Pfad über nasse Wiesen, etwas Geröll und Schneefelder gleichmäßig zum *Vesle-Nup-Sattel* (1352 m) an. Langsam senkt sich der Nebel herab und verschluckt die umliegenden Berge. Unter dem Paß tauche auch ich in die Nebelschicht ein. Schafsglocken zeigen mir, daß ich nicht allein bin, nur läßt der Nebel keinen Sichtkontakt zu. Der Wind wird stärker und treibt feinste Regentropfen mit sich. Es ist diese unangenehme Art des Regens, wo man nicht weiß, ob nicht nur die Feuchtigkeit der Wolken auf Haut und Kleidung haftenbleiben, oder die

Tröpfchen so klein sind, daß sie alles langsam durchnässen. So bleibt die Gore-Jacke im Rucksack, denn der kalte Feuchtigkeitsrückstau unter dem nur sehr bedingt »atmungsfähigen« Material ist wesentlich unangenehmer als die leichte Benetzung von außen.

Vom Paß zieht sich das Schneefeld noch fast bis zum *Mannevatn* (-See, 1242 m) hinunter. Um so überraschter bin ich, als das schmutzige Grau des Schnees von einladendem Wiesengrün abgelöst wird. Mittlerweile sind auch die letzten Konturen der Landschaft von den Wolken verschluckt worden. Neben mir breitet sich die schwarze Fläche des Mannevatn aus, während ich unter stärker werdenden Windstößen mein Zelt aufstelle.

2. Tag: Mannevatn – Hellevassbu

Die ganze Nacht toben starke Windböen von den Bergen herab und biegen das Zelt beängstigend weit nach unten. Doch nach vielleicht einer Stunde ist mein Vertrauen in das Zelt so gestiegen, daß ich die Kapuze über meinen Ohren zuziehe und die Nacht tief durchschlafe.

Bis zum Morgen hat das Wetter sich in keiner Weise gebessert. Als ich in einer Windpause im nahen Bach Wasser schöpfe, ist der Regen kaum wahrnehmbar. Doch vom Wind angetrieben, prasselt er, gleich dem feinen Sand der Sahara, geräuschvoll gegen die Zeltwand. Hier am *Mannevatn* sollen Rentiergruben, Relikte aus vergangenen Zeiten, zu finden sein. Doch bei diesem Wetter ist mir nicht danach, sie zu suchen.

Viele Wanderer sind heute in meiner Richtung unterwegs. Sie alle hoffen, daß die Reparatur der beschädigten Brücke abgeschlossen ist. So dauert es nicht lange, bis auch ich in einer jungen Norwegerin eine Wegbegleiterin finde. Sie ist auf dem Weg zur Hellevassbu-Hütte, wo sie ihren Dienst als Hüttenwärterin antreten wird.

Über tief aufgeweichten Boden führt der Weg über einige kleine Hügel am *Holmasjøen* (-See, 1264 m) entlang. Die steilen Felswände des Nuppseggi (1674 m) sind wegen der niedrigen Wolken nur im Ansatz zu erkennen.

Am Borda-Fluß erwartet uns die böse Überraschung. An der Stelle, wo die Brücke sein sollte, rauscht der Fluß wild schäumend durch einen kleinen Felsein-schnitt. Außer ein paar herumliegenden Holzstämmen ist von der neuen Brücke nichts zu erkennen. Mehr als 1 km folgen wir dem Fluß stromaufwärts. An einer Stelle, wo der Borda einen scharfen Knick beschreibt, verbreitert sich der Wasserlauf und ermöglicht eine Passage. Außerdem hat er aufgrund der geringen Niederschlä-ge des letzten Tages doch an Mächtigkeit abgenommen. Zunächst versuche ich, mit Gummistiefeln das andere Ufer zu errei-chen. Doch das Wasser wird tiefer als zunächst angenommen. Mitten im Fluß-bett muß ich auf einer kleinen Sandbank die Stiefel gegen die Turnschuhe wech-seln, und doch noch ins kalte Wasser stei-gen. Auf der anderen Seite angelangt er-warten uns vier Norwegerinnen. Glücklich über die erfolgreiche Passage spendieren sie uns einen Schnaps. Auf unseren Rucksäcken sitzend wandern der Flach-mann und die Schnapsgläser mehrmals durch die Runde. Unheilvolle Wolken hän-gen noch über unseren Köpfen, aber Re-gen fällt keiner mehr.

Über einen längeren Abstieg, wiederum über aufgeweichten Untergrund, und über die Hängebrücke, die den breiten Bach zwischen den beiden Hellevatnet-Seen überspannt, erreichen wir *Hellevassbu.* Nahe der Hütte, am Ufer des Sees, in dem noch einige zerfressene Eisberge treiben, finde ich einen ebenen Platz für mein Zelt. Für viele norwegische Wanderer ist es selbstverständlich, immer eine Angel da-beizuhaben. Gerade die voll ausgestatte-

Die warme Julisonne umspielt die hartnäckigen Reste des Winters in einem See nahe der Hellevassbu-Hütte. Die Tage der Eisberge sind jedoch gezählt.

ten Küchen in Selbstbedienungshütten bieten sich für die Zubereitung von Fischgerichten an. Auf »meiner« kleinen Halbinsel komme ich mit einem Angler ins Gespräch. Zwei Tage ist er nun hier, konnte aber noch nicht einen Fisch aus dem Wasser ziehen. Auch wenn er die Meinung vertritt, das Wasser wäre noch zu kalt zum Angeln, befürchte ich, er verschließt vor der Realität die Augen. Wie überall in Südnorwegen sind auch hier auf der Hardangervidda viele Gewässer durch die Luftverschmutzung der Industrie, die durch Wind importiert wird, weitgehend übersäuert (siehe Bericht Setesdalsheiene »Sterbendes Wasser« – Seite 52).

3. Tag: Blick auf den Hårteigen

Heute starte ich erst am Nachmittag. Von Morgen an hat sich das Wetter ständig gebessert. So nütze ich die ersten Sonnenstrahlen, meine nassen Ausrüstungsgegenstände wieder trocken zu bekommen.

Ane, meine gestrige Begleiterin und jetzige Hüttenwärterin, begleitet mich noch eine Stunde. Gestern am Mannsvatn zeigte das Thermometer 4 °C, jetzt marschieren wir mit kurzen Hosen das *Buadalen* hinauf. An den steilen Hängen westlich des *Sigridtjørni* (-See, 1312 m) dehnen sich noch ausgedehnte Schneefelder ins blaue Wasser des Sees aus. Der Abfluß auf der Ostseite des Sees ist problemlos über

einige Steine zu überspringen. Hier treffe ich Steeve, einen Schweizer Geographielehrer. Stolz präsentiert er mir einige Kilogramm Steinproben, die er hier auf der Vidda gesammelt hat, um zu Hause seinen Schülern die Entstehungsgeschichte dieses Landes anhand »schwerwiegender« Beispiele zu erklären.

Beim weiteren Aufstieg queren wir einen Bach über eine große Schneebrücke. Auf dem Plateau östlich des *Bynuten* (1426 m) laden einige liebliche Tümpel mit angrenzenden, grünen Wiesen zum Campieren ein.

Von dem hochliegenden Plateau genießen wir einen weiten Blick über die grenzenlos scheinende Vidda. Grüne Hügelketten, gesprenkelt mit Schneefeldern, ziehen sich bis zum Horizont. Aber noch viel mehr zieht ein Berg unsere Aufmerksamkeit auf sich. In einer Entfernung von knapp zwei Tagesmärschen hebt sich markant der Gipfel des Hårteigen mit seinen steilen Seitenwänden und seinem abgesägt wirkenden Gipfelplateau mit 300 m Höhendifferenz deutlich aus seiner Umgebung ab. Er ist zwar mit seinen 1690 m nicht der höchste Berg der Hardangervidda, seine exponierte Lage macht ihn aber fast von jedem Punkt der Hardangervidda aus sichtbar.

Die Sonne wirft bereits lange Schatten, als wir das Schneefeld ins *Kvenno-Tal* ausgelassen hinablaufen. Ein Wasserflugzeug dröhnt über unsere Köpfe hinweg, be-

---

Hårteigen – Zeuge der Vergangenheit

Der Hårteigen ist ein Rest eines härteren Gesteins, das einmal die gesamte Hardangervidda bedeckt hat. Während der kaledonischen Faltung, vor etwa 450 Millionen Jahren, hat sich eine riesige Gebirgsscholle von Nordwesten her über die Vidda geschoben. Erosionskräfte haben dann einen Großteil dieser Decke entfernt, und nur die härtesten Gebirgsarten sind übriggeblieben, sozusagen als isolierte Reste. Neben dem Hårteigen haben auch noch der Hardangerjøkulen und Hallingskarvet die gleiche Entstehungsgeschichte.

Rentiere auf der Hardangervidda

Am Ende der letzten Eiszeit waren es zunächst die Rentiere, die dem zurückweichenden Eis und der ersten Vegetation in die Berge folgten; so vor etwa 9000 Jahren auch in die Hardangervidda. Es gab immer wieder starke Bestandsänderungen, auch durch Schwankungen des Klimas und des Vegetationswachstums. Dem Rentier folgten die Menschen. Alte Fanganlagen, Rentiergruben und Fangzäune, mit denen die Jäger dem Rentier nachstellten, sowie Wohnplätze bezeugen dies. Mit dem Beginn der Weidewirtschaft in der Hardangervidda im 16. und 17. Jh. wurde ihr Gebiet stark reduziert. Verbunden mit moderneren Jagdmethoden führte dies fast zu ihrer Ausrottung. Erst nachdem im Jahr 1930 ein neues Jagdgesetz und neue Regeln für die Viehzucht verordnet wurden, konnte sich ihr Bestand erholen. Mittlerweile leben hier wieder über 30 000 wilde Rentiere.

schreibt über dem Kvennsjøen einen scharfen Knick nach Norden, um mit aufheulenden Motoren im Litlosvatnet bei der gleichnamigen Hütte zu landen. Unten im Tal kommen wir bei einigen alten Steinhütten vorbei (søre Belebotn). Idyllisch liegen sie nahe dem See inmitten grüner Wiesen. Am Ufer des Kvenno entdecken wir zwischen einigen Felsblöcken zwei Zelte. Hier ist eine ganze Familie auf Wanderschaft. Während sich die Eltern das kleine Zelt teilen, dürfen die Tochter und die zwei kleinen Söhne den Luxus eines großen Kuppelzeltes genießen.

Der Kvenno-Fluß wird auf einer robusten Beton-Stahl-Brücke überquert. Trotzdem sieht man ihr die Beschädigungen durch die Wassermassen, die während der Schneeschmelze alles mit sich reißen, deutlich an. Mittlerweile hat sich die Sonne hinter den Horizont verabschiedet. Die kalte Luft der Nacht, verursacht durch eine Ost-Strömung, legt sich unangenehm über das Land. Wir hoffen, in dem grünen Einschnitt westlich des *Prestkono* (1364 m) einen guten Nachtplatz zu finden. Doch schon beim kurzen Anstieg werden wir enttäuscht. Die dünne Erdschicht ist bis zur Kuppe hinauf von mehreren kleinen Rinnsalen wasserdurchtränkt, und oben ist die Wiese unange-

nehm mit Steinen durchsetzt. Trotzdem beschließen wir, hier zu bleiben. Steeve, ohne Zelt unterwegs, macht es sich unter dem blauem Himmel gemütlich.

4. Tag: Litlos – Hotel im Nationalpark

Die letzte Wegstunde nach *Litlos* bin ich wieder alleine. Der große, langgestreckte Bau der Hütte liegt gegenüber am anderen Ufer des Litlosvatnet (-See, 1172 m), eingebettet in einer grünen Landschaft, am Fuß des glattgeschliffenen Holken. Der Weg über teilweise nassen Untergrund zieht sich doch noch länger hin, als ich zunächst vermutete. Am nördlichen Ende des Litlosvatnet hat man wiederum die Erleichterung einer Brücke. Obwohl ich erst eine Stunde unterwegs bin, gönne ich mir eine kurze Kaffeepause. In dieser Zeit landen drei Wasserflugzeuge auf dem See unterhalb der Hütte. Vom Fenster der Stube aus beobachte ich, wie die angelieferte Ware vom Flugzeug auf ein Raupenfahrzeug verladen und über ein Altschneefeld und ehemaligen Wiesenboden zur Hütte gebracht wird. Litlos ist eine der größten Hütten des DNT (Den Norske Turistforening), und der norwegische Bergverein will seinen Gästen offensichtlich allen Lu-

xus auch in der »Wildnis« bieten. So wird in der Hütte nicht nur Vollpension angeboten, eine Weinkarte und ein Shop zählen auch dazu. Cola in Flaschen, Chips in verschiedenen Geschmacksrichtungen, Frischobst und vieles mehr ist hier zu erstehen. Alle, die diesen Luxus auf einer Nordlandwanderung zu schätzen wissen, mögen mir verzeihen, aber ist es wirklich notwendig, inmitten eines Nationalparkes mit arktischer Fauna und Flora, einen regelmäßigen Flugverkehr aufrechtzuerhalten, nur damit der verwöhnte Gaumen mit Chips – Geschmacksrichtung Paprika – zufriedengestellt wird? Bevor ich gehe, werde ich noch gebeten, die Post für die nächste Hütte mitzunehmen.

Die Hardangervidda ist bekannt für ihre artenreiche arktische Flora. Im Westteil der Vidda finden sich kalkreiche, fruchtbare Standorte. Birkenwälder gedeihen allerdings nur in den geschützten, etwas niedriger gelegenen Tälern am Rande der Vidda. Lange, frostreiche Winter mit starken Schneestürmen, die sich auf dem Plateau ungehindert austoben können, lassen keinen höheren Pflanzenwuchs zu. Bei dem sanften Aufstieg nach der Hütte begleiten mich Blumenfelder. Gletscher-Hahnenfuß, lebendgebärender Knöterich, gewimperter Steinbrech und Flächen mit stengellosem Leimkraut breiten sich auf dem Wiesenboden aus. Insgesamt rund 500 Pflanzenarten sind hier beheimatet.

Langsam nähere ich mich von Süden dem Hårteigen. Seit zwei Tagen ist er nun schon mein Wegweiser. Heute Abend werde ich an seinem Fuß mein Zelt aufstellen.

Der Hårteigen – Wahrzeichen der Vidda Bald habe ich die deutlichste Markierung, der ich nun folgen werde, vor mir: den Hårteigen. Jedesmal, wenn ich aus einer Senke wieder eine Anhöhe erklimme, baut er sich noch majestätischer vor mir auf, erscheint er etwas größer, motiviert mich, schneller zu gehen. Am *Grøndalsvatn* (-See, 1282 m) erwartet mich ein kleiner Bach. Das Wasser fließt gemächlich über feinen Schotter dem See entgegen. Aber es scheint selbst für Gummistiefel zu tief zu sein. Gerade als ich meine Füße entblöße, erscheint auf der anderen Bachseite ein stämmiger Wikinger. Ohne mir viel Beachtung zu schenken, stiefelt er mit seinen knöchelhohen Berg-

schuhen durchs Wasser. Daß dies nicht die typisch norwegische Art ist, beweisen mir zwei Familien. Diejenigen, die sich nicht die Mühe machen wollen, die Schuhe auszuziehen, werden kurzerhand hinübergetragen.

Je mehr ich mich dem Fjordland nähere, desto stärker sind die Einflüsse des Küstenklimas zu erkennen. Die Altschneefelder weiten sich mehr und mehr aus. Beim Anstieg vom *Sandvatnet* (-See, 1368 m) zum Fuß des Hårteigen stecken noch die Wintermarkierungen im Schnee. Eigentlich sagt mir schon unten am See mein Körper, einen Nachtplatz zu suchen. Doch die Wiesen sind vom kürzlich geschmolzenen Schnee noch tief aufgeweicht, außerdem genießen auch die Moskitos die schwüle Abendsonne. So erfülle ich mir den langgehegten Wunsch, mein Zelt direkt am Fuße des Hårteigens aufzubauen. Die Vegetation ist mit dem Anstieg spärlicher geworden. Schotterflächen verdrängen hier den üppigen Pflanzenbewuchs der Niederungen.

Nach dem Essen koche ich mir noch eine Kanne Tee. Wenn ich aus dem Zelt blicke, strahlt über dem Horizont ein heller blau-gelblicher Streifen, der anzeigt, daß dort die Sonne erst vor kurzer Zeit untergegangen ist. Der Widerschein der Abendröte spiegelt sich in den steilen Wänden des Hårteigens. Noch um 21 Uhr, kurz bevor die Sonne verschwunden ist, war die Luft so angenehm warm, daß ich völlig entblößt in einem von der Sonne aufgeheizten kleinen Tümpel stand und mich wusch. Jetzt ist es völlig ruhig draußen, nur der Teekessel surrt. Die wenigen Moskitos, die ich heute traf, sind im sumpfigen

Die Litlos-Hütte des Norwegischen Bergwandervereins bietet wie viele andere großen Hütten der Hardangervidda beinahe den Komfort von Hotels.

Tal zurückgeblieben. Hier oben, wo die Seen noch teilweise zugefroren sind, habe ich meine Ruhe. Kein Bach unterbricht die Stille, kein Vogelgezwitscher, kein Lufthauch. Ich bin hier unter dem Hårteigen völlig allein. Kein gurgelnder Bach, dessen Geräusche mich immer wieder glauben lassen, Stimmen zu vernehmen. Langsam senkt sich auch die kühle Abendluft über das Land.

5. Tag: Überwältigende Aussicht vom Hårteigen

Das ruhige, sonnige Wetter vom Vortag hat sich gehalten. So habe ich mir meine Besteigung des Hårteigens immer gewünscht. Nach 20 Minuten erreiche ich den auf der Ostseite liegenden Einstieg zum Gipfel. Während ich mir die steile Rinne von unten ansehe, kommen noch einige Wanderer vorbei. Es sind Norweger, die kein Interesse zeigen, dort emporzu-

klettern. Den Rucksack lasse ich unten am Weg. Über ein steiles Geröllfeld steige ich in die Rinne hinein. Niemand folgt mir nach. So können die losgetretenen Steine nicht gefährden. Nach oben hin verengt sich die Rinne. An drei Seiten bin ich nun von senkrecht abfallenden Felswänden umgeben. Bis hierher ist der Anstieg relativ problemlos, und man gewinnt rasch an Höhe. Doch dann liegt dieses extrem steile Schneefeld vor mir. Drei Norweger steigen gerade ab. Lange dauert es, bis sie sich für eine Route entscheiden können. Es ist hier möglich, einen Teil des Schneefeldes über eine steile Felsplatte zu umgehen. Allerdings ist sie naß und wegen des aufliegenden feinen Schotters sehr rutschig. Die Norweger versuchen beide Routen. Ich vertraue mich lieber dem Schneefeld an. Mit den robusten Bergstiefeln fällt es mir nicht schwer, gute Tritte in den Schnee zu schlagen. Als Hilfsmittel verwende ich Holzstangen, die von früheren Gipfelbezwingern als »Eispickel« benutzt wurden und überall im Schnee stecken. Mit der Überwindung des Schneefeldes sind die Schwierigkeiten eigentlich gemeistert. Eine kurze Felspassage, die mit einem Drahtseil gesichert ist, kann nur sehr schwindelanfällige Personen verunsichern. Dann betrete ich das Plateau, komme noch an zwei kleinen Tümpeln (Stellplätze fürs Zelt lassen sich finden – Wasser ist vorhanden) und wenigen Schneefeldern vorbei, bis ich nach 45 Minuten die große Gipfel-Steinpyramide erreiche. Der Wind bläst hier in heftigen Stößen.

An dieser Stelle möchte ich kurz die ersten Eindrücke aus meinem Tagebuch zitieren: »Ich sitze hier im Windschatten der Steinpyramide, die den höchsten Punkt kennzeichnet. Das Wetter ist wunderschön, nur ein wenig Dunst stört die Fernsicht. Ich weiß gar nicht, in welche Richtung ich zuerst blicken soll, so überwältigend ist das 360-Grad-Panorama.

Eindeutig auszumachen und für die weitere Orientierung dienend, ist die Gletscherkappe des Hardangerjøkulen. Rechts davon, hinter dem Tal der Veig und der markanten Erhebung des Grananuten erstreckt sich die nur noch leicht gewellte Hochebene der Hardangervidda. Hinten am Horizont sticht die pyramidenförmige Spitze des Gaustatoppen aus dem grellen Licht hervor. Etwa 100 km weite Viddalandschaft liegen dazwischen, unzählige Seen heben sich aus der von Gletschern strukturierten Heidelandschaft hervor. Ich kann mir bildlich vorstellen, wie gewaltige Eisschübe in Jahrtausenden die Senken ausschürften. Dieser Teil der Vidda ist schneefrei, doch wende ich meinen Blick nach Westen oder Süden, dominieren weite Schneeflächen das Bild. Vor der weißen Eisfläche des Folgefonni-Gletschers versteckt sich der Einschnitt des Sørfjorden.«

Ich bleibe noch auf dem Plateau, suche mir über Felsbrocken einen Weg zu seiner

Von der Torehytten zeigt sich der Hårteigen (1690 m) noch einmal von seiner ganzen Schönheit. Trotz des sommerlichen Wetters, Mitte Juli, ist nach einem harten Winter der øvre Solvatnet (-See) größtenteils von Eis bedeckt.

Der steile, glatte Anstieg auf den Hårteigen ist nicht ganz ungefährlich. Doch ist der Wanderer erst einmal oben, erwartet ihn eine unbeschreibliche Aussicht.

Westseite. Tief unter mir zeigt sich die Torehytten am øvre Solvatnet als winziger Punkt. Vor dem Abstieg über das Schneefeld habe ich wesentlich mehr Respekt als beim Aufstieg. Abrutschen würde bedeuten, unten auf den Felsbrocken aufzuschlagen. Ich muß noch etwas warten. Zwei Mädchen durchschreiten gerade gekonnt das Schneefeld. Kein Wunder, es sind zwei Alpenländerinnen aus meiner Heimat. Aber nach knapp einer halben Stunde stehe ich wieder 200 m weiter unten bei meinem Rucksack.

Um das Nordende des Hårteigen herum (Abzweigung nach Hadlaskard), sanft bergab über Wiesen, gelange ich eine Stunde später zur *Torehytten.* Auf den saftigen Matten vor der Hütte liegend, genieße ich die Aussicht zurück auf den stumpfen Koloß des Hårteigen. Einige Schneefelder ziehen sich von seinem Fuß bis zum øvre Solvatnet hinunter. Hier treffe ich auch wieder die zwei Bergmädchen vom Hårteigen, Gabi und Angela. Gemeinsam steigen wir den kurzen steilen Anstieg nach der Hütte hinauf und suchen uns nach wenigen Minuten am Ufer eines Sees einen netten Zeltplatz. Tiefrot färben sich die zarten Schleierwolken, die langsam vom Westen über die Berge herziehen, und spiegeln sich im glatten Wasser des Sees wider. Einige interessant geformte Eisberge treiben gemächlich im eiskalten Wasser, soweit sie nicht mit ihrer großen Masse auf Grund liegen.

6. Tag: Torehytten – Stavali-Hütte

Wie wir befürchtet haben, verdecken am Morgen Schleierwolken den Himmel und Dunst hat sich über das Land gelegt. Auch den Moskitos gefällt dieses schwüle Wetter. Zum Glück umschwirren uns nur wenige Exemplare.

Der Weg führt uns gemeinsam über eine vom Altschnee bedeckte Hochebene. Faszinierender Blickpunkt bleibt noch für eine Weile der langsam der Sicht entschwindende Hårteigen. Die Sonne strahlt unangenehm hell durch die dünne Wolkenschicht. Doch bald verdichtet sich der hochliegende Dunst zu einem gleichmäßigen Grau. Ich habe vor, heute eine längere Etappe einzulegen, nachdem ich es die letzten Tage sehr gemütlich angegangen bin. Um den Mädchen nicht zuviel zuzumuten, lasse ich sie vorgehen. Angela dreht den Spieß um und legt ein Tempo vor, das ich nur noch schweigend mithalten kann. Bis zur *Stavali-Hütte* werden wir 2 Stunden weniger benötigen, als vom DNT angegeben. Der Weg dorthin bringt uns über eine abwechslungsreiche Landschaft wieder in die üppige Vegetationszone zurück. Zunächst sind einige kleine Quertäler zu kreuzen, wobei kurze, teilweise steile An- und Abstiege wechseln. An der Abzweigung nach Fagerli, am *Hanasteinsvatnet* überraschen uns doch noch ein paar Regentropfen, als wir unsere Brote am Boden sitzend essen. Am weiteren Weg entlang des *Austmannavatnet* begrüßen uns die ersten Farbflecken der Blumen. Vor allem ausgedehnte Polster des stengellosen Leimkrautes erfreuen unser Auge. Auch die ersten Weiden-

büsche durchziehen die teilweise nasse Almwiese.

Mit den ersten Einblicken auf die sich nun Richtung Fjord tief einschneidenden Täler erreichen wir die *Alm Helnaberg* (Abzweigung nach Lofthus – ebenfalls eindrucksvoll, Abstieg über die »Munketreppene – Mönchstreppe« zum Fjord). Unser Weg führt nicht im Kinso-Tal weiter abwärts, sondern quert über die rechte Hangseite ins *Lonaskardet,* einem Einschnitt im Berg, zum benachbarten Tal des Stavalielvi-Flusses. Im steilen Abstieg vom Paß hinunter zum *Lonavatnet* (-See, 1129 m) liegt noch ein großes Schneefeld. Übermütig laufen und rutschen wir es hinunter, wobei eine Gruppe Norweger hierfür alle Hilfsmittel, die zur Verfügung stehen, wie Plastiksack, Regenjacke und Rucksack, als Unterlage verwenden. (Am Lonavatnet herrliche Zeltplätze; bis Grøndalen, 1 Std., kaum Lagermöglichkeiten.) Nachdem wir den Lonavatnet über seine Westseite hinter uns gelassen haben, öffnet sich uns unter unseren Füßen das weite, vom Gletscher ausgeschliffene U-Tal des *Stavalielvi-Flusses*. Wild schäumend stürzt sich der Fluß ins Tal hinunter, um weit hinten in den gleichnamigen See zu münden. Auch die *Stavali-Hütte* ist rechts am Hang zu erkennen. Hinab über einen sehr steilen, felsigen Hang und über zwei Brücken gelangen wir nach kurzer Zeit zur Hütte. In der Hütte herrscht Hochbetrieb. Eine geführte DNT-Wandergruppe hat sich einquartiert. Obwohl unsere Sprint-Etappe gehörig an unserer Kondition gekratzt hat, müssen wir noch eine Stunde bis zum Grøndalen durchhalten, weil wir auf dem Weg entlang des Hangs keinen geeigneten Platz finden. An einem kleinen Tümpel bauen wir unsere Zelte auf. Es wird ein schwüler Abend. Trotz der zahlreichen Moskitos lassen wir uns ein erfrischendes Vollbad im Teich nicht nehmen.

Tourenprofil: Von der Hardangervidda zum Hardangerfjord

Tag	Strecke	Höhe	Entfernung	Gehzeit	Pässe/Bemerkungen
	Start: Haukeliseter	1000 m			
1.	Hellevassbu	1160 m	9 km	7 Std.	Vesle-Nup-Sattel, 1352 m
2.	Litlos	1180 m	8 km	5 Std.	Sattel w. Buanuten, 1400 m
3.	Torehytten	1340 m	8 km	5 Std.	Hårteigen-Gipfel, 1690 m, +1 Std.
4.	Stavali	1024 m	9,5 km	7 Std.	
5.	Endpunkt: Kinsarvik	0 m	6,5 km	5 Std.	Hardangerfjord
	Total etwa:		41 km	5 Tage	

7. Tag: Vom Hochland zum Fjord

Heute steht uns eine beschwerliche Tagesetappe bevor. Vor uns liegen etwa 1100 Höhenmeter hinab zum Hardangerfjord. Vom »grünen Tal« müssen wir zunächst etwas hinauf über einen Paß ins enge *Viersdalen*. Die Bilder, die uns hier erwarten, übertreffen alles, was ich mir von diversen Schilderungen her vorstellen konnte. Unter unseren Füßen öffnet sich spektakulär das *Husedalen*. Von links erscheint die Öffnung eines von glattgeschliffenen Felsen eingerahmten Tales. Sie bricht über eine Steilstufe ab, um dann in einigen Windungen bis zum Fjord hinauszulaufen. Über diesen Abbruch donnern die Wassermassen des in zwei Stufen herabstürzenden Søtefossen hinab. Steil führt uns der Weg über abgehobelten Fels und trockene Grasmatten Hunderte Meter tiefer. Während wir uns neben einem Feld von Wollgras niederlassen und die eindrucksvollen Landschaftsbilder bestaunen, überholt uns die geführte DNT-Wandergruppe, die wir bereits in Stavali getroffen haben. Jeder der drei Guides hat sich einen zweiten Rucksack übergeschnallt. Überhaupt weckt diese Gruppe unser Mitleid. Mit einbandagiertem Knie und gegenseitiger Stützhilfe kriechen sie dem Talboden entgegen. Eine Frau geht sogar rückwärts, um die Knieschmerzen zu lindern.

Unten stoßen wir auf die ersten Birken,

Hütten dieser Tour

Name	Typ	Betten	Schlüssel	Öffnung	Sonstiges
Haukeliseter	B+U	110+30	–	Gj	
Hellevassbu	S	26	std	10.06.–15.10.	
Litlos	B	52	–	30.06.–17.09.	
Litlos	S	8	std	01.03.–15.10 (geschlossen, wenn B offen)	
Torehytten	S	24	std	10.06.–15.10.	
Stavali	S	30	O	Gj	

Auf der letzten Etappe geht es tausend Höhenmeter nach Kinsarvik hinab. Grandiose Ausblicke auf tosende Wasserfälle und durch das Husedalen zum Fjord hinaus entschädigen für die Anstrengungen auf diesem langen Abstieg.

bald sind wir aber von üppig wachsendem Mischwald umgeben. Inmitten einer lieblichen Oase liegt die Alm *Nykkjesøy*. Dutzende Menschen sind an diesem herrlichen Wochenendtag hier heraufgestiegen. Für Gabi und Angela Grund genug, über die sich ausweitende Parfümwolke alberne Witze zu reißen. Weiter geht es den Waldhang steil bergab, begleitet von den tosenden Wassern des Nykkjesøvfossen, Nyastølsfossen und Tveitafossen. Öfter zweigen wir vom Weg ab, um uns an den großzügig wachsenden Blaubeer- und Preiselbeerbüschen zu laben. Die letzten Kilometer marschieren wir gutgelaunt und tief beeindruckt von den Erlebnissen der letzten Stunden auf einer unbefestigten Straße nach Kinsarvik am Hardangerfjord.

Nützliche Hinweise

Ausgangsort: Haukeliseter (1000 m).
An-/Rückreise: Haukeliseter: tägl. 1–2 Busverbindungen nach Oslo, Haugesund, Bergen, Kristiansand, Skien, Tønsberg, Voss; – Kinsarvik: tägl. eine Busverbindung nach Oslo, Voss, Skien, Tønsberg, Horten, Kristiansand, Bergen; – mehrmals täglich Bus nach Geilo; – Kinsarvik – Haukeliseter: jeweils eine Verbindung in beide Richtungen; Umsteigen in Odda.
Markierung: Sehr gut markiert, breiter Pfad.
Hütte/Zelt: Weitverzweigtes Hüttennetz über die gesamte Hardangervidda; überall Zeltstellplätze.
Beste Jahreszeit: Mitte Juli – Mitte September (Anfang Juli Schneefelder).
Schuhwerk: Bergstiefel oder Gummistiefel (im Osten).
Karten: Turkart 1:100 000, Hardangervidda Vest oder Karten der Top. Karte Serie M 711 1:50 000: Haukelisæter 1414 IV, Hårteigen 1415 III, Ullensvang 1315 I (diese Kartenserie ist aufgrund genauerer Geländeauflösung für Wintertouren sehr zu empfehlen!).

3

Bergwüste der Steine und Flechten

Durch den Rondane-Nationalpark

Am 12. Dezember 1962 wurden 572 km^2 des Rondane-Gebirges unter Naturschutz gestellt und 1970 zum ersten Nationalpark Norwegens ausgerufen. Der rapide Ausbau der Wasserkraftwerke, Straßenbau und industrielle Erschließung, machten es notwendig, durch den Schutz charakteristischer Naturgebiete gegenzusteuern. Im Fall des Rondane ist es eine karge, aber höchst sensible Vegetation, die sich aufgrund des nährstoffarmen Bodens seit der letzten Eiszeit außerhalb der Tallagen nur in Form von Flechten entwickeln konnte. Die Berge sind von der Eislast nachhaltig geprägt und zeigen heute eine monotone Urlandschaft mit abgerundeten Bergkämmen, Trogtälern, Karen und Moränenschutt. Zehn Berge überragen die 2000-Meter-Grenze, die alle relativ leicht zu erreichen sind. Heute gibt es keine Gletscher mehr. Im Schatten der küstennahen Gebirge Jotunheimens und des Dovrefjells fällt hier nur geringer Niederschlag (z.B. Hjerkinn als trockenster Ort Norwegens mit durchschnittlich 222 mm). Mit seiner zentralen Lage nahe der Hauptverkehrswege ist das Rondane aufgrund seiner Topographie mit geringen Höhenunterschieden ein sehr beliebtes Wandergebiet und verfügt über ein dichtes Wegnetz mit nahe beieinanderliegenden Berghütten.

1. Tag: Auf Flechtenboden nach Bjørnhollia

Der Blick über den langgezogenen Atnasjøen (-See) im Atnedalen hinüber über die imposante Kulisse des Rondane-Gebirges zählt für mich zum eindruckvollsten, was Norwegen zu bieten hat. In der gemütlich, altnorwegischen Bauernstube des Berghofs *Straumbu* nehmen meine Begleiterin Edyta und ich noch einen letzten Imbiß zu uns. Draußen erwartet uns sommerlich warmes Wetter. Der Wanderweg startet an der Straße 27, unterhalb von Straumbu. Eine mächtige Hängebrücke führt über den *Atna-Fluß*. Am anderen Ufer tauchen wir in das dschungelartige

Kurzcharakteristik

Leichte, familienfreundliche Tour in einem Gebiet, in dem kaum Höhenmeter zu bezwingen sind und die Ostlage für stabiles, sonnenreiches Klima sorgt. Diese Vorzüge machen es neben der Hardangervidda zur beliebtesten Wanderregion Norwegens.
Gesamtdauer: 6 Tage
Streckenlänge: 59 km
Kartenskizze: Siehe Seite 83

Dickicht eines Birkenwaldes ein. Zwei kleine Bäche werden auf Brücken überquert. Über einen kurzen, aber steilen Anstieg erreichen wir ein äußerst interes-

Hinter dem Atnasjøen-See erheben sich die Zweitausender des Rondane-Nationalparks.

santes Hochplateau. Der Boden zwischen den spärlich wachsenden Kiefern ist größtenteils von üppigem Flechtenbewuchs weiß gefärbt. Knisternd zerstäuben die trockenen Rentierflechten unter unseren Schuhen. Im Hintergrund zieht sich das Langglupdalen weit in die Bergwelt des Rondane hinein. Imposant ragen die grauen Geröllhalden des Rondslottet (2178 m) und gegenüber des Midtronden (2060 m) empor. Langsam steigen wir, vorbei an lieblich kleinen Tümpeln, an der Westseite des *Musvolkampen* (1154 m) hinauf und nähern uns dem Einschnitt des *Myldingsgjelet*. Bis zur Bjørnhollia-Hütte müssen wir noch einen kräfteraubenden Abstieg zum *Musvolgørni* (-See, 892 m) bewältigen. Im Talboden breiten sich auf einer grünen Wiese die Gebäude einer alten Seter (Alm) aus. Über eine Brücke und einen letzten kurzen Anstieg erreichen wir das wunderschöne Blockhaus *Bjørnhollia*. Der Rezeptionsraum ist überfüllt, bis die

Glocke zum Abendessen ertönt und der Speisesaal geöffnet wird. So haben wir den netten Aufenthaltsraum fast für uns alleine. Es ist gemütlich. Das Flackern des Feuers im offenen Kamin, Menschen mit dampfendem Kaffee, und draußen scheint die Sonne.

In den Nationalpark Die letzten Strahlen der tiefstehenden Sonne erreichen uns noch, als wir den steilen Anstieg hinauf ins *Illmanndalen* in Angriff nehmen. Kurz hinter der Hütte überschreiten wir die Grenze zum Nationalpark. Tief unter uns hat sich der Illmannåi-Bach sein V-förmiges Bachbett in den Geröllboden gegraben.

Bei nächster Gelegenheit wollen wir unser Nachtlager aufschlagen. Doch erst nach einer guten Stunde flacht der Pfad etwas ab. Ein kleiner Absatz an dem ansonsten abfallenden Berghang bietet ausreichenden Platz für unser Zelt. Durch das

Beim Aufstieg von Straumbu zur Bjørnhollia-Hütte leuchtet die Hochfläche im Weiß ausgetrockneter Rentierflechten. Im Hintergrund erheben sich die trockenen Geröllberge des Rondvasshøgd.

saftige Grün einiger Weidenbüsche plätschert ein kleiner Bach von den hoch oben liegenden Schneefeldern herab.

2. Tag: Illmanndalen – Rondvassbu

Herrliches Sonnenwetter begrüßt uns am Morgen. Nur hier im Talboden breiten sich Vegetationsflächen aus. Wenige Meter hangaufwärts stirbt jedes Grün, wechselt fast übergangslos in die grau-gelblichen Farben von Steinen und Flechten. Vor uns schneidet sich das Illmanndalen tief zwischen die höchsten Erhebungen des Rondane ein. Im Norden ragen die trockenen Bergflanken des Rondvasshøgd, mit dem Storronden (2138 m) auf, während im Süden die sanft geschwungenen, geröllbedeckten Bergrücken des Simlepiggen (1721 m) und des indre Illmannhøi (1643 m) das von Ost nach West verlaufende Tal begrenzen.

Mehrere liebliche, von grünem Wiesenboden umsäumte Seen (Illmanntjørnin, 1279 m) liegen eng aneinandergereiht an dem nun eben dahinführenden Weg (traumhafte Nachtplätze). Eine kühle Brise kräuselt sanft deren Oberfläche, doch die wärmenden Sonnenstrahlen erlauben ein ausgedehntes Picknick in dieser bezaubernd kontrastreichen Umgebung.

Nur wenige verblockte Gletschermoränen behindern ein flottes Vorankommen. Langsam senkt sich der Wegverlauf hinab. Vor uns erscheint der langgezogene *fremre Illmanntjørni* (-See, 1221 m). Obwohl es erst Nachmittag ist, wollen wir uns an seinem Ufer einen Stellplatz für das Zelt suchen. So weichen wir vom hangaufwärts führenden Pfad ab und schreiten seinen versumpften und in wilder Vegetation wuchernden Uferstreifen ab. Erst als wir am See-Ende den wild dahinfließenden Bach überspringen, finden wir trockenes, ebenes Terrain vor.

Wir nutzen die sonnigen Abendstunden und spazieren ins nahe Tal des store Ula-Flusses hinab und erreichen nach 15 Minuten die Häuseransammlung von *Rondvassbu*. Rondvassbu ist die meistbesuchte Hütte des Rondane. Viele Wanderwege laufen von hier in alle Richtungen, und die wichtigsten Gipfel (Rondslottet, 2178 m; Storronden, 2138 m; Veslesmeden, 2015 m) sind relativ problemlos zu erreichen. Unter steilen Berghängen der sie umgebenden Zweitausender, liegt die Rondvassbu-Hütte eindrucksvoll am Ufer des Rondvatnet (-See, 1167 m). Der See selber, der sich wie ein Fjord zwischen senkrecht abfallenden Felswänden mehrere Kilometer nach Norden erstreckt, ist nur andeutungsweise einsehbar. Im Hintergrund erhebt sich die graue Steinwüste des Veslesmeden (2015 m).

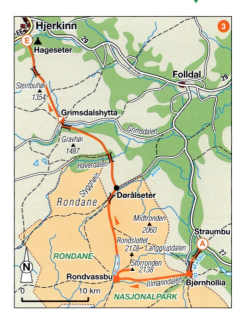

Eine für den öffentlichen Verkehr gesperrte Fahrstraße windet sich das Tal entlang nach Rondvassbu. An diesem schönen Wochenendtag zieht es ganze Karawanen von Wanderern und Radfahrern in diesen leicht erreichbaren Teil des Rondane. Dementsprechend voll finden wir das Innere der Hütte vor. In einer betagten Wanderkarte sind die Plätze alter Rentierfallen eingezeichnet, die über das ganze Gebiet verteilt sind. Einige von ihnen befinden sich ganz in der Nähe. Wir wollen sie suchen.

Welt der Flechten Im weichen Licht der Abendsonne steigen wir über Schuttboden den Hang unterhalb des Storronden empor und erreichen oberhalb des fremre Illmanntjørni-Sees ein trockenes Hochplateau. Einige kleine Rinnsale plätschern zwischen den Felsblöcken hervor und verzieren das ansonsten karge Areal mit den weißen Tupfen von Wollgrasflächen. Etwas höher überziehen nur noch Flechten das tote Gestein. Gerade dieser karge, höchst empfindliche Flechtenbewuchs prägt die einzigartige Faszination dieses Gebirges. Eine karge Steinwüste, die vielen zunächst als langweilig und trostlos erscheinen mag, vermittelt dem aufmerksamen Betrachter eine neue, ungewöhnliche Welt. Jahrtausendlang währende Erosionskräfte und die Kraft der Gletscher haben das Gestein gespalten und zersetzt, die Bergformen gerundet. Der Boden besteht aus kalkarmen Quarzgesteinen, die dem Pflanzenwuchs wenig Nahrung bieten. Nur die genügsamen Steinflechten bilden mit ihren Mustern die auffälligsten Farbpunkte auf den weitläufigen Geröllhalden. Flechten, die man als Pioniere der Pflanzenwelt bezeichnen kann, sind relativ unempfindlich gegen Trockenheit und Kälte und stellen an den Untergrund kaum Ansprüche. Flechten sind eine Lebensgemeinschaft von Algen und Pilzen. Der Pilz erhält von der Alge wachstumsnotwendige Kohlenhydrate, während der Pilz die Alge mit Wasser und Nährsalzen versorgt. Das Wachstum erfolgt mit etwa 5 mm/Jahr äußerst lang-

Vor der Einführung der Schußwaffe wurden die wilden Rentiere mittels steinerner Leitzäune in diese Fanggruben getrieben, wo sie problemlos überwältigt werden konnten.

sam, kann aber mehrere Jahrhunderte überdauern. Je nach Wetterlage und Sonneneinstrahlung leuchten die Flechten in unterschiedlicher Intensität. Bei bedecktem Wetter liegen sie in trostlosem Grau, wenn sie einmal naß sind, entfalten sie ihre ganze Leuchtkraft.

Weiche Sonnenstrahlen vergolden die weitläufige Bergwelt, und Wolken zeichnen immer neue Muster, als wir unter dem steilen Südhang des Rondvasshøgd auf die Rentierfallen stoßen. Diese erhaltenen Fanganlagen geben Aufschluß darüber, wie die Menschen vor langer Zeit ihre Nahrung fanden. Als am Ende der letzten Eiszeit, vor ungefähr 10 000 Jahren, die Rentiere in die Berge zogen, folgten ihnen die Jäger. Hier sind auch deutlich die Reste der steinernen Leitzäune zu erkennen, mit deren Hilfe die Rentiere zur Fanggrube getrieben wurden. Hinter Felsen lauernd, lagen die Schützen mit Speeren bereit.

3. Tag: Auf den Storronden

Eisige Windböen treiben Wolken mit hoher Geschwindigkeit über den Himmel. Das Tal wird noch von den Sonnenstrahlen überflutet, die Berge im Westen verhüllen aber bereits dunkle Wolken, die sich in oberen Lagen als Schnee entladen. Wir wollen heute hier bleiben und einen der umliegenden 2000er besteigen. Aufgrund der Wetterentwicklung verzichten wir auf die Besteigung des Rondslottet (2178 m) und entscheiden uns für den wesentlich kürzeren Anstieg auf den zweithöchsten Gipfel des Rondane, den Storronden (2138 m).

Gleich hinter *Rondvassbu* windet sich der Pfad in Serpentinen den kurzen, steilen Hang hinauf. Auf der nun leicht begehbaren Hochfläche öffnet sich vor uns der tiefe Einschnitt des *Rondholet*. Während der Weg in den imposanten Kessel hinein zum Rondslottet führt, beginnen wir mit dem Anstieg des Bergrückens auf dessen rechter Seite. Bald wechselt der Wiesenboden in Geröll, und der markierte Pfad steigt steiler an. Je höher wir kommen, desto verblockter wird das Terrain, bis wir zeitweise mühsam den Weg über Felsblöcke erklimmen müssen. Der Gipfel bleibt bis zum Ende hinter mehreren Geländekuppen verborgen. Tief unter uns verfolgen wir den Wegverlauf zum benachbarten Rondslottet. Während unsere Route heute stark begangen ist, entdecken wir auf dem steilen Anstieg zum Vinjeronden und weiter auf schwindelerregendem Grat zum Gipfel des Rondslottet nur zwei sich bewegende Farbpunkte (Rondslottet: Anstieg 4 Std., Abstieg 2 Std.). Zeitweise verdecken dichte Wolkenballen die Bergspitzen. Wir werden öfter von dichtem Schneefall, begleitet von starken Windstößen, überrascht.

Vom Steinhaufen, der das Gipfelkreuz ersetzt, bietet sich uns ein phantastischer Rundblick. Nach Osten gähnt mit senkrechten Wänden ein Abfall ins Langbotn-Tal. Im Südwesten überspannt ein mächtiger Regenbogen das Tal des store Ula-Flusses. Dahinter erkennen wir den tiefen grünen Einschnitt des Gudbrandsdalen. Die nahen Berghänge leuchten in einem unwirklich schwefelfarbenen Gelb.

4. Tag: Bootsfahrt über den Rondvatnet

Von Rondvassbu zur Dørålseter im Norden können wir aus zwei Routen wählen. Die längere (5 Std.) führt westlich des Rond-

Ausblick vom Storronden (2138 m), dem zweithöchsten Berg des Rondane. Der Anstieg auf dem in Hintergrund sichtbaren Rondslottet (2178 m) benötigt fast die doppelte Zeit.

vatnet über den 1647 m hohen *Rondhalsen,* am Fuß des Veslesmeden (2015 m) entlang. Wir entscheiden uns für die kürzere und bequemere Variante und lassen uns mit dem Boot über den Rondvatnet bringen (2 Std. kürzer, 40,– Nkr/Person).

Um 9 Uhr besteigen wir gemeinsam mit etwa 20 anderen Wanderern am Steg hinter der Hütte das Boot. Alle verkriechen sich sofort im Bauch des Schiffes, um den empfindlich kalten Windböen zu entgehen. 4 km zieht sich der See nach Norden. Eingefaßt von steil ins Wasser abfallenden Bergwänden weckt er Erinnerungen an den berühmten Geirangerfjord. Am Nordende geht der See in das schmale *Rondvassdalen* über. Bei den Bergedalstjørnin (-Seen, 1233 m) weitet sich das Tal wieder. Von rechts mündet das Langglupdalen ein, in dessen Hintergrund die mächtige Nordflanke des Rondslottet thront. Hier kauern wir uns in einer grasbedeckten Mulde zum fälligen Frühstück nieder.

Eingerahmt von den durch die Gletscher gerundeten Bergen weitet sich das von einem steinübersäten Wiesenboden bedeckte Tal zum *Storflyi-Plateau.* Das ganze Terrain zeigt deutlich die Spuren der Eiszeit. Kahle weitläufige Moränenschutthügel hinterlassen den Eindruck einer riesigen Baustelle. In mehreren Terrassen schieben sie sich bis zum Dørålsåa-Fluß heran. Die Fläche ist übersät mit merkwürdigen Bodenvertiefungen. Es handelt sich um sogenannte Toteiseinbrüche. Von Moränenschutt umgebene Eisblöcke der Gletscher, haben nach dem Abschmelzen diese trichterförmigen Eindrücke hinterlassen.

Hinter dem markanten, grünen Geländeeinschnitt des Dørålsåa-Flusses erheben sich die flechtenüberzogenen Berghänge des Stygghøin-Massivs, deren Anhöhen von dunklen Wolken verhangen sind. Zeitweise treibt der Wind etwas Sprühregen zu uns herab. Über einen steilen Moränenrücken steigen wir zum Dørålsåa-Fluß hinab (schöne Nachtplätze zwischen Birken), wechseln über eine Brücke an das andere Ufer, wo wir bald die Hütten der *Dørålseter* erreichen (eine gebührenpflichtige Straße führt zur Døralseter).

In einer der Seterhütten nehmen wir einen kleinen Imbiß ein. Wie so oft in privaten Bergunterkünften, sind die Preise überhöht.

Über den Stygghøin, die »häßliche Höhe«

Unmittelbar hinter der obersten Hütte steigt der Pfad entlang des kleinen Storbekken-Baches hinauf zur Dørålsglupen-Schlucht, die als tiefer Spalt in die kahlen Geröllberge des Stygghøin eingeschnitten ist. *Stygghøin* bedeutet soviel wie die »häßliche Höhe«. Tatsächlich erwartet uns in der Schlucht eine Steinwüste ohne jegliche Vegetation und Wasser. Eingefaßt von verblockten Steilhängen und senkrechten Felswänden, bewegen wir uns von Stein zu Stein durch den Graben. Unangenehmer Schneeregen begleitet uns. Langsam senkt sich der Weg hinab, die Berghänge treten allmählich zurück und unsere Augen erfreuen sich an saftig grünen Wiesen. Ein kleiner Bach gurgelt unter Gesteinsbrocken hervor. Von den letzten Sonnenstrahlen beleuchtet, liegt das blühende Tal des Haverdalsåi-Flusses vor uns. Die dunklen Birken bilden einen starken Kontrast zu den hell erleuchteten, flechtenbewachsenen Hängen. Der Pfad windet sich durch den im wilden Durcheinander wachsenden Wald. Kurz vor der Brücke über den Haverdalsåi-Fluß stellen wir an einem wunderschönen Platz mitten im dichten Pflanzenbewuchs das Zelt auf. Der erneut aufkommende Wind hat die Wolken vom Himmel vertrieben. Mit der hereinbrechenden Dämmerung verlöscht das gemusterte Farbspiel der Berghänge.

5. Tag: Haverdalen – Grimsdalshytta

Nach den unwirtlichen, kalten Tagen mit Regen und Schnee, verspricht die Morgensonne einen warmen Tag. Edyta hat nach den Strapazen der letzten Tage leichte Knieschmerzen, so daß wir für heute einen Ruhetag einlegen wollen. Wir nützen die Zeit zum Wäschewaschen, den Körper zu pflegen, und für Spaziergänge über den hellen, mit Rentierflechten bewachsenen Boden. Selbst hier unten am Bach, zwischen Birken, die eine Höhe von wenigen Metern erreichen, gibt es kaum Moskitos.

Als gegen 17 Uhr die ersten Wanderer in der Nähe die Zelte aufstellen, brechen wir doch noch auf, wollen hinter dem Bergrücken des Gravhøi noch die Grimsdalshytta erreichen. Die Hängebrücke über den *Haverdalsåi-Fluß* ist von den Fluten des letzten Hochwassers etwas mitgenommen. Spuren der Wassermassen sind überall am Ufer zu erkennen. Gleich hinter der Brücke stoßen wir auf eine Abzweigung. Während ein Pfad flußaufwärts zur Haverdalssetra führt, steigen wir den steilen Hang zum Gravhøtangen hinauf. Langsam lichtet sich der Birkenwald, und über einige Geröllfelder gelangen wir auf ein mit Rentierflechten und Beerensträuchern übersätes Fjell. In weiter Ferne zeichnen sich die markanten Umrisse des Snøhettas im Dovrefjell ab. Den Rondane-Nationalpark, der durch seine triste Eintönigkeit besticht, haben wir nun hinter uns gelassen. Unter uns breitet sich das breite, fruchtbare *Grimsdalen* mit seinen Almhütten aus. Bereits hoch oben herrscht Weidendickicht vor, und beim langen Abstieg, der sich schräg unterhalb des Gravhøi entlangzieht, treten wir bald in Birkenwald ein. Harmonisch fügen sich die auf ausgedehnten Flächen wachsenden Stauden des Nördlichen Eisenhutes zwischen die weißen verkrüppelten Baumstämme ein.

Die Sonne ist längst hinter den Horizont getreten, als wir die Brücke über den *Grimsi-Fluß* überschreiten. Eine Schafsweide, die als einfacher Campingplatz dient (einzige Einrichtung ein Plumpsklo) bietet sich hier als Nachtplatz an.

Tourenprofil:
Durch den Rondane-Nationalpark

Tag	Strecke	Höhe	Entfernung	Gehzeit	Pässe/Bemerkungen
Start: Straumbu		750 m			An der Straße 27
1.	Bjørnhollia	914 m	5	2 Std.	
2.	Rondvassbu	1173 m	11,5 km	4 Std.	Illmanndalen, 1280 m
3.	Gipfel Storronden	2138 m	(4+4 km)	4 Std.	Aufstieg 2½, Abstieg 1½ Std.
4.	Dørålseter	1040 m	14 km	3–5 Std.	Boot über Rondvatnet
5.	Grimsdalshytta	994 m	15 km	6 Std.	Dørålglupen-Paß, ca. 1400 m
6.	Endpunkt:Hageseter	916 m	13,5 km	4 Std.	Straße E 6 (Bahnstation Hjerkinn +1 Std.)
Total etwa:			59 km	6 Tage	

6. Tag: Grimsdalshytta – Hageseter

Hinter der mautpflichtigen Schotterstraße, die dem Talverlauf des Grimsi folgt, windet sich eine kleine Fahrstraße zur *Grimsdalshytta* hinauf. Ein Teil der Hütte wurde von einem ehemaligen Bergbauernhof übernommen und repräsentiert typisch ostnorwegische Bauernkultur.

Hinter dem Anwesen schneidet eine tiefe Schlucht in die langsam abflachende Bergwelt hinein. An ihrem Ende verzweigt sie sich, und über steile Hänge erreichen wir ein ausgedehntes Hochplateau. Wieder bildet die imposante Kulisse des Snøhettas einen markanten Orientierungspunkt am Horizont. Kalte Windböen jagen in heftigen Stößen über die Ebene. Nur an den mannshohen Steinpyramiden am

Hütten dieser Tour

Name	Typ	Betten	Schlüssel	Öffnung	Sonstiges
Straumbu turistgard	Bp	30	–	15.6.–10.9.	R
Bjørnhollia	B	90	–	16.6.–17.9.	
Bjørnhollia	S	14	std	Gj ; geschl.: 1.5.–10.6.	
Rondvassbu	B	124	–	16.6.–17.9.	
Rondvassbu	S	18	std	Gj[1]); geschl.: 1.5.–10.6.	
Dørålseter (oben)	Bp/Sp	100/12	–/std	18.6.–10.9./Gj[1]) R/geschl.: 1.5.–10.6.	
Dørålseter (Mitte)	Bp	14	–	16.6.–10.9.	
Dørålseter (unten)	Bp	–	–	20.6.–15.9.	
Grimsdalshytta	B/S	54/12	–/std	16.06.–17.09./ Gj[1]) -/geschl.: 1.5.–10.6.	

[1]) Selbstbedienungshütte geschlossen, wenn bediente Hütte geöffnet!

Die Grimsdalshytta nördlich des Rondane-Nationalparks war ein typischer Bergbauernhof, bevor ihn der norwegische Bergverein in eine Unterkunft für Wanderer umbaute.

höchsten Punkt der Tagesetappe finden wir etwas Schutz für eine kurze Rast (*Steinbuhøi*, 1354 m). Entlang des Höhenzugs oberhalb des *Gautåi-Baches* und nach einem letzten anstrengenden Abstieg erreichen wir die Häuser des Campingplatzes *Hageseter*, nahe der Europastraße 6. Den letzten Bus haben wir versäumt, aber eine nette Anglerfamilie bringt uns zurück nach Straumbu im Atnedalen.

Nützliche Hinweise

Ausgangsort: Straumbu.

An-/Rückreise: Der Nationalpark ist von allen Seiten leicht erreichbar, und viele Straßen führen bis nahe an den Nationalpark heran (Mysusæter und Høvringen im Südwesten, Grimsdalshytta im Norden). Die meisten Hütten können zumindest mit dem Fahrrad auf für Autos gesperrten Fahrstraßen angefahren werden.

Rund um den Rondane-Nationalpark bestehen Busverbindungen (Straße 29 und 27; entlang der E 6 Bahnverbindung). Høvringen, Smuksjøseter und Mysuseter werden in den Sommermonaten 2–3mal täglich angefahren. Mehrmals täglich gibt es die Verbindung Hjerkinn – Folldal/Folldal – Straumbu.

Markierung: Hervorragend markiert.

Hütte/Zelt: Das am besten ausgebaute Hüttennetz in Norwegen, mit vielen großen Vollservicehütten. Die meisten Hütten öffnen nicht vor Mitte Juni, auch die Selbstbedienungshütten sind meist von 01.05.–10.06. geschlossen. Es ist die Kalbungszeit der Rentiere, und die Wandervereine wollen zu dieser Zeit hier keine Wanderer! Es finden sich überall ausgezeichnete Stellplätze für das Zelt.

Beste Wanderzeit: Mitte Juni bis Mitte September.

Schuhwerk: Bergschuhe.

Karten: Turkart 1:100 000, Rondane (völlig ausreichend) oder Top. Karte Serie M 711 1:50 000: Atnsjøen 1818 IV, Rondane 1718 I, Folldal 1519 II, Hjerkinn 1519 III.

4

Auf den Spuren der Eiszeit

Moschusochsen im Dovrefjell-Nationalpark

Am 21. Juni 1974 wurde ein Teil des Dovrefjellgebietes (256 km²) zum Nationalpark erklärt, um eine in Südnorwegen einmalige Tier- und Pflanzenwelt zu erhalten. Obwohl nicht das höchste Gebirge Norwegens, hat das Dovrefjell für die norwegische Bevölkerung eine große symbolische Bedeutung. Als am 17. Mai 1814 die erste Verfassung ausgerufen wurde, schworen sich die Vertreter des Landes »Einig und treu, bis Dovre fällt«.

Weite Flächen des Dovrefjells sind von der Eiszeit modelliert und zeigen weitgehend gerundete Bergstrukturen mit weich ausgeschliffenen Tälern, weiten Fjellflächen und interessanten Moränenformen. Erst im Westen weisen die Höhen hochalpinen Charakter auf. Neben einer Herde wilder Rentiere (ca. 1500 Stück), sind es vor allem die Moschusochsen, die viele Wanderer in dieses Gebiet ziehen.

Der Knutshøa, oberhalb von Kongsvoll, beherbergt aufgrund seines kalkreichen, fruchtbaren Untergrundes einen enormen Vegetationsreichtum, darunter auch Pflanzen, die nirgends sonst in Norwegen zu finden sind (Rundblättrige Glockenblume, Norwegischer Beifuß). Wahrscheinlich haben sie die letzte Eiszeit in tieferen Lagen unbeschadet überstanden. In den Monaten Mai und Juni breiten sich an seinen Hängen Farbenteppiche von Blumen aus.

Der Nationalpark wird durch das typisch U-förmige Drivdalen geteilt. Schon in historischer Zeit bestand hier eine wichtige Verkehrsader nach Norden, vor allem zum Bischofssitz Nidaros in Trondheim. Reste des alten »Kongsvegen« – Königsweg – sind heute noch zu erkennen, wie der Vårstigen, der teilweise schon im 12. Jh. angelegt wurde. Der alte Reitweg über das Dovrefjell, ausgehend von Tofte im oberen Gudbrandsdal bis Oppdal, galt als äußerst schwierig und gefährlich. Wahrscheinlich wurde schon um das Jahr 1100 die erste Hütte bei Hjerkinn errichtet und es folgten weitere Übernachtungsstätten im Abstand von einer Tagesreise, wie Drivstua, Fokstua und Kongsvoll.

Kurzcharakteristik

Im Nationalpark relativ anspruchslose Tour im »Reich der Moschusochsen«. Besonders eindrucksvoll durch das gletschergeformte Stroplsjødalen mit dem dominanten Snøhetta. Seine Besteigung ist bei guter Wetterlage über einen verblockten Hang unproblematisch. Nach einer wilden Gebirgslandschaft erwartet uns im Grøvudalen ein liebliches, tief eingeschnittenes grünes Tal. Wer die Anschlußtour bis nach Åndalsnes wählt, muß mit alpin steilen und langen An- und Abstiegen rechnen.
Gesamtdauer: 5 bzw. 9 Tage
Streckenlänge: 74 bzw. 124,5 km
Kartenskizze: Siehe Seite 92/93

Hinter der Reinheim-Hütte überschreite ich den Leirpullskardet-Paß hinüber in die Ebene des Åmotsdalen. Auf dieser Anhöhe überraschen mich die wie Fremdkörper in einer von Fels und Stein dominierten Welt wirkenden Farbtupfer des Stengellosen Leimkrautes.

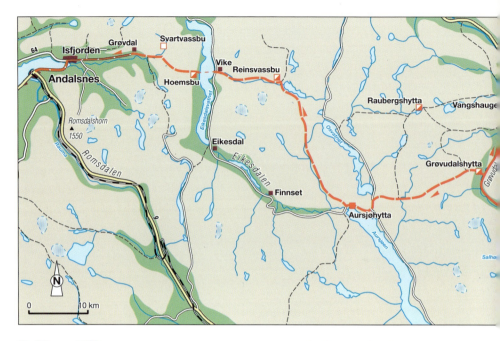

1. Tag: Pflanzen- und Vogelparadies

Einsam steht das alte Gebäude der Bahnstation *Kongsvoll* in der wilden Schlucht des *Drivdalen*. Es hat Zeiten gegeben, wo viele Züge hier gehalten haben. Für wenige Minuten hatten die Reisenden die Möglichkeit, den kleinen botanischen Garten neben dem Bahnhofsgebäude zu bestaunen. Mittlerweile betreibt die Universität Trondheim eine botanische Forschungsstation bei der Fjellstue, wenige hundert Meter oberhalb. Der Garten am unbesetzten Bahnhof bietet nun einen erbärmlich vernachlässigten Eindruck.

Sommerlich warm strahlt die Sonne vom blauen Himmel. Gestern nachmittag hat sich das Wetter überraschend gebessert, so daß ich, anstatt den Rucksack für diese Tour zu packen, einen abendlichen Besuch im *Naturreservat Fokstu* einschiebe. Dieses Hochmoor wurde im Jahr 1923 unter Naturschutz gestellt. Unter den 120 Vogelarten sind es vor allem

Enten und Watvögel, die hier einen Brutplatz gefunden haben. Während der Brutzeit (25.04.–08.07.) darf das Gebiet nur auf markierten Wanderwegen betreten werden (Hinweisschilder beachten).

Die Sonne steht nur noch knapp über dem Horizont, als ich von der *Fokstua,* dem Ausgangspunkt eines sehr gut hergerichteten Rundwanderweges durch das Vogelschutzgebiet, aufbreche. Schon bald verwandelt die untergegangene Sonne den Himmel in ein rotes Farbenmeer. Der beschilderte Weg führt durch einen sumpfigen Birkenwald und ist bald nur noch auf Holzbohlen zu bewältigen. Vorbei an einem erhöhten Vogelbeobachtungsstand, finde ich einen schönen Platz mit Blick auf See, Sumpf und die Vögel, die geräuschvoll die Wasserflächen bevölkern. Über eine Stunde stehe ich hier, wegen der Moskitos bewegungslos, fotografierend und die Abendstimmung genießend. Als abschließender Höhepunkt steigt der Vollmond im Osten hinter den Bergen empor.

Durch Urwald aufs Fjell Hinter der Bahnstation *Kongsvoll* überquert eine Brücke die Eisenbahngleise, und der ausgetretene Weg dringt in einen dichten Birkenwald ein. Eine Vielfalt an Blumen hat sich auf dem nahrhaften Boden breitgemacht. Ganze Flächen des Nördlichen Eisenhuts begeistern mich immer wieder aufs neue. Der Pfad steigt steil bergan. Hinweisschilder geben die ersten Tips und Vorsichtsmaßnahmen für die Begegnung mit der größten Touristenattraktion des Dovrefjells, dem Moschusochsen. Viele Wanderer, ausnahmslos Tagestouristen, kommen vom Fjell herunter. Es ist immer die gleiche Frage: »Habt ihr die Tiere gesehen, wo stehen sie?«

Abrupt endet der dichte Bewuchs, und über eine Kante erreiche ich das freie

Moschusochsen

Der Moschusochse stammt aus der gleichen Zeit wie das Mammut und wird zu den ziegenartigen Tieren gezählt. In extremen Klimabereichen änderte sich sein Aussehen und brachte Riesenformen, wie den Moschusochsen hervor. Das kräftig gebaute Tier wird 2 bis 2,5 m lang und erreicht ein Gewicht von 300 – 400 kg. Während sein Rückenfell nur etwa 16 cm lang wird, wachsen an Hals, Flanken und Hinterteil zottelige Haarsträhnen bis zu 60 cm Länge. Dazwischen bildet sich noch eine dichte Wollhaarschicht, die die Tiere vor extremer Kälte schützt. In Norwegen haben Moschusochsen bis zum Ende der letzten Eiszeit gelebt. Doch mit dem Abschmelzen der Eismassen vor ca. 10 000 Jahren sind sie ausgestorben. Im Jahr 1930 hat man Moschusochsen aus Grönland ins Dovrefjell ausgesetzt, sie wurden aber während des Zweiten Weltkrieges ausgerottet. Zwischen 1947 und 1954 wurden weitere 16 Tiere hierher gebracht. Viele starben, aber die Überlebenden konnten einen überlebensfähigen Stamm aufbauen. Durch Unfälle, wie Blitzschlag und Schneelawinen vermindert, liegt der Bestand nun bei etwa 50 Tieren. Auch hat es immer wieder Fälle von Abwanderungen gegeben, konnten sich aber nur im Femundgebiet halten.
Im Winter wandern sie auf Futtersuche weit in die Täler hinab, und können manchmal vom Drivdalen aus gesichtet werden. Im Sommer halten sie sich im Stroplsjødelen zwischen Kongsvoll und Reinheim auf. Allerdings ziehen sie sich oft in kleine Nebentäler, wie dem Kolldalen oder dem Kaldvelldalen zurück, wo sie versteckt auf Altschneeresten der Hitze des Tages ausweichen und von den Hauptrouten schwer erkennbar bleiben.
Grundsätzlich sind Moschusochsen friedliche Tiere und wirken schwerfällig. Fühlen sie sich jedoch in Gefahr, greifen einzelne Tiere aus einer in Reihe stehender Abwehrkette blitzartig an. Ein Sicherheitsabstand von 150 m sollte daher nicht unterschritten werden. Hunde müssen an die Leine! Moschusochsen besitzen zwar schlechte Augen, können aber mit ihrer empfindlichen Nase jede Annäherung frühzeitig wittern (Wind beachten).

Wuchtig thront der Snøhetta über dem Ende des Stroplsjødalen. Lange Zeit galt er mit seinen 2286 Metern als die höchste Erhebung des Landes, bis schließlich das entlegene Jotunheimen entdeckt wurde.

Hochplateau. Von jetzt an geht es leicht auf ebenem Terrain dahin. Unter mir schneidet der *Driva-Fluß* tief zwischen den vom Gletscher weich gerundeten Knutshøa (1690 m) und dem diesseitigen Nystuguhøi (1755 m) ein. Sein oberer Flußlauf verliert sich in der Weite des Dovrefjells. Dahinter erhebt sich das graue Gebirgsmassiv des Rondane in den blauen Nachmittagshimmel.

Von links mündet ein weiterer Weg ein, der von der Kongsvoll fjellstue heraufführt. Nach Umrundung des vest Nystuguhøi (1513 m), öffnet sich der Blick in das weite, grüne Stroplsjødalen. Im Hintergrund verschwimmt undeutlich der graue Bergrücken des Snøhettas (2286 m). Rechts des Hauptgipfels ragen die bizarr geformten Nebelgipfel des Midttoppen und Vesttoppen über dem vergletscherten Kjellen (Kessel) auf.

Einige Wanderer erzählten mir, sie hätten am Berghang des vest Nystuguhøi Moschusochsen beobachtet. Kurzentschlossen lasse ich den Rucksack am Wegrand zurück und steige durch widerspenstiges Gebüsch und steile Geröllfelder zu ihm hinauf. Die Moschusochsen entpuppen sich als eine Herde Pferde. Es hätte mich gewundert, wenn die kältegewohnten Moschusochsen sich der warmen Sonne dieses Berges ausgesetzt hätten. Jetzt am Abend steigen die Pferde zur Hestgjeterhytta ab, wo die Fjordpferde den Sommer verbringen. Als kleiner Punkt hebt sich die Almhütte aus der grünen Umgebung ab. Der Kaldvella-Bach durchfließt gleich daneben das Tal und windet sich in langen Biegungen auf das breite Plateau hinaus. Das Tal liegt bereits im dunklen Abendschatten, und die letzten Sonnenstrahlen wandern langsam zu mir herauf. Über dem Snøhetta ziehen Wolken in der untergehenden Abendstimmung auf. Das letzte Rot verblaßt und macht langsam dem blauen, dunklen Himmel Platz, der die nahe Nacht ankündigt. Abgesehen vom gleichmäßigen Rauschen des fernen Flusses ist es totenstill. Kein Lufthauch bewegt die raren Grashalme, die hier neben Steinen und Geröll kaum Platz finden. Um 21 Uhr ist die Sonne untergegangen. Bis nach 22 Uhr genieße ich die ruhige Abendstimmung und den fesselnden Blick zu den Rondane-Bergen, hinter denen der Mond in voller Größe aufgegangen ist.

Das Tal wird nur noch vom fahlen Licht des Mondes beleuchtet, als ich zu meinem Rucksack zurückkehre. Vom Berg aus habe ich nahe dem Fluß einen grünen Wiesenboden entdeckt und glaube, in wenigen Minuten das Zelt aufstellen zu können. Leider entpuppt sich die grüne Fläche als ausgedehntes Sumpfgebiet. Als ich es durchstreife, fliegen mehrere Vögel, die hier nisten, erschreckt auf. Voraus nehme ich am Flußufer das Licht eines Lagerfeuers wahr und bewege mich darauf zu. Ein Norweger und ein in Norwegen lebender Iraner haben hier ihr Nachtlager aufgeschlagen und laden mich ein, mit ihnen die Wärme des Feuers zu genießen.

2. Tag: Erste Begegnung mit Moschusochsen

Erst um zwei Uhr, am frühen Morgen, habe ich nach dem gemütlichen Abend am Lagerfeuer im Schein der Taschenlampe das Zelt aufgestellt. Erstmals überblicke ich den Nachtplatz. Auf beiden Seiten des Kaldvella-Baches prägen die Kräfte der Eiszeit nachhaltig die Landschaft. Vor etwa 10 000 Jahren lag ein riesiger Gletscher über dem Dovrefjell und hat bei seinen Vorstößen Moränenwälle aufgeschoben, die längs der Täler von den Flüssen terrassenförmig abgetragen wurden.

Während des Frühstücks beobachten wir zwei Moschusochsen beim Äsen im Kolldalen. Langsam bewegen sie sich auf uns zu, kehren aber gemütlich fressend wieder um. Etwas später stehen wir am Ufer des Kaldvella-Baches. Wir überqueren das wild schäumende Wasser. Trond, der Norweger, rutscht ab und nimmt ein unfreiwilliges Vollbad. Vorsichtig pirschen wir uns oberhalb der Herde über einen Moränenhügel an. Dann sehen wir sie. Sechs Tiere haben sich auf einem Altschneefeld im Eingang zum Kolldalen zur Ruhe gelegt. Kaum ein Tier regt sich. Sie werden sich erst wieder in der Kühle des Abends zum Fressen von hier fortbewegen. Drei Jungtiere sind unter ihnen und schmiegen ihre kleinen Körper eng an die der Alten. Wir haben den Wind im Rücken, und ihre feinen Nasen haben unsere Witterung aufgenommen. Der große Bulle erhebt sich schwerfällig und schüttelt sein zottiges Haupt. Wir verstehen diese Botschaft und treten den Rückzug an.

Erst am späten Nachmittag verabschiede ich mich von Trond und Parviz und schreite über Sandmoränen dem Steg über den *Kaldvella-Bach* zu. Der Flußlauf beschreibt hier einen scharfen Knick nach Norden und fließt aus einem Seitental heraus. Mein Weg folgt dem *Stroplsjødalen* hinauf. Als markanter Wegweiser baut sich der Snøhetta am Talende imposant auf. Farbtupfer von Glockenblumen und weite Flächen des Wollgrases zieren den Wegrand zum *Stroplsjøen* (-See, 1289 m). Dunkle Wolken überziehen von Westen her den Himmel und hüllen den näher gerückten Gipfel des Snøhettas ein. Die Rondane-Berge werden von den letzten Sonnenstrahlen weich überflutet, während vom Tal Nebelfetzen heraufziehen. Am zweiten See, dem *Stroplsjøtja* (1320 m) finde ich einen ebenen Platz für das Zelt. Noch während des Zeltaufbaues

schiebt sich die schwarz-violette Wolkenbank auf mich zu, aus der sich bedrohlich dunkle Säulen herabschrauben. Die ersten feinen Tropfen fallen vom Himmel. Innerhalb von Sekunden verstärkt sich das Unwetter zu dichtem Regenfall, begleitet von starken Windböen. Ich komme gerade noch dazu, die herumliegenden Sachen ins Zelt zu werfen, bevor ich richtig durchnäßt werde.

3. Tag: Stroplsjødalen – Snøhetta

In der Nacht weckt mich öfter das Geräusch vom heulenden Wind. Morgens sieht es etwas freundlicher aus. Sogar die Sonne läßt sich manchmal blicken. Vor mir baut sich imposant der graue Bergrücken des Snøhettas empor. Sehr gut läßt sich die endlos scheinende Geröllhalde bis zu seinem Gipfel verfolgen. Auf der anderen Talseite erhebt sich hinter dem See die steil abfallende Felswand des Stroplsjøkinn (1648 m). Links davon stürzt sich ein kleiner Wasserfall aus der Styggedalen-Schlucht herab. Mehrere dunkle Punkte auf einem vegetationsreichen Absatz wecken meine Aufmerksamkeit. Zunächst halte ich sie für Steine. So oft ließ ich mich auf dem Weg hierher täuschen, und erst ein Blick durch das Teleobjektiv entlarvte die Wahrheit – Steine. Doch diesesmal bewegen sich die Steine. Sofort greife ich mir die Kamera und das Stativ und erklimme den Geröllhang ins Styggedalen. Auf einer grünen Heide, die mit Weidenbüschen durchsetzt ist, haben sich drei Moschusochsen zurückgezogen. Behutsam pirsche ich mich im Schutz mehrerer Steinblöcke an. Zwei von ihnen haben es sich im Gras bequem gemacht. Nur das größte Tier scheint den Magen noch nicht voll zu haben. Während ich mich auf ca. 60 m heranschleiche und fotografiere, frißt es ge-

Die Reinheim-Hütte im Dovrefjell-Nationalpark ist ein beliebter Ausgangspunkt für den sich im Hintergrund erhebenden Snøhetta-Gipfel (2286 m).

mächlich vor sich hin. Je mehr ich mich ihm nähere, desto schneller schlägt mein Herz. Solange mir das Tier sein Hinterteil oder seine massive Breitseite zeigt, bin ich nicht beunruhigt. Aber dann wendet sich das Tier zu mir um und bietet mir seinen Kopf. Durch das Tele sehe ich sein wuchtiges Haupt und sein grimmiges Gesicht. Auge in Auge blicken wir uns an, so erscheint es mir zumindest. Mein Puls schnellt in die Höhe. Nach ein paar weiteren Fotos vom Stativ zwingt mich meine Unruhe zum Rückzug. Nur 50–60 m offenes Gelände liegen zwischen uns, und wie schnell diese Tiere laufen können, habe ich am Vortag verfolgt. Als ich etwas entfernt bin, legt sich auch dieser Koloß satt und müde zu den anderen.

Vom Fuß des Snøhettas ins Åmotsdalen

Bis zur *Reinheim-Hütte* ist es gerade noch eine halbe Stunde. Mehr und mehr Felsbrocken durchsetzen die spärlich werdende Vegetation. Ausladende Geröllhalden verweigern den Blick auf den Snøhetta (Abzweigung bei der Hütte – Aufstieg 3 Std., Abstieg 2 Std., über seinen Gipfel zur Åmotdalshytta 5 Std.). Aber deutlich hebt sich der Pfadverlauf zu seinem Gipfel von dem dunklen Gestein ab. Sogar jetzt, Mitte August liegen ausgedehnte Schneefelder an seinem Nordhang. Die Hütte ist jetzt am Nachmittag wenig besucht, und kalte Windböen bewegen mich zu einem schnellen Aufbruch. Der Pfad führt fast eben über Grasmatten zum Talkessel. Viele kleine Rinnsale schlängeln sich die Berghänge herab (schöne Nachtplätze). Das gletschergrüne Wasser verbreitert sich im Talende zum *Leirpullan* (-See, 1437 m).

Es gibt zwei Möglichkeiten, über die Berge ins Åmotsdalen zu gelangen. Entweder über den steilen Einschnitt des Leirpullskardet (1570 m) oder über eine langgezogene Geröllhalde über die »Höhe

1698 m«. Ich entscheide mich für den schluchtartigen Einschnitt. Ein kurzer mit losen Steinen übersäter Pfad führt mich hinauf. Hat das zurückliegende Tal mit seinen Grünflächen, dem Gletscherbach, der mit seinem grünen Wasser Seen mit Inseln bildet, einen so lieblichen Eindruck hinterlassen – welch ein Kontrast erwartet mich jetzt. Vor mir liegt ein weitläufiges Fjell, das in seinem Charakter einer Mondlandschaft gleicht. Grauer Stein und Flechten prägen das Bild. Doch wie zum Trotz setzt ausgerechnet hier am höchsten Punkt des Passes das hübsche, rosa blühende Stengellose Leimkraut Farbpunkte in die Landschaft. Diese Pflanze kann sich aufgrund ihres eigenen Mikroklimas selbst an schuttreichen Unterboden des Hochgebirges anpassen. Innerhalb von mehreren Jahren baut sie einen Polsterwuchs auf, dem große Temperaturunterschiede nichts anhaben können. Nach etwa 10 Jahren, wenn sie zum ersten Mal blüht, ist das Polster so dicht, daß der Wind es nicht

Besteigung des Snøhettas

Der schneegekrönte Bergrücken des Snøhettas ist von der Straße E 6 (nördlich von Hjerkinn) als faszinierender Blickfang leicht auszumachen. Der Aufstieg auf den *Stortoppen* (2286 m), der höchsten Erhebung des Snøhetta-Massivs, kann sowohl von Nordwesten, der *Reinheim-Hütte* (1370 m), als auch von Südosten, der geschlossenen *Snøheim-Hütte* (1474 m), erfolgen. Beide Varianten sind von der Länge und der Charakteristik sehr ähnlich.

Anstieg von Snøheim: Nachdem man sich bei dem Militärgebäude, nahe der Hauptstraße, eine Genehmigung beschafft hat (kostenlos), darf man das Schießgelände mit dem Auto queren. Im Hintergrund erhebt sich der Turm der vor einigen Jahren geschlossenen Tverrfjell-Zink- und Kupfergrube. Das Vorhaben der Regierung, die weitläufigen Schächte als Lagerplatz von Sondermüll zu benutzen, konnte von der Bevölkerung zum Glück verhindert werden.

Von *Snøheim* geht es zunächst sehr gemütlich über Grasmatten bis zu den Überresten von gamle Reinheim, nahe dem »Eissee« (1630 m). Was von der Ferne wie ein leicht begehbarer Geröllhang ausgesehen hat, entpuppt sich nun als stark verblocktes Hindernis. Langwierig klettern wir von Steinblock zu Steinblock. Trotzdem gewinnen wir rasch an Höhe. Die Markierungen leiten uns sicher nach oben. Auf halbem Weg mündet die Route von der Reinheim-Hütte dazu. Je höher wir kommen, desto leichter wird das Gelände. Knapp unterhalb des Gipfels zieht sich ein langgezogenes Schneefeld hinauf bis zum Gipfel, den ein riesiger Steinhaufen ziert. Eiskalte Windböen dringen durch unsere Kleidung. Letzte Nacht ist hier oben Schnee gefallen und hat waagrecht abstehende Eiszapfen auf den Steinen gebildet (Anfang August). Drei weitere Gipfel umgeben den von senkrecht abfallenden Felswänden eingerahmten, gletschergefüllten Kessel (Midttoppen – 2278 m, Hettpiggen – 2255 m, Visttoppen – 2249 m), von dessen unterem Rand das smaragdgrüne Wasser des Istjørni heraufleuchtet. Bei dieser grandiosen Aussicht, die wir von hier oben genießen, ist es nur zu verständlich, daß die Norweger lange geglaubt haben, dies wäre der höchste Berg Norwegens. In unmittelbarer Nähe breitet sich das leicht gewellte Fjell aus. In der Ferne begrenzt das gletscherlose Gebirge des Rondane den Horizont, im Süden erheben sich die mit weißen Strömen durchzogenen Riesen des Jotunheimen, und im Norden erkennen wir das Trollheimen-Gebirge. Unter uns hat sich ein Kargletscher in den ehemals kegelförmigen Berg tief hineingearbeitet.

Einst waren sie hier beheimatet. Doch die Vorfahren dieses grimmig dreinblickenden Moschusochsen wurden aus Grönland importiert.

auszutrocknen vermag, weil das Klima innerhalb des Polsters trotz Sonneneinstrahlung oder Frost stabil bleibt.

Relativ eben geht es an den nördlichen Ausläufern des Snøhettas entlang. Wie so oft an Abenden, ziehen sich auch heute wieder dunkle Wolken über den Bergen zusammen. Es fällt nicht leicht, an diesem steinübersäten, und obendrein recht wasserlosen Hang einen Standplatz fürs Zelt zu finden.

4. Tag: Snøhetta – Lustjørni

Eine milde, feuchte Luft hängt am Morgen über der weiten, düsteren Hochfläche. Tief hängen die Wolken herab, die umliegenden Bergspitzen, auch die des Snøhettas in meinem Rücken, ist in Wolken gehüllt. Manch seenförmige Erweiterung bildend, fließt der Åmotselva dem entfernten Einschnitt des Åmotsdalen entgegen.

Nach kurzer Zeit stoße ich bei einem riesigen Steinhaufen auf die Abzweigung zum Snøhetta-Gipfel. Als verschwindend kleiner Fremdkörper in dieser unwirtlichen Gegend liegt die *Åmotdalshytta* am Ufer des gleichnamigen Sees. Mehrere Gruppen Wanderer haben es sich in der warmen Stube gemütlich gemacht. Die Frauen bereiten in der Küche Pfannkuchen und Linsengericht aus dem Proviantlager. Diesmal kann auch ich nicht widerstehen und erstehe ein paar süße Leckereien. Die Bezahlung erfolgt wie überall in Selbstbedienungshütten auf Vertrauensbasis.

Ursprünglich bestand die Åmotdalshytta nur aus einem kleinen Steinbau. Dieser ist in die neue Hütte integriert worden. Es ist ein schöner Ort, der zum Verweilen einlädt. (Abstiegsmöglichkeit nach Gjøra und Lønset an der Straße 70, bzw. zur E 6 bei Driva.)

Weit streckt sich der *Åmotsvatnet* nach Westen aus. Auf sattgrünen Grasmatten

Obwohl eine Herde Moschusochsen sich nur wenige hundert Meter von uns entfernt im Kaldvell-dalen zur Nachtruhe gelegt hatte, verbrachten wir unter freiem Himmel eine angenehme Nacht.

zieht sich der Wanderweg an seinem Ufer hin (schöne Lagerplätze). Am See-Ende passiere ich die steile Felswand des Drugs-høi (1812 m) und gelange über einen kleinen Paß unterhalb des Midtkollen (1470 m) zu den Drugshøtjørnin (-Seen). Die vor mir liegende Hochebene Leirsjøtelet wird von einem ganzen Kranz imposanter Berge eingeschlossen. Hinter der Steinwüste begrenzen Wolken die Sicht auf die Welt der gletschergesäumten Bergriesen. Gleich neben dem Weg liegen gut erhaltene Rentierfanggruben, die von Jägern vor der Einführung der Schußwaffe ausgehoben wurden.

Wie auf einer Autobahn geht es flott über leicht gangbares Terrain dahin. Auf halbem Weg zweigt rechts der Weg auf den Salhøa ab, bevor er am Anfang des Grøvudalen wieder auf die Hauptroute stößt.

Mir wurde erzählt, daß es im Dovrefjell viele Steinadler geben soll. Hier kann ich diesen großen Vogel beobachten. Allerdings ist er nicht alleine. Zwei kleine Vögel, die ich nicht identifizieren kann, aber regelrechte Flugakrobaten zu sein scheinen, begleiten ihn. Abwechselnd stürzen sie sich auf den um ein vielfaches größeren Adler herab. Aus irgendeinem Grund wollen sie ihn aus diesem Gebiet vertreiben. Gemächlich gleitet der Adler durch die Lüfte. Nur bei den Attacken schlägt er ein- oder zweimal mit seinen Flügeln. Langsam entschwinden sie als kleine Punkte vor der grandiosen Kulisse des Lågvasstinden. Über eine kleine Kuppe schreitend, erspähe ich eine Herde Rentiere am ned Lustjørni-See. Gleichzeitig werden sie meiner gewahr, verharren für wenige Sekunden, um in wildem Lauf zu entschwinden.

Eine riesige Gletschermoräne legt sich mir in den Weg. Dahinter ändert sich das Landschaftsbild schlagartig. Geröllbedeckte Hänge führen in ein von drohend und unzugänglich scheinenden Bergen eingeschlossenes Tal hinein. Ich vermute, hier am *øv Lustjørni* (-See, 1378 m) die letzten Moosmatten für mein Zelt vorzufinden und bleibe.

5. Tag: Lustjørni – Grøvudalshytta

Trostloses, regnerisch-kaltes Wetter erwartet mich vor dem Zelt. Etwas motivationslos betrachte ich die von Nebelschwaden verhängten Berge. Bis zum südlichen *Salhøtjørni* (-See, 1417 m) bleibt der Weg noch gut begehbar. Mit Wasser vollgesogene Moos- und Flechtenteppiche und glitschige Felsbrocken lassen hier bereits erahnen, daß die steile Hangpassage entlang des mittleren Salhøtjørni (1415 m) nicht ganz leicht sein wird. Ausgerechnet hier, in dieser düsteren Umgebung, treffe ich auf Gletscherhahnenfuß, der sich, in kleine Felsspalten eingenistet, einen harten Überlebenskampf mit der Natur liefert. Aber es gibt keine andere Blume, die in so kargen Lebensbedingungen existieren kann. In den Alpen hat man sie schon in Höhen über 4000 m vorgefunden. Sie schafft es, an Standorten zu überleben, die eine Vegetationsperiode von unter einem Monat aufweisen. Sie trägt den Beinamen Renblume, da sie den Rentieren als beliebtes Nahrungsmittel dient.

Gletschergeformtes Grøvudalen Am *nördlichen Salhøtjørni* (1408 m) weitet sich das Tal wieder. Glattgeschliffene Felsplatten und feiner Kies ermöglichen wieder ein schnelles Vorankommen. Hier begegne ich zwei Holländern, die mich vor dem gefährlich glatten Schneefeld ins Grøvudalen hinab warnen. Minuten später stehe ich an der Kante. Vor mir schneidet sich das Tal tief in die dunkle Bergwelt ein.

Auf dem ausgedehnten Schneefeld verliere ich kurz die Markierung und wähle den kürzesten Weg in den Talgrund. Am

Bei klarem Wetter erlaubt die exponierte Lage des Snøhettas eine grandiose Fernsicht auf das Rondanegebirge und auf noch entfernter gelegene Gebirge. Der Aufstieg auf seinen Gipfel kann von der Europastraße 6 aus in einer Tagestour unternommen werden.

Tourenprofil: Im Dovrefjell-Nationalpark

Tag	Strecke	Höhe	Entfernung	Gehzeit	Pässe/Bemerkungen
	Start: Kongsvoll (Bahnstation)	900 m			
1.	Reinheim	1380 m	14 km	4 Std.	
2.	Åmotdalshytta	1310 m	9 km	3 Std.	Leirpullskardet, 1565 m
3.	Grøvudalshytta	875 m	25 km	8 Std.	südl. Salhøtjørni, ca. 1460 m
4.	Gammelsetra	807 m	17 km	5 Std.	
5.	Endpunkt: Gjøra		9 km	3 Std.	16 km Straße, ggf. Mitfahrgelegenheit
	Total etwa:		74 km	5 Tage	

Anschlußtour nach Åndalsnes:

Tag	Strecke	Höhe	Entfernung	Gehzeit	Pässe/Bemerkungen
	Start: Grøvudalshytta	875 m			
1.	Aursjøhytta	862 m	17,5 km	7 Std.	östl. Svarthammaren, ca. 1380 m
2.	Reinsvassbu	900 m	22 km	7 Std.	
3.	Vike	30 m	11 km	4 Std.	
	von Vike mit Privatboot über den Eikesdalsvatnet nach Hoemsbu				
	von Hoemsbu kommend, über Münztelefon Boot bestellen				
4.	Åndalsnes	0 m	26 km	6 Std.	Hoemskardet, 1300 m
	Total etwa:		124,5 km	9 Tage	

Nützliche Hinweise

An-/Rückreise: Kongsvoll Bahnstation: Schaffner benachrichtigen, sonst hält der Zug nicht!
– *Von Oslo:* 19.55 (täglich außer Samstag) und 05.06 (täglich).
– *Von Trondheim:* 11.40 (täglich außer Sonntag) und 01.07 (täglich).
– *Gjøra:* Täglich mehrere Busse nach Oppdal und Sunndalsøra.
– *Jenstad:* Keine Busverbindung – Schultaxi fährt ab Mitte August um ca. 15 Uhr bis Hafsås (mit Handzeichen stoppen).
Markierung: Sehr gut markiert.
Hütte/Zelt: Die Wanderwege verbinden ein gutes Netz von Selbstbedienungshütten/ Als Zelttour sehr gut geeignet.
Beste Wanderzeit: Mitte Juli bis Anfang September.
Schuhwerk: Bergschuhe.
Karten: Top. Karte Serie M 711 1:50 000: Snøhetta 1519 IV, Storskrymten 1419 I, Romfo 1420 II. (Die Wanderkarte Snøhetta 1 : 100 000 wird nicht mehr gedruckt!)

Hütten dieser Tour

Name	Typ	Betten	Schlüssel	Öffnung	Sonstiges
Kongsvoll fjellstue	Bp	50	–	18.05.–01.11.	Rabatt
Reinheim	S	38	std	15.02.–15.10.	
Åmotdalshytta	S	30	O	Gj, geschl. 1.5.–10.6.	
Grøvudalshytta	S	26	O	Gj	
Gammelsetra	S	22	O	Gj	

Übergang vom Schnee zu Felsboden verlangen bläulich schimmernde Eisplatten höchste Vorsicht. Von unten erkenne ich, daß der Weg weiter links über eine noch steilere Schneeflanke verläuft. Bald erwarten mich erste Weidenbüsche, und sumpfiger Grasboden löst den Fels ab. Die Bergwände ziehen sich vom abgerundeten Talabschluß aus nun steil in die Höhe. Hinter dem kleinen *Litlvatnet* (-See, 1136 m) bricht das Tal nochmals in einer steilen Stufe ab und leitet den Wanderer in das saftige Grün eines wild gewachsenden Birkenwaldes. Aufgeschreckte Schafe stieben in das undurchdringliche Dickicht auseinander, und die Muttertiere blöken aufgeregt nach ihren Jungen.

Die senkrecht abfallenden Bergflanken gehen weich in den U-förmigen Talboden über, und bieten ein eindrucksvolles Beispiel der Urgewalt, mit der hier Gletscher am Werk waren. An zum Verweilen einladenden Grasmatten und sumpfigem Waldboden vorbei folgt der Weg dem ruhig dahinfließenden Grøvu-Fluß zur lieblichen *Storvollsætra* (-alm). Hier beschreibt der Talverlauf einen scharfen Knick nach Norden. Über eine Hängebrücke erreiche ich die *Grøvudalshytta,* die am Rande einer weitläufigen Almwiese in träumerischer Umgebung steht. Etwas abseits der überfüllten Hütte, errichte ich spät am Abend das Zelt.

6. Tag: Grøvudalshytta – Gjøra

Letzte harmlose Wolken begrüßen mich am Morgen. Der Sommer meldet sich in seiner ganzen Pracht zurück. Kurz nach der Hütte wechselt der Weg über eine breite Brücke wieder auf die andere Flußseite. Die zurückliegende Alm ist mit dem Traktor erreichbar (empfehlenswerte Mountainbike-Tour – steile Anstiege). Lange Zeit fließt der Fluß langsam und träge, in weiten Windungen ausholend und Inseln bildend, dahin. Doch dann verengt sich das Tal, der Fluß bildet einen kleinen Canyon, wo das Wasser schäumend hinunterrauscht (traumhafter Nachtplatz mit Feuerstelle). An dieser Stelle weicht der Traktorpfad, steil in den Hang hinaufführend, aus, um an der anderen Seite wieder abzufallen. Unten angekommen stoße ich auf eine mautpflichtige Schotterstraße.

Für mich beginnt jetzt eine lange Wanderung auf der Straße. Im Bereich einiger Ferienhäuser zweigt der Weg zur Berghütte Gammelsetra ab (2 Std.). Ich bleibe in der Hoffnung einer Mitfahrgelegenheit auf der Straße. Die warme Sonne dörrt meinen Körper schon langsam aus, als sich diese Hoffnung in Form des Schultaxis erfüllt, dessen freundlicher Fahrer mich an der Bushaltestelle in *Gjøra* absetzt.

5

Wandern im Reich der (Riesen)gebirge

Der Jotunheimen-Nationalpark

Jotunheimen liegt im Zentrum von Südnorwegen, begrenzt durch das Gudbrandsdalen und Valdres sowie die innersten Ausläufer des Sognefjordes. In Jotunheimen finden sich die höchsten Berge Norwegens und ganz Skandinaviens. Alle Berge Norwegens über 2300 m liegen in diesem Gebiet, mehr als 150 Gipfel erreichen Höhen von über 2000 m, wobei die beiden höchsten Gipfel, der Gladhøpiggen – 2469 m – und der Glittertind – 2464 m – unter guten Bedingungen leicht bestiegen werden können. Das ganze Massiv wird von mehreren gletschergeformten Tälern durchschnitten, die auf meist leicht begehbaren Wegen spektakuläre Aussichten auf Gletscher und Grate erlauben. Viele dieser Täler verfügen über eine reiche Vegetation, denn nirgends in Norwegen erreicht das Pflanzenwachstum höhere Grenzen. Schon vor vielen Jahrhunderten wurde in vielen Hochtälern Almwirtschaft betrieben.

Kurzcharakteristik

Diese Rundtour führt uns durch die höchsten Berge Skandinaviens. Obwohl Jotunheimen stark alpinen Charakter aufweisen kann, bewegen wir uns meist auf ausgezeichneten Wegen innerhalb langgezogener, grüner Täler, an deren Rändern wir hautnah die großen Gletscherströme bewundern können. Erst im östlichen Teil wird die Landschaft etwas rauh, weite Geröllhalden und verblockte Steilhänge erschweren hier ein Vorankommen. Die höchsten Gipfel des Massivs, Gladhøpiggen und Glittertind, können mit etwas Kondition bei gutem Wetter mühelos erreicht werden und bieten grandiose Ausblicke auf ein zusammenhängendes Meer von Gletschern und steile Grate.
Gesamtdauer: ca. 8 Tage
Streckenlänge: 109,5 km
Kartenskizze: Siehe Seite 108

Seit 1980 schützt Jotunheimen der Status eines Nationalparks. 1140 km² Hochgebirgsregion konnten so vor dem Ausbau für die Wasserkraftgewinnung gerettet werden. Mit seinen Tälern, riesigen Seen und hoher Niederschlagsmenge im Westteil des Parks würde es alle Bedingungen für einen effizienten Kraftwerksausbau erfüllen. Gleichzeitig wurden im Utladal 300 km² unter Landschaftsschutz gestellt. Dort befindet sich der Vettisfossen, der mit einer Fallhöhe von 370 m Norwegens höchster Wasserfall ist.

1. Tag: Mit dem Boot ins Gebirge

Der Bug der »Bitihorn« pflügt durch das Wasser des *Bygdin-Sees*. Auf dem Vorderdeck stapeln sich Dutzende Rucksäcke. Deren Besitzer verteilen sich auf dem Schiff, Schutz suchend vor dem eisigen

Die Büste von Aasmund O. Vinje steht neben dem Anlegesteg der höchstgelegenen norwegischen Bootsverbindung von Eidsbugarden über den Bygdin-See. A. O. Vinje war im Jahr 1868 einer der Mitbegründer des norwegischen Bergvereins und errichtete hier eine kleine Hütte.

Fahrtwind. Das Boot bringt uns von Eidsbugarden nach *Torfinnsbu,* einer Alm auf halbem Weg über den See nach Bygdin. Gudrun, ihr Hund Kojuk, eine Mischung aus Samojede und Lapinkoira, und ich sind die einzigen, die das Boot verlassen. Jetzt, in den letzten Augusttagen, geht die Saison langsam zu Ende, und die meisten Wanderer sind auf dem Weg nach Hause.

Es ist früher Abend, als wir den steilen Wiesenhang ins *Torfinnsdalen* hinaufsteigen. Wir gewinnen rasch an Höhe und genießen einen weiten Blick über den langgezogenen Bygdin-See und die flacher werdenden Ausläufer des Jotunheimen-Massivs.

Im Taleingang, imposant eingerahmt von den dunklen, hoch aufragenden Felsspitzen des Torfinnstindane (2119 m) und dem nordre Kalveholotind (2019 m), bläst uns kalter Wind aus dem im Schatten liegenden Tal entgegen. Auf der Wiese eines Moränenabsatzes bauen wir unter den bizarren Graten des Torfinnstindane unser Zelt auf.

2. Tag: Torfinnsdalen – Svarthammarbua

In der Nacht tritt scharfer Frost auf. Der kleine See unter dem Hanggletscher des Torfinnstindane ist mit einer Eisschicht bedeckt. Auch hier zeigt sich, daß der Sommer sich langsam verabschiedet. Die Kulisse ist phantastisch. Über unseren Köpfen schmiegt sich die von Spalten zerfurchte Fläche eines kleinen Gletschers vor dem verwitterten schwarzen Gestein des Torfinnstindane ein. Auch auf der anderen Seite erheben sich aus dem engen Tal über 2000 m hohe Felswände.

Über den Torfinnsdøla (-Bach) führt eine Brücke, bevor der Weg einen steilen

Im oberen Leirungsdalen, eine Tageswanderung südlich von Gjendesheim, ergeben sich beeindruckende Ausblicke auf den Leirungsbreen.

Das wenig begangene Leirungsdalen schneidet sich tief in die umgebende Bergwelt (Kalvehøgda, 2208 m) ein und bietet grandiose Ausblicke auf zum Greifen nahe Gletscher.

Geröllhang zum Svartdalstjørnene (-See, 1475 m) erklimmt. Auf der rechten Hangseite erkennen wir im Fels den schmalen Einschnitt zwischen dem Leirungstind (2250 m) und dem Leirungskampen (2079 m), der unser nächstes Ziel ist, während der Pfad, der das Tal entlangführt, langsam zum Gjende-See hinunterzieht.

Der steile Anstieg führt parallel zu kleinen Rinnsalen, die vom Leirungstjørnene (-See, 1678 m) herabrieseln und die grünen Moospolster mit verspielten Eiszapfen zieren. Oben erschweren uns riesige Felsblöcke und ein vereistes Schneefeld ein Vorwärtskommen. Auch verlieren wir auf dem pfadlosen Terrain kurz die Markierung. Erst als wir über ausgedehnte Schneefelder die nassen Grünflächen am zweiten Leirungstjørnene (-See, 1578 m) erreichen, stoßen wir wieder auf Weg und Markierung. Eine grandiose Landschaft begleitet uns auf dem sanften Abstieg das Tal hinaus. Vor uns öffnet sich das breit ausgeschliffene *Leirungsdalen,* von rechts fließt der durch mehrere Wellen in wilden Spalten zerklüftete Leirungsbreen (-Gletscher) unter uns weit in das Tal hinein. Die hautnahe Begegnung mit spektakulären Eisflüssen bildet die besondere Faszination dieses Tals, während wir auf ausgezeichnetem Pfad das langgezogene Tal hinausmarschieren. Der Leirungsåa-Fluß wird von beiden Hangseiten mit unzähligen kleinen und größeren Gletscherbächen gespeist und wird mit seinem Gletscherschlamm später dem Gjende-See seine typisch smaragdgrüne Färbung verleihen.

Langsam treten die Bergriesen zurück und erlauben den Blick über die gewellte Valdresflya. Welch ein Kontrast. Hinter uns ragen die schwarzen Felsabstürze, durchzogen von blau-weiß schimmernden Gletscherflüssen, empor. Vor uns färbt die warme Abensonne die sanft geschwungenen Hügelketten in die ersten Orange-Töne des Herbstes. Neben der zerfallenen *Svarthammarbua* errichten wir zwischen den ersten Weidenbüschen unser Zelt.

3. Tag: Svarthammarbua – Gjendesheim

Wärmende Sonnenstrahlen vertreiben die kalte Luft des Morgens. Die spärlichen Wolkenreste des Tiefdruckgebietes der letzten Tage werden von der trockenen Luft einer Ostströmung verbannt. Die Nieselschauer, die uns am Anfang der Tour noch begleiteten, waren der Grund, die Wanderung im Süden Jotunheimens zu starten, um die Höhepunkte des Gebiets bei gutem Wetter zu erreichen.

Die nächsten 2 Std. nach Gjendesheim bewegen wir uns meist auf gleicher Höhe. Am Hang entlang queren wir das vegetationsreiche, etwas versumpfte Leirungsdalen. Den Fluß überschreiten wir auf einer Brücke.

Ein Mann der Berge Nur 100 m vor uns liegt *Gjendesheim,* aber doch so weit entfernt. Der breite Seeabfluß erstreckt sich zwischen uns. Am Ufer entdecken wir einen Holzkasten, der ein riesiges Horn beinhaltet. Mittels einer Handpumpe bringe ich es zum Dröhnen. Laut und unheimlich schallt es von den Bergen zurück. Wir müssen warten, bis uns der Wirt von der Gjendesheim-Hütte mit dem Boot abholt, und lassen uns solange unter der warmen Mittagssonne an der verwitterten Holzwand der Hütte nieder, die Jo Gjende vor etwa 150 Jahren hier errichtete.

Jo Gjende, dieser Name erzählt von Abenteuern eines Jägers und Bergwanderers. Mit dem bürgerlichen Namen Jo

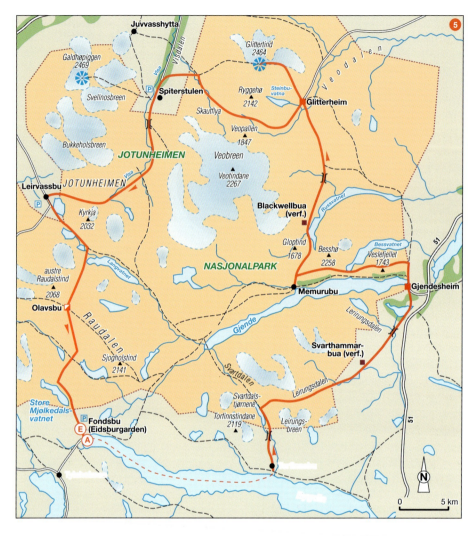

Tjøstolsson Kleppe im Jahr 1794 geboren, verbrachte er die meiste Zeit im Gebirge. Seine Fähigkeiten als Jäger machten ihn schon zu Lebzeiten zu einer Legende, aber er war auch ein weitsichtiger Mensch. Er studierte in der Abgeschiedenheit der Berge Bücher, interessierte sich für das europäische Geistesleben und liebte es, mit Freunden, die ihn auf Jagdausflügen begleiteten, über die Frage des Daseins zu diskutieren. Als Kirchengegner hatte er allerdings auch viele Feinde unten im Tal. Seine Religion fand er in der Natur. Seinen Grabstein auf dem Friedhof in Vågå zieren die Worte: »Ein Mann der Berge – wie du wohl weißt – ich bin, drum zieht es immer wieder mich zu den Bergen hin!«

Aber die Tradition der Jagd geht vor allem im Ostteil des Jotunheimens bis in die Steinzeit zurück, wie hier gefundene Rentier-Fallen beweisen. Auch heute noch gibt es ein vielfältiges Tierleben. Unter anderem gibt es im Westteil einen Stamm an Wildrentieren. Im Ostteil wird eine Renherde von etwa 6000 zahmen Tieren gehalten.

Die Etappe von Torfinnsbu nach Gjendesheim, im südlichen Jotunheimen, ist lang.
Vom nedre Leirungen-See ist es zur Hütte am Gjende-See nicht mehr weit.

Gjendesheim (DNT-Hütte), erreichbar über die Straße 51, ist als beliebter Ausgangspunkt ins Jotunheimen zu einem großen Gebäudekomplex herangewachsen. Sie liegt am gleichnamigen See Gjende. Gjende, vom altnorwegischen *gandr* = gerade, ist ein markanter Bergsee, der von seiner Entstehungsgeschichte und seinem Aussehen her sehr den Küstenfjorden ähndelt, nur daß er 1000 m höher liegt.

Hinter Gjendesheim steigt der Pfad als breites, ausgetretenes Band jäh den mit Birken bewachsenen Hang hinauf. Nach 20 Min. zweigt der Weg, der direkt nach Glitterheim führt, rechts ab. Ihm wenige Meter in eine Mulde hinab folgend finden wir eine ebene Wiese für das Zelt. Unser Lagerplatz liegt bereits im Schatten. Sofort sinkt die Temperatur unter den Gefrierpunkt. Wasser finde ich 300 m entfernt auf dem Weg hinab zum Bessvatnet.

Tagesausflug über den Besseggen

In den Sommermonaten startet das Motorschiff M/S Gjende bis zu viermal täglich von Gjendesheim über Memurubu nach Gjendebu. Von Memurubu führt der markierte Wanderweg über den Besseggen zurück nach Gjendesheim (6 Std.). 700 Höhenmeter sind dabei über den Veslefjellet (1743 m) zu überwinden, mit langen, steilen Anstiegen und leichten Kletterstellen über den Besseggen.
Auch entlang dem Seeufer kann man in 3$^1/_2$ Std. zurück nach Gjendesheim gelangen – teilweise über Geröll.

4. Tag: Über den Besseggen-Grat

Eine empfindlich kalte Nacht liegt hinter uns. Eine Eisschicht hat sich auf dem Zelt und den Grashalmen gebildet. Wasser, das ich vor das Zelt schütte, gefriert innerhalb weniger Minuten. Auch ich habe die Klimabedingungen für Ende August unterschätzt und verwende meinen Sommer-Kunstfaserschlafsack (siehe Info-Teil: Schlafsäcke). Erst mit drei Bekleidungsschichten wird es einigermaßen gemütlich im Schlafsack. Langsam steigt die Sonne über dem Einschnitt des Sikkilsdalen empor und überflutet unseren Nachtplatz mit ihrer angenehmen Wärme.

Steil windet sich der Pfad über Geröllhalden und ausgesetzten Stellen entlang des Felsabbruchs hinauf. Mit zunehmender Höhe steigert sich die faszinierende Aussicht über den See. Bald erreichen wir den flachen Geröllrücken des *Veslefjellet*. Jede Vegetation tritt zurück und macht erodiertem Gesteinsschutt Platz. Auch dieser Bergrücken ist ein Teil eines harten Tiefengesteins, das sich vor etwa 400 Mio. Jahren als die sogenannte Jotundecke

fen am Gjende-See entlang, und das Boot,
das die Wanderer nach Memurubu bringt,
ist nur als winziger Punkt erkennbar.

In Norwegen zieren keine Gipfelkreuze
den höchsten Punkt, sondern einfache
Steinhaufen. Jeder Wanderer legt einen
Stein dazu. Auf dem Veslefjellet (1743 m)
bezeugt eine riesige Steinpyramide, wie
viele Menschen der Anziehungskraft des
Besseggen-Grates erlegen sind. Über
30 000 Menschen wandern jährlich innerhalb von knapp vier Sommermonaten die
Route zwischen Gjendesheim und Memurubu.

Nach Westen zu verschmälert sich der
Bergrücken zusehends, bis er über mehrere steile Felsstufen als scharfer Grat abfällt.

»Sahst du jemals nah den Gendin-Grat?
Der macht dir bange, eine halbe Meile lang,
wie 'ne Sense scharf ist der.
Über Schroffen, Ferner, Leiten und Geröll
darunter her siehst du da zu beiden Seiten
düstre Fluten, schwarz wie Sünde –
mehr denn fünfmalhundert Faden
geht es stracks hinab in Schlünde.«

So berichtete Henrik Ibsens Peer Gynt
nach seinem literarischen Bockritt über
den Gjendineggen – heute unter dem Namen Besseggen bekannt. Allerdings wan-
derte Henrik Ibsen nie selber über den
Besseggen. Nur so ist wohl zu erklären,
daß Peer Gynt den Sturz mit einem Rentier
hinab in den Gjende-See unbeschadet
überlebte.

Wirkliche Schwierigkeiten bereitet der
gut markierte Abstieg nicht. Schwindelanfällige sollten den Weg in umgekehrter

über das Land geschoben hat. Die glazia-
len Kräfte haben sich in verschiedenen
Regionen Jotunheimens unterschiedlich
stark ausgewirkt. Die großen Seen, wie
auch der Gjende, zeigen die durch Glet-
schererosion typischen Formen.

Hinter dem dunklen Gestein des Bess-
fjellet entdecken wir die Gletscherhaube
des Glittertinds. Auch unterhalb dessen
Gletschers liegt etwas Neuschnee. Wenige
Meter links des Weges rasten wir am Abbruch: Etwa 700 m bricht hier die Felswand zum Gjende-See ab. Tief unter uns
zieht sich der üppig bewachsene Uferstrei-

Je tiefer wir hinabsteigen, desto steiler und enger fällt der luftige Felsgrat des Besseggen zum Bessvatnet ab. Weitere 400 Meter tiefer schimmert das grüne Gletscherwasser des langgestreckten Gjende-Sees.

Richtung wählen, um den tiefen Abgrund nicht immer vor Augen zu haben.

Großartige Landschaftsbilder begleiten unseren Weg nach unten. Von tief unten leuchten die zwei Seen Gjende und Bessvatnet in unterschiedlichen Farben zu uns herauf. Der Bessvatnet, eingerahmt von den steilen Wänden des Besshø (2258 m), erhält seine dunkle, düstere Farbe von Regenwasser, während der Gjende-See, gespeist durch Gletscherwasser, in grünen Farben schimmert. Kleinste Gesteinspartikel, die der Gletscher aus dem Fels hobelt, werden mit dem Gletscherwasser in Richtung Gjende geführt. Die gröbsten Lehmpartikel sinken rasch zu Boden, während feinster Gesteinsstaub an der Oberfläche des Sees schwebt und durch die Lichtbrechung der Sonne eine Grünfärbung verursacht. Schätzungsweise 20000 Tonnen Moränenmasse gelangen so jährlich in den Gjende-See. 18 km lang zieht sich der Gletschersee tief ins Jotunheimen hinein. Auf beiden Seiten ragen gletscherbedeckte Berggipfel empor, wie der mächtige Knutsholstind (2341 m) und der Tjørnholstinden (2330 m).

Kojuk, den die Packtaschen natürlich

behindern, nehmen wir vorsichtshalber an die Leine und tragen ihn über die schwierigsten Passagen. Auf halbem Weg begegnen uns mehrere Schulklassen. Die meisten von ihnen haben nur Turnschuhe. Der Grat ist hier so schmal, daß wir aneinander nicht vorbeikommen und warten müssen, bis uns die endlose Menschenschlange passiert.

Nach fast 400 Höhenmeter Abstieg erreichen wir das grüne Ufer des *Bessvatnet* (erstes Wasser und Zeltstellplatz nach Veslefjellet). Nur ein schmales Felsband (Bandet) trennt den Bessvatnet von der Felswand, die weitere 400 m senkrecht zum Gjende-See abfällt. Auch dieser Felsriegel ist während der Eiszeit entstanden.

Zum Russvatnet   Im weiteren Wegverlauf wandern wir am Fuß des Besshø über einen Bergrücken (ca. 1550 m) zum *Bjørnbøltjørna* (-See, 1475 m) hinüber und erreichen nach einer weiteren halben Stunde die Abzweigung hinunter nach Memurubu (steiler Abstieg, 400 Höhenmeter). Wir schlagen jedoch den Weg nach Norden ein, hinab ins *nedre Russglopet*. Das saftig grüne, teilweise versumpfte Tal liegt bereits im Abendschatten der Berge. Vor uns spiegeln sich die sonnenbeschienenen Berghänge des Hestlægerhø im *Russvatnet*. Bis wir den See erreichen, ist die Dunkelheit weit fortgeschritten, und nur mit Mühe erkennen wir noch einen geeigneten Nachtplatz zwischen Weidebüschen.

5. Tag: Russvatnet – Glitterheim

Während des Teekochens tropft das gefrorene Kondenswasser unangenehm von der Zeltwand herab. Die Sonne sendet ihre Strahlen den Berggipfeln entgegen, während das Thermometer im Schatten des Talbodens Minus-Grade anzeigt. Langsam wandern die belebenden Sonnenstrahlen zu uns herunter, erwärmen die frostige Luft und trocknen das Zelt.

Das Südende des Russvatnet (-See, 1175 m) schneidet zwischen den dunklen Felswänden des Besshø (2258 m) und dem Gloptind (1678 m) tief hinein. Erst bei der See-Erweiterung, an den Resten der *Blackwellbua,* treten die nahen Berge etwas zurück. General Blackwell mietete vor mehr als 100 Jahren den ganzen See, um hier zu angeln, und mit seinem Freund Jo Gjende auf die Jagd zu gehen. Von links stürzt sich als kleiner Wasserfall der Glopåa den Wiesenhang hinab. Entlang des spiegelglatten Wassers des Sees erreichen wir über etwas sumpfiges Terrain die Kiesstrände der *Sundodden-Halbinsel* (herrlicher Nachtplatz). Nach kurzer Zeit steigen wir über einen steilen Moränenrücken den Hang hinauf. Der durch die Schlucht tosende Gletscherfluß *Blåtjørnåa* wird auf einer luftigen Hängebrücke überschritten. Nach einem weiteren kurzen Anstieg erreichen wir die Ebene östlich des Styggehøbretindane (2232 m). Der Blåbreen (-Gletscher) zieht sich mächtig zwischen den über 2300 m aufsteigenden Gipfeln bis zu unserer Höhe herab. Tief unter uns öffnet sich nach Osten das Tal, und der langgezogene Russvatnet geht in die weichen U-förmig ausgefrästen Geländestrukturen des Russdalen über.

Mehr und mehr durchsetzt sich der Boden mit Steinen. Auf dem *Paß* (ca. 1700 m) zwischen westlichem und östlichem Hestægerhø (1758 m und 1950 m) müssen wir ein großes steiles Schneefeld durchschreiten (unterhalb des Passes Zeltplatz mit faszinierender Aussicht auf Blåbreen). Oben erwartet uns verblocktes Gelände und erschwert uns zunächst den Abstieg hinab ins *Veodalen*. Gegenüber ragt der Glittertind in den Abendhimmel empor.

Langsam wird der steinige Boden wieder von der Vegetation abgelöst. Neben ausgedehnten Wollgrasflächen leuchten viele niedrige Pflanzen bereits in den Farben des Herbstes. Beim weiteren Abstieg wird uns erneut ein Blick hinauf ins Veodalen gewährt, wo sich die grelle Abendsonne langsam hinter den Bergen verabschiedet. Wir müssen uns beeilen, da das Tageslicht bereits gegen die Dämmerung ankämpft. In wenigen Minuten wird die Nacht zuerst von der Erde und dann auch vom Himmel Besitz ergreifen. Kurz vor der Brücke über den Veo-Fluß stehen gut ein Dutzend Zelte auf einer ebenen Weide. Hinter der Brücke müßten wir bereits für eine Übernachtung zahlen. So stellen auch wir das Zelt diesseits des Flusses auf.

In den ersten Septembertagen leuchtet das Leirungsdalen nahe Gjendesheim in den Farben des Herbstes.

6. Tag: Auf den Glittertind

Für die Besteigung des Glittertinds bleibt uns das gute Wetter der letzten Tage treu. Über die Brücke, die den Veo-Fuß überspannt, erreichen wir die große *DNT-Hütte Glitterheim*. Nach der raschen Erschließung Jotunheimens, Anfang des letzten Jahrhunderts, und der ersten touristischen Hütte am Tyinsee (errichtet 1869–71), entstand 1901 mit Glitterheim die erste winterisolierte Hütte der norwegischen Touristenvereinigung.

Glitterheim, über das Veodalen mit dem Auto erreichbar, ist idealer Ausgangspunkt für eine Besteigung des Glittertinds. Nur die letzten 8 km, die in den Nationalpark hineinführen, sind für den öffentlichen Verkehr gesperrt.

So verwundert es uns nicht, mehrere Fahrräder hier vorzufinden. Hinter Glitterheim steigt der Pfad bis zu einem Absatz nahe dem *Steinbuvatnet* (-See, 1500 m, Zeltplatz) an. Weit über uns ragt die eisbedeckte Spitze des Glittertind in den blauen Himmel. Lang und gleichmäßig zieht sich der Hang hinauf. Wir folgen der Markierung, die zunächst noch durch Wiesengelände führt, das bald jedoch von Geröllfeldern und Felsblöcken abgelöst wird. Auch einzelne Schneefelder liegen auf dem Weg. Es sind die Reste des Schnees, der erst vor ein paar Tagen hier gefallen ist. Nach etwa 2 Std. erreichen wir rechts des Glitterbreen (-Gletscher) den Bergkamm und blicken nach Norden auf die Schneefläche des Gråsubreen hinab. Viele Wanderer haben sich hier im Windschutz einiger Felsblöcke versammelt, bevor sie über den Gletscher hinauf zum Gipfel gehen. Zunächst zieht sich die Eisfläche noch fast eben dahin, doch je mehr wir uns dem Gipfel nähern, desto steiler ragt die mächtige Eiskappe vor uns auf. Die Sonnenstrahlen haben den Schnee aufgefirnt. Problemlos können wir uns sichere Tritte in das Eis schlagen. Nur knapp unter dem Gipfel kommen wir zu einer Stelle, wo blaues Eis durchschimmert und äußerste Vorsicht verlangt. Gerade im Spätsommer oder bei schlechter Witterung, wenn das Eis am Tag nicht weich wird kann dieses Schneefeld gefährlich hart und glatt sein.

Dann stehen wir auf der gigantischen Schneewächte des Glittertinds. Etwa 12 m dickes Eis liegt unter unseren Füßen. Gerade dieses Eis hat jahrzehntelang den Streit, welches der höchste Berg des Landes ist, verursacht. Doch mittlerweile ist es eindeutig geklärt. Selbst mit Gletscherhaube erreicht der Glittertind nur noch 2464 m (festes Gestein: 2452 m). Damit überragt ihn der Galdhøpiggen mit seinen 2469 m. Noch vor wenigen Jahrzehnten dominierte der Glittertind mit einer höheren Gletscherauflage diesen Wettstreit. In der Rezeption von Glitterheim kann man sich anhand eines alten Fotos von dessen ehemaliger Mächtigkeit überzeugen.

Wir genießen die überwältigende Aussicht, die sich uns hier bietet. Ein ganzes Meer von Gletschern, zergliedert von spitzen Graten, beherrscht das Bild im Westen. Der Blick reicht vom nahen Galdhøpiggen bis zu den Bergspitzen des Hurrungane am Horizont. Ganz anders dagegen das Panorama im Osten. Tief unter uns breitet sich das Gudbrandsdalen aus, und ganz in der Ferne sind die gewellten Bergkämme des Rondane zu erkennen. (Ein markierter Pfad führt vom Gipfel des Glittertinds nach Spiterstulen hinab, 3–4 Std., mit schwerem Rucksack beschwerlich.)

Auf dem Rückweg laufen wir, um den Weg abzukürzen, den spaltenlosen Glitterbreen hinab. Manchmal hören wir unter dem Eis das Rauschen eines kleinen Baches.

7. Tag: Grünes Veodalen und gletscherumrahmte Skautflya

In der Nacht kommt starker Südwind auf. Selbst Kojuk scheint beunruhigt. Sein anhaltendes Bellen kann ich erst beruhigen, als ich zu ihm hinauskrieche. Die Sterne über mir nehmen bereits undeutliche und verschwommene Umrisse an. Noch in der Nacht fällt der erste Regen. Jetzt am Morgen hängen die Wolken tief, von den umliegenden Bergen sind nur die ersten Meter der Schutthalden zu sehen. Talabwärts regnet es. Während der Startvorbereitungen nieselt es manchmal. Von unserem Nachtplatz bis Glitterheim ist es etwa 1 km. Dort erkundigen wir uns nach der Wettervorhersage. Die Prognosen kündigen einen anhaltenden Wetterumschwung mit ergiebigen Niederschlägen an. Den Gedanken, die Tour abzubrechen, verwerfen wir dessen ungeachtet, als es über dem Tal etwas aufhellt.

Wir verlassen Glitterheim und marschieren das Veodalen auf seiner Nordseite flußaufwärts. Unten, wo sich der Fluß in mehrere Arme teilt, zieht eine Renkuh mit ihrem Kalb durch den üppigen Vegetationsstreifen. Für Augenblicke bricht die Sonne durch die Wolkendecke und färbt die Landschaft in ein herbstliches Gelb-Orange. In Verbindung mit den tiefhängenden Wolken und trostlosen Schotterpartien ergeben sich eindrucksvolle Stimmungen. Ein breit ausgetretener Weg führt kaum merklich ansteigend das Tal hinauf. Vor uns bauen sich Bergriesen des Veotindane (2267 m) und des Leirhø (2330 m) auf und scheinen das Tal unüberwindbar abzuschließen. Von links windet sich die große Fläche des Veobreen herab. Gut sind die Moränen unterhalb des zurückgehenden Gletschers zu erkennen. Im Talboden mäandriert sein Gletscherwasser durch ein breites Kiesbett. Zwischen dem Veo-pallen (1847 m) und der schwarzen Fels-wand des Ryggehø (2142 m) öffnet sich ein Einschnitt in dem imposanten Talkessel. Beim Aufstieg über Geröllblöcke treffen wir ein deutsches Wandererpärchen. Sie prophezeien uns auf der anderen Seite eine öde, langweilige Hochebene vorzufinden. Über ein kleines Schneefeld erreichen wir die *Vesleglupen-Schlucht* (ca. 1670 m). Hier stoßen wir auf zwei Norwegerinnen. Im Gegensatz zu der vorhergehenden Begegnung erzählen sie von einem faszinierenden Plateau, umgeben von einem Panorama wildester Hochgebirgslandschaft. Hier zeigt sich, wie subjektiv jeder einzelne die ihm gebotenen Bilder und Empfindungen wahrnimmt und interpretiert.

Entlang der Schlucht kommen wir an drei kleinen Seen vorbei. Große Altschneeflächen ziehen sich bis zu ihnen herab. Eisige Windböen treiben leichte Nieselschauer zu uns herab. Mit einem Mal öffnet sich die Talenge, und wir überblicken die angesprochene Hochebene *Skautflya*. Weite, helle Geröllhalden drängen sich bis zu den in Nebel undeutlich zu erkennenden Bergkämmen. Linker Hand ziehen sich

die durch viele Spalten zerfurchten Gletscherströme des Veobreen hinab. In hellen Blauschattierungen leuchten sie unter den dunklen Wolken hervor. Pfad ist auf dem verblockten Terrain keiner zu erkennen und die Markierungen sind relativ weit auseinander. Bei Nebel sollte man sich entlang des Hanges auf der rechten Seite halten, um weiter unten auf den sichtbaren Weg zu stoßen.

»Hotel« Spiterstulen unter den Gletscherströmen des Galdhøpiggen

Über der Ebene hellt die Wolkendecke etwas auf, scharfe Windstöße treiben aber öfter Regenwolken von den zurückliegenden, tief verhangenen Bergspitzen heran. Als zwei winzige rote Punkte und ein schwarzer Hund bewegen wir uns über eine eigentümliche Steinwüste, eingerahmt von drohend und unzugänglich aussehenden Bergen. Bis zur Abzweigung, rechts auf den Glittertind, wechselt der Untergrund wieder zu leicht begehbarem Wiesenboden. Vor uns schneidet das Visdalen tief in die Berge hinein. Als kleiner Punkt sind die Gebäude von Spiterstulen erkennbar. Gegenüber breiten sich riesige Gletscherflächen unter dem

---

Auf den Galdhøpiggen

Aufstieg 4 Std., Abstieg 2 Std.
Von *Spiterstulen* bereitet der Aufstieg bei guten Wetterverhältnissen keine großen technischen Schwierigkeiten. Allerdings benötigt man für die 1400 Höhenmeter eine gewisse Kondition, und der Weg mag etwas eintönig wirken, da wir den Gipfel erst zum Schluß ins Blickfeld bekommen. Oben angelangt, wird das gebotene Panorama jede Mühe sofort vergessen lassen. Bei guter Sicht überschauen wir 35 000 km² vergletscherter Bergwelt. Eine Orientierungsscheibe errleichtert die Bestimmung anderer Gipfel. Knapp unterhalb des Gipfels bietet die kleine Volehytta Schutz bei einem etwaigen Wetterumsturz.
Von Spiterstulen aus überquert der Pfad auf einer Brücke den Visa-Fluß und windet sich steil entlang des Piggrovi-Bachs den Hang hinauf. Auf 1700 m Höhe gelangen wir auf ein Plateau unterhalb des *Svellnosa* (2053 m). Über diesen und den *Keilhaustopp* (2351 m) bewegen wir uns auf beschwerlichen Blockfeldern und Schnee. Leicht bergab, überschreiten wir den spaltenfreien *Piggbreen* und erreichen nach einem letzten Anstieg den Gipfel.

Galdhøpiggen-Massiv aus. Den Blick auf die Spitzen verwehrt uns allerdings eine Wolkenbank. Über 400 Höhenmeter müssen wir den steilen Hang ins Tal absteigen. Den letzten Kilometer geht es auf der mautpflichtigen Straße nach *Spiterstulen*. Es ist Wochenende, und so ist der Parkplatz gut gefüllt.

Die »Siedlung« Spiterstulen entstand aus einer ehemaligen Seter (Alm), wurde schon 1836 zum ersten Mal für Touristen ausgebaut und entwickelte sich bis heute zu einem Luxusberghotel mit Hallenbad und Sauna. Dementsprechend vornehme Atmosphäre empfängt uns im Hauptgebäude. Kojuk muß, wie übrigens überall in Norwegen, draußen bleiben. So schön es auch sein mag, hier ein nettes Wochenende zu verbringen, wir sind ungepflegt, tragen schmutzige Kleidung und sind auf das hier Gebotene nicht eingestellt. Kurzum, wir fühlen uns nicht besonders wohl. So kehren wir Speisesaal und Abendkleid den Rücken und betreten das Freie. Doch Kojuk ist weg, mitsamt dem an ihm hängenden Rucksack. Unsere Entrüstung Kojuk gegenüber bleibt unbegründet. Nette Menschen haben ihn zu einem für Hunde hergerichteten Platz gebracht.

Die Berge versinken bereits in den blauen Schleiern des Abendnebels und sehen düster drein, als wir talaufwärts einen Platz für das Zelt suchen. Wir wurden angewiesen 1 km Mindestabstand einzuhalten. Das Hotel mit seinem Lichtermeer erinnert mich an das festliche Aussehen eines Kreuzfahrtschiffes im Geirangerfjord. An der Nationalparkgrenze bauen wir das Zelt auf. Auch Kojuk erhält heute seine Regenschutzplane. Über einen Teleskopstock fixiert und mit Leinen und Steinen nach drei Seiten zu Boden gespannt, sollte sie ihn vor Regen und Wind schützen. Der nahe Visa-Bach übertönt mit seinem gleichmäßigen Rauschen angenehm die Stimme der Zivilisation.

8. Tag: Spiterstulen – Leirvassbu

Über den Bergen hängt nach wie vor der Nebel. Kein Wind bewegt die Zelthaut. Nachts hat es geregnet. Der Blick geht hinauf zu den mächtigen Bergen, von denen zerfurchte Gletscherzungen weit herabhängen. Rechts bricht der Bukkeholsbreen steil zwischen den Felswänden herab. Wir müssen die Besteigung des Galdhøpiggen auf einen anderen Zeitpunkt verschieben.

Liebliches Visdalen am Fuß der »Kirche« Unzählige Spaziergänger wandern an unserem Zelt vorbei. Ein breiter Weg leitet uns zunächst zum Hellstuguåa-Bach. Auf einer schwankenden Hängebrücke überqueren wir das durch die Schlucht gischtende Wildwasser. Danach sind wir wieder allein. Für die Sonntagsspaziergänger scheint die schwankende Konstruktion zu unsicher. Die heutige Tagesetappe wird die einfachste dieser Tour. Den ganzen Tag durchschreiten wir das liebliche *Visdalen*. Dieses Tal zeigt die typischen Spuren des Eisflusses vergangener Tage. Gewaltige Eismassen haben aus einem ehemaligen V-Tal die weichen Formen eines U-Tales herausmodelliert. Üppige Vegetation wächst an unserem Weg. Von Tag zu Tag verstärken sich die Farben des Herbstes. Mittlerweile haben sich ausgedehnte Flächen mit tiefem Rot überzogen.

Bald erscheint das Wahrzeichen des Tals vor uns. Die *Kyrkja* (Kirche), ein imposanter kegelförmiger Berg, wacht als einsamer Riese über dem Tal. Zu dem an seinem Fuße liegenden *Kyrkjetjørna* (-See, 1465 m, sehr schöne Nachtplätze) steigen wir über eine große Kiesmoräne hinauf. In nur geringem Abstand zu uns fließt der Visbreen herab und vervollständigt diesen großartigen Talabschluß. Durch die Schlucht zwischen der Kyrkja (2032 m) und dem Tverrbytthornet (2102 m) ziehen sich Geröllfelder bis nach *Leirvassbu*. Der über eine Straße erreichbare Berggasthof wirkt ziemlich verlassen. Tatsächlich ist mit dem heutigen Tag die Saison zu Ende. Während wir die einzig erhältliche Mahlzeit, Sandwich mit Spiegelei, zu uns nehmen, hüllen dunkle Wolken die umgebenden Berge ein.

Wir folgen wenige hundert Meter der Straße nach Süden, bis unser Weg abzweigt und steil zum *øvre Høgvagltjørnene* (1465 m) ansteigt. Auf dem Bergkamm erwartet uns ein glattes Schneefeld. Düster liegt der *Langvatnet* (-See, 1368 m) vor uns. Steile Berghänge, mit weißen Schneefeldern gesprenkelt, umgeben ihn. Erste Sturmböen und Regenschauer zwingen uns, auf den nassen Moosflächen einen Stellplatz für das Zelt zu suchen. Kojuk verkriecht sich sofort unter seinem Wetterschutz und wird sich erst wieder zeigen, wenn wir am nächsten Morgen die Plane abbauen.

9. Tag: Durch den wilden Osten

Allen Wettervorhersagen zum Trotz reißt der Wind einige blaue Öffnungen in die tiefe Wolkendecke. Nur zeitweise treibt er einige Regenwolken über das Tal und überrascht uns mit heftigen Regengüssen. Am *Langvatnet* treffen wir zwei Männer von der Nationalparkverwaltung. Sie haben ihre Rucksäcke mit Fischlaich beladen, den sie hier im See entlassen. Hier finden sich auch noch einige grüne Matten. Doch als wir den Kessel zum *Raudalsbandet* betreten, ändert sich schlagartig das Landschaftsbild. Die Berge treten nahe zusammen, und wilde Geröllhalden, Steinblöcke und Steilstufen müssen über-

wunden werden. Der Bach aus dem See (1456 m) stürzt sich über blanke Felsstufen hinab. Parallel zu ihm müssen wir den Hang emporklettern. Zum Glück ist das Gestein nicht mit Flechten bedeckt und so auch im nassen Zustand recht griffig. Unterhalb des austre Raudalstind (2068 m) liegt ein fast senkrecht abfallendes Schneefeld im Hang. Die fragwürdige Markierung durchquert es an seiner steilsten Stelle. Ohne Steigeisen ist hier kein Durchkommen. So müssen wir es mühsam über Fels umgehen. Die Bergwelt hier im Südwesten Jotunheimens ist wesentlich rauher, schwarzer Fels, gespickt mit weißen Schneeresten, wilde bachbettlose Rinnsale strahlen jedoch eine eigene Faszination aus.

Auch auf der anderen Seite des Bergkamms Raudalsbandet folgen wir einem Wasserlauf. Die Markierung verläuft sowohl rechts auch als links des Baches, manchmal mitten hindurch. Etwas irritiert überspringen wir mehrmals den Bach, bis wir an seinem linken Ufer andeutungsweise den Pfad erkennen. Die DNT-Hütte *Olavsbu* bleibt uns bis zum Schluß verborgen, doch bestätigt uns der markante rundgeschliffene Felsstumpf des Olavsbunuten (1970 m), an dessen Fuß sie liegt, deren Nähe. Knapp vorher wird der Blick auf das wilde Raudalen auf der rechten Seite frei. Schroffe Berge und Geröllflächen lassen der Vegetation kaum Platz.

Die Dämmerung senkt sich bereits über das wolkenverhangene Gebirge, als wir Olavsbu erreichen. Sie ist relativ gut besucht. Die Hüttenwärterin weist uns an, sparsam mit den Lebensmitteln umzugehen, da sie nun am Ende der Saison fast aufgebraucht sind, und deren Transport mühsam und kostspielig mit dem Helikopter geschieht. Wir warten noch den Wetterbericht um 18 Uhr ab, bevor wir uns einen Platz für das Zelt suchen wollen.

Mit den deutlich kürzer werdenden Tagen Anfang September wechseln die Farben der bodennahen Pflanzenwelt fast explosionsartig, bis sie eine prägnante Rotfärbung erreichen, die selbst an trüben Regentagen eine leuchtende Frische ausstrahlt.

Anhaltender Regen wird prophezeit. Tatsächlich peitschen Sturmböen den Regen waagrecht heran, als wir hinter einem nahen Felsblock auf einer nassen Moosfläche einigermaßen geschützt unser Zelt errichten. Kojuk verkriecht sich sofort in einer kleinen Felsspalte. Wir brauchen ihn nicht einmal an die Leine zu nehmen.

10. Tag: Olavsbu – Eidsbugarden

Heute läßt das gebotene Bild keine Hoffnung mehr auf Wetterbesserung zu. Graue Regenwolken hängen bis ins Tal herab. Regenschauer peitschen über den nahen See. Bereits der Wegverlauf entlang des Sees 1444 m knapp hinter Olavsbu zeigt, was uns heute noch erwartet. Über glitschige Felsblöcke kriechen wir teilweise auf allen vieren dahin. Am steilen Hang südlich des Olavsbunuten wird es etwas leichter. Auf glatten Felsplatten gewinnen wir rasch an Höhe. Oben queren wir ein Plateau aus Fels, Wasser und Eis. Schneefelder und teilweise zugefrorene Seen liegen auf dem Weg. Den Hang am oberen

Sjogholsvatnet (1488 m) prägen wieder ausgedehnte Flächen mit Felsblöcken. Ein neuer Wegweiser leuchtet einsam aus der schwarzen Felswüste hervor. Rote Markierungspunkte verlaufen pfadlos in verschiedene Richtungen. Auf dem Bergkamm, der uns vom Mjølkedalen trennt, verlieren wir kurz die Markierung und stehen plötzlich vor einem Abgrund. Unter uns erkennen wir deutlich den Weg durch das Mjølkedalen. Links scheinen die undeutlichen Konturen des store Mjølkedalsvatnet durch die Nebelfetzen durch – unser nächstes Ziel. Schwere Regentropfen und Sturmböen sind unsere weiteren Begleiter. Die Lederstiefel sind mittlerweile völlig durchtränkt. Auch der Blick auf den Mjølkedalsbreen, nur knapp hinter dem See, kann in uns keine Wogen der Begeisterung mehr hervorrufen. Beim steilen Abstieg zum *Gjende-See* fegt der Wind dichte Wolkenballen durch die Schlucht. Erst knapp vor den ersten Hytter (Wochenendhäuser) schimmert das dunkle Wasser des Sees durch. Eidsbugarden ist erreicht, der Kreis durch die Bergwelt Jotunheimens ist geschlossen.

Tourenprofil: Der Jotunheimen-Nationalpark

Tag	Strecke	Höhe	Entfernung	Gehzeit	Pässe/Bemerkungen
	Start: Fondsbu (Eidsbugarden)				
	Boot nach Torfinnsbu	1065 m			
1.	Gjendesheim	995 m	24,5 km	8 Std.	Leirungstjørnene, 1678 m
2.	Memurubu	1008 m	13 km	6 Std.	Veslefjellet, 1743 m
3.	Glitterheim	1384 m	18 km	7 Std.	Hestlægerhø-Paß, 1560 m
4.	Glittertind (Gipfel)	2464 m	(6+6 km)	5 Std.	Aufstieg 3 Std., Abstieg 2 Std.
5.	Spiterstulen	1106 m	16 km	5 Std.	Veslglupen, 1670 m
6.	Leirvassbu	1400 m	15,5 km	5 Std.	Kyrkeglupen, 1480 m
7.	Olavsbu	1440 m	10,5 km	4 Std.	Raudalsbandet, ca. 1580 m
8.	Endpunkt: Fondsbu	1065 m	12 km	5 Std.	ca. 1600 m (Eidsbugarden)
	Total etwa:		109,5 km	8 Tage	

Hütten dieser Tour

Name	Typ	Betten	Schlüssel	Öffnung	Sonstiges
Fondsbu	B	92	–	20.06.–17.09.	
Torfinnsbu	Bp	36	–	01.07.–03.09.	
Gjendesheim	B	185	–	09.06.–17.09.	
Memurubu	Bp	150	–	16.06.–17.09.	Rabatt für DNT
Glitterheim	B	185	–	23.06.–10.09.	
Glitterheim	S	8	std.	Gj nur außerhalb Saison	
Spiterstulen	Bp	150	–	20.06.–01.11.	U – ab Mai
Leirvassbu	Bp	190	–	30.06.–03.09.	Rabatt für DNT
Olavsbu	S	40	std.	15.02.–15.10.	

Nützliche Hinweise

Ausgangsort: Torfinnsbu am Bygdin-See, erreichbar mit dem Linienboot.
An-/Rückreise: Eidsbugarden: 2mal täglich Bus von Tyinkrysset (ca. vom 24.6. bis 3.9.), von Tyinkrysset mehrmals täglich Anschluß nach Årdalstangen und Oslo. Gjendesheim, Bygdin und Bessheim werden 2mal täglich von Otta bzw. Gol (Fagernes) angefahren.
Spiterstulen: 1mal täglich von Lom (ca. 1.7. bis 20.8.).
Juvasshytta (unter Galdhøpiggen): 2mal täglich von Otta (ca. 1.7. bis 20.8.).
DNT fährt mit eigenen Bussen direkt Glitterheim (Nationalparkgrenze), Sognefjellhytta, Gjendesheim und Liomseter an. Infos bei DNT/Oslo.
Bootsverbindungen: Bygdin-See: 2mal täglich (ca. 24.6. bis 3.9.) verkehrt die »Bitihorn« zwischen Bygdin–Torfinnsbu–Eidsbugarden. Start Bygdin 09.30 und 14.30 Uhr, Start Eidsbugarden 12.15 und 16.45 Uhr.
Gjende-See: Hochsaison (ca. 1.7. bis 19.8.) bis 4mal täglich Gjendesheim – Memurubu – Gjendebu, Nebensaison (ca. ab 16.6. und bis 17.9.) 1mal täglich.
Markierung: Jotunheimen zählt zu den am besten erschlossenen Gebieten Norwegens; die Wege sind dementsprechend aufmerksam markiert und großteils breit. Die Gletscher sind unmarkiert. Auf steinigem Untergrund ist bei schlechter Sicht Vorsicht geboten – Karte!
Geführte Gletschertouren: Mehrere hochalpine Routen führen über Gletscher, die teilweise gefährliche Spalten aufweisen. DNT bietet über folgende Gletscher in der Hochsaison täglich geführte Touren an (Rabatt für DNT-Mitglieder):
Smørstabbreen: ab Krossbu und Leirvassbu (6–7 Std.).
Fannaråken: Treffpunkt am Gletscherrand, Anmeldung bei der Sognefjellhytta.
Galdhøpiggen: von Spiterstulen über Svellnosbreen bzw. von Juvasshytta über Styggebreen
Hütte/Zelt: Dichtes Hüttennetz (DNT- und Privathütten), überall Zeltstellplätze.
Beste Wanderzeit: Mitte Juli bis Anfang September.
Schuhwerk: Bergstiefel.
Karten: Turkart 1:100000 Jotunheimen oder Top. Karte Serie M711 1:50000, Tyin 1517I, Gjende 1617IV, Glittertinden 1618III, Galdhøpiggen 1518II.

6 Wintereinbruch am Polarkreis
Oktober im Saltfjellet-Nationalpark

Im Jahr 1989 wurde mit dem Saltfjellet-Nationalpark (1840 km²) ein Naturschutzgebiet geschaffen, das gemeinsam mit weiteren sieben nahe liegenden Nationalparks zu den letzten nahezu unberührten Wildnisgebieten Europas gehört. An seiner Westseite befinden sich die zwei getrennten Eisflächen des Svartisen, der mit 369 km² der zweitgrößte Gletscher Norwegens ist. Im Osten bestimmen die weicheren Linien und ausgedehnte Tundralandschaften des Saltfjellet-Massivs das Landschaftsbild. Tiefe vegetationsreiche Täler durchschneiden die Gebirge, die über 1700 m emporragen und unzählige kleinere Gletscher tragen. Entlang der Talzüge läßt sich das Gebiet relativ einfach durchwandern. In höheren Lagen nimmt die Vegetation rasch ab, um bereits in 650 m Höhe von der Fjellvegetation des Kahlfjells abgelöst zu werden. Aber in den tieferen Lagen konnte sich nach den Vergletscherungen der letzten Eiszeit nur eine relativ dünne Eisschicht bilden, die von den häufigen Regenfällen permanent aufgeweicht ist und das Wandern erschwert. Einige Samenfamilien treiben während der Sommermonate ihre Rentiere in dieses Gebiet. Eine große Anzahl von Hütten und markierte Wanderwege erschließen große Teile des Gebiets, und lassen relativ einfach das Flair des Abenteuers in einsamer Urlandschaft erleben.

Kurzcharakteristik

Faszinierende, wenig begangene Wanderung in einem der letzten Wildnisgebiete Europas. Fruchtbare Täler wechseln mit vegetationslosen Fjellandschaften. Die regionalen Bergvereine haben in den letzten Jahren in aufwendiger Arbeit neue Brücken gebaut und die Wege ausgezeichnet markiert. Trotzdem können einige Bäche während der Schneeschmelze (Frühsommer) Hindernisse darstellen. Teilstück der »Nordlandsroute«.
Gesamtdauer: 4 Tage
Streckenlänge: 52 km
Kartenskizze: Siehe rechte Seite

1. Tag: Letzte Herbsttage im Lønsdalen

Es ist Anfang Oktober, die Zeit, in der man hier in Nordnorwegen eigentlich schon mit dem Wintereinbruch rechnen muß. In den Bergen von Narvik ist auch schon der erste Schnee gefallen. Vom schwedischen Abisko kommend erwischte mich der Wintereinbruch. Das Bjørnfjell war bereits tief verschneit und nur mit Mühe gelangte ich hinunter zum Ofotfjord nach Narvik. Keine Chance, hier in den Narvik-Bergen noch die geplante Tour zu starten. In den Fernsehnachrichten brachten sie einen Bericht vom Saltfjellet, wo die neuen Brücken für die Eisenbahn über den Polarkeis noch in Eile vor dem Wintereinbruch montiert wurden. Die TV-Bilder gaben mir Hoffnung. Das Saltfjellet ist noch schneefrei, nur die höher gelegenen Berge scheinen eine dünne Schneedecke erhalten zu haben. Und der Wetterbericht sagt ein Atlantiktief voraus. Das bedeutet Regen, aber auch warme Temperaturen.

Am nächsten Tag erreiche ich *Lønsdal,* eine Bahnstation nördlich des Polarkreises. Die Birken im Lønsdalen tragen noch den letzten Schmuck der Herbstfärbung. Doch deren Tage sind gezählt. Jeder Windstoß wirbelt die Blätter durch die Luft. Die Vegetation bereitet sich auf den langen Winterschlaf vor.

Doch heute wärmt die Sonne angenehm vom Himmel, als ich bei der Bahnstation den Schlüssel für die Saltfjellstua abhole. Gegenüber dem Bahnhofsgebäude startet der markierte Wanderweg. Jetzt um 14.35 Uhr steht die Sonne bereits sehr tief und überflutet das Tal und die angrenzenden Berge mit ihren weichen Strahlen. Durch Birkenwald, über Wiesenboden und glattgehobelte Felsplatten steigt der Pfad den Hang hinauf. Die sumpfigen Stellen sind von den letzten frostreichen Tagen steinhart gefroren. Schnell schrumpft das rote Bahnhofsgebäude vor der imposanten Kulisse des Solvågtind und des Båtfjellet zu Modellbaugröße zusammen. Nach einer halben Stunde erreiche ich einen kleinen Bergrücken. Vor mir breitet sich dunkel der bereits im Schatten der Berge liegende Kjemåvatnet (626 m) aus. Der Weg führt an seinem Südufer durch einen niedrigen Birkenwald und ist wohl im Sommer sehr sumpfig, denn es besteht die Möglichkeit, dieses Terrain auf einem 1 km langen beschilderten Umweg zu meiden. Dieses Problem besteht jetzt nicht. Ganz im Gegenteil. Um zu Wasser zu kommen, muß

ich die vereiste Oberfläche des kleinen Baches mit einem Stein aufschlagen.

Etwas steiler geht es in den Einschnitt zwischen dem vergletscherten Addjektind (1444 m) und dem Kjemåfjellet (972 m) hinein. Langsam wandert der Abendschatten die Berge im Osten hinauf. Nur noch ihre Spitzen werden von den Sonnenstrahlen beleuchtet, als sich das Tal vor mir öffnet und der Blick auf den vergletscherten, nun mit einer dünnen Neuschneedecke bedeckten Lønstinden freigibt. Hier finde ich zwischen Gletschermoränen einen ganz ausgezeichneten Lagerplatz mit freiem Blick auf die fernen Berge im Osten, die sich mit den Schleiern des Abendnebels überziehen. Unter dem freien Abendhimmel gibt es heftigen Frost. Die in der Luft befindliche Feuchtigkeit schlägt sich auf dem Zelt nieder und bildet innerhalb Minuten einen weißen Eispanzer. Wie Watte kriecht der Nebel aus dem Tal die Berge hinauf und hüllt zeitweise auch mich ein. Nach dem Abendessen lege ich mich mit dem Kopf in die offene Apsis des Zeltes, denn mit der Dunkelheit zucken die ersten grün-gelben, manchmal auch rot gefärbten Schleier des Polarlichtes über den Sternenhimmel. Über eine Stunde liege ich so regungslos, mich dem Naturschauspiel hingebend. Irgendwann kriecht der Vollmond über den Horizont, spiegelt sich in den schneebedeckten Gipfeln und wirft lange Schatten. Allerdings hat der Mond einen matten, außen von Regenbogenfarben umgebenen Hof – und der verspricht für die nächsten Tage nichts Gutes.

2. Tag: Ein Atlantiktief vertreibt den Frost des ersten Winters

Heute morgen zeigt die Natur ein ganz anderes Aussehen. Tief hängen die Wolken herunter und verdecken die Gipfel. Auch die Temperatur ist stark gestiegen. Die vorhergesagte feuchtwarme Südströmung hat mich erreicht. Wobei unter »Wärme« Temperaturen knapp über dem Gefrierpunkt zu verstehen sind. Mußte ich gestern abend die Zeltheringe mit einem Stein in den hartgefrorenen Boden schlagen, lassen sie sich heute butterweich aus dem aufgetauten Erdreich herausziehen.

Wenige Minuten nach dem Start erreiche ich den *Kjemåelva (-Fluß),* der tief unter mir in den Kjemåvatnet mündet. An seinem Ufer befindet sich ein Schild »Alternativrute ved Flom« – ein Umweg, der bei Hochwasser während der Schneeschmelze ein Umgehen des Baches ermöglichen soll und talaufwärts wieder auf die Hauptroute führt. Jetzt führt er wenig Wasser und ein Queren wäre problemlos möglich, wären die Felsplatten und Steinblöcke im Bach nicht mit einer dicken Eisschicht bedeckt. Vorsichtshalber wähle ich einen Weg durchs Wasser. Vor der Tour habe ich meine Lederstiefel eingeölt und gewachst. Jetzt sehe ich mit Befriedigung,

Die feinen Tropfen eines Sprühregens verzieren die zarten Blätter dieser Moltebeeren-Blüte.

wie das Leder unbeeindruckt das Wasser abperlen läßt.

Winter im Steindalen   Weiter geht es rechts den Hang am Fuß des *Addjektind* entlang. Erste kleine Schneeflächen liegen auf meinem Weg in das bald ebene, wannenförmige Tal. Ein zweites Mal durchfurtet der Pfad den *Kjemåelva*. Hier ist das Ufer mit einem breiten Eisstreifen besäumt.

Ab jetzt geht es ständig, aber nicht steil, in das Steindalen hinauf. Die Schneemenge nimmt mit der Höhe zu. Die Route ist gut markiert, so daß ich trotz des nicht erkennbaren Weges keine Orientierungsprobleme habe. Dann tauche ich in den Nebel ein. Die Seen, an denen ich im *Steindal* vorbeikomme, bleiben unsichtbar. Hier gibt es, wie der Name schon andeutet, nur noch Steine und Felsbrocken. Es ist nun ein schwieriges und langsames Vorankommen. Ich muß von Stein zu Stein springen, weil ich nicht erkennen kann, wie tief der Schnee dazwischen ist. Öfter versinke ich mit einem Fuß oder die Stöcke sinken beim Abtasten der nächsten Trittmöglichkeit fast bis zum Griff ein. Kleine Bäche unter der Schneedecke und die ständige Suche nach der nächsten Markierung fordern eine hohe Konzentration. Es nervt, ich krieche ohne ein Gefühl für meinen Standort dahin, ohne zu spüren, ob es bergauf oder bergab geht. Für 5 km benötige ich fast 2 Std. Mittlerweile jagt der heftige, stoßweise Wind Nebel in dichten Ballen heran. Plötzlich zeichnet sich das ersehnte Tal durch die Nebelschwaden ab, und ich stehe an der Abzweigung zur Saltfjellstua bzw. Midtistua. Ich empfinde es wie den Anbruch eines neuen Tages, als ich trotz Sturm und einsetzendem Nieselregen den Weg einschlage, der mich über nasse Wiesen, vorbei an Moränenhügeln die zum Campen einladen, hinab zum

Bjøllåvatnet (-See, 632 m) und weiter zur *Saltfjellstua* führt. Mein Schritt wird immer schneller, die hereinbrechende Dunkelheit treibt mich voran. Kurz vor der Hütte erreiche ich die Schlucht, durch die sich der Nordstillelva windet. Das wild schäumende Wasser überspannt eine große Hängebrücke. In dem in geheimnisvoller Dämmerung liegenden Wald taucht die Hütte vor mir auf. Aber mich erwartet eine Enttäuschung. Die Saltfjellstua, für die ich den Schlüssel dabei habe, wurde abgerissen. Vor mir präsentiert sich ein größerer Rohbau. Die zweite Hütte, die gleich daneben steht, gehört der Rana Turistforening, und die verwenden einen anderen Schlüssel. So bleibt mir nichts anderes übrig, als im Schein der Taschenlampe das Zelt aufzustellen.

3. Tag: Saltfjellstua – Bjøllådalen

Die ganze Nacht prasselt der Regen auf das Zeltdach. Morgens verdecken tiefliegende Wolken die Berge. Nebelfetzen hängen über dem Tal. Doch überrascht stelle ich während des Frühstücks fest, daß nicht nur der Regen aufhört, sondern der Wind sogar blaue Löcher ins Grau reißt. Die willkommene, wärmende Sonne sorgt dafür, daß ich später als beabsichtigt aufbreche, denn ich warte, bis das Zelt fast trocken ist.

Durchs sumpfige Bjøllådalen   Der hier gut sichtbare Pfad folgt dem Flußlauf auf der rechten Hangseite abwärts. Die meiste Zeit geht es durch Birkenwald und über grüne Wiesen, aber auch tiefer Morast ist zu bewältigen. An den Bergen im Westen des Tals kleben tiefhängende schwarze Regenwolken. Immer wieder reißt der Wind ein Stück von ihnen los und treibt sie mit hoher Geschwindigkeit über

Anfang Oktober liegt das Bjøllådalen im Saltfjellet-Nationalpark in einem toten, trostlosen Grau. Bald wird die leblose Vegetation unter weißen Schneemassen begraben sein.

das Tal, bevor sie sich mit den Regenwolken auf der Ostseite vereinigen und für kurze Zeit zur Ruhe kommen. So wechselt das Wetter ständig. Sonnenstrahlen zeichnen Farbtupfer ins Tal, kurze Regengüsse überraschen mich, um in Begleitung von Regenbögen wieder abzuziehen.

Auf der gesamten Tour treffe ich keinen Menschen. Die Saison ist längst zu Ende. Es ist ein neues und faszinierendes Gefühl durch eine Landschaft zu wandern, die den Herbst bereits hinter sich hat und nur noch auf den langen Winter wartet. Die weißen Stämme der blattlosen Birken heben sich kontrastreich von dem Grüngrau der niedrigen Vegetation ab. Weite Flächen dieser nackten Bäume beherrschen das Bild, umgeben von den steilen Hängen des sich immer tiefer eingrabenden Tals. In den höheren Lagen liegt noch der kürzlich gefallene Schnee, aber er wird in den nächsten Tagen noch einmal weichen müssen.

Zwei Bäche muß ich auf den nächsten 2 km queren. Den ersten überspringe ich auf einigen Steinen (herrlicher Zeltplatz – grüne Wiese mit Feuerstelle). Beim nächsten Bach bin ich aber gezwungen, mit Turnschuhen durch das eiskalte Wasser zu gehen.

Die Steinstua – Notunterkunft mit Atmosphäre Nach einer Stunde Gehzeit liegt die *Steinstua* vor mir. Die einfache Steinhütte gehört der staatlichen Forstverwaltung und ist für Wanderer immer offen. Sie wurde bereits um 1860, gleichzeitig mit dem Bau der Telegrafenleitung, hier errichtet. Um die Jahrhundertwende wurden in einem Abstand von 10 km neue Hütten aus Holz aufgestellt. Statt der Steinstua diente nun die 1 km südlich gelegene Krukkistua als Telegrafenhütte. Die Steinstua verfiel. Im Jahr 1982 begann man mit ihrer Restaurierung. Sie dient nun Wanderern als einfache Unterkunft. Außer ein paar rohen Bänken und einem Tisch vervollständigt ein offener Kamin das Inventar. Laut Tagebucheintragungen dürfte dieser jedoch nicht sehr funktionstüchtig sein.

Das Tal verbreitert sich nun allmählich. Unter mir schlängelt sich der *Nordstillelva* in langen Windungen durch die versumpfte Ebene. Auch der Pfad führt nun zum Fluß hinunter. Eine Herde Rentiere zieht über die Niederung, die Köpfe zum Äsen zu Boden gerichtet. Aber sie sind aufmerksam. Wie auf Kommando heben sie die Köpfe und starren in meine Richtung. Sekunden später jagen sie den Fluß entlang davon, um nach wenigen hundert Metern wieder zur Ruhe zu kommen.

Vor mir tauchen die Umrisse der *Krukkistua* zwischen den schütteren Birken auf. Mit ihrem schwarzen Anstrich und dem verwitterten Grasdach fügt sie sich harmonisch in die sie umgebende üppige Pflanzenwelt ein. Hinter der Hütte stürzt sich ein kleiner Wasserfall einen überhängenden Fels herab. Gleich neben der Krukkistua steht noch die *Sikringshytta*. Sie gehört ebenfalls dem Bodø og Omegns Turistforening (beide Hütten sind immer offen und mit Kocher, Töpfen und Besteck ausgestattet).

Der Weg zieht sich nun unten am Talrand entlang. Der Fluß verwandelt die Senke in einen riesigen Sumpf. Manchmal führt auch der Pfad durch die Randgebiete dieses Moorgebiets. Um die Bergstiefel nicht allzu schnell zu durchtränken, versuche ich dem nassen Boden so gut es geht auszuweichen. Bald erreiche ich die Abzweigung ins Tespdalen. Allerdings ist die Wegkreuzung wesentlich früher, als in meiner Karte angegeben. Die neue Wegführung verbleibt unten, nahe am Wasser. So erspare ich mir über 100 Höhenmeter, die ich nach gut 1 km später wieder zum Fluß hinabsteigen müßte. Der neue Weg ist außerordentlich gut markiert. Alle 2 bis 3 m ist ein Baum oder ein Stein rot angestrichen. Allerdings ist noch kein Pfad ersichtlich. Sumpfgebiete wechseln nun ständig mit Birkenhainen, deren Bäume im malerischen Durcheinander wachsen. Die zu dieser Jahreszeit schon nackten Baumskelette nehmen ein lebloses Aussehen an; die Natur ist in einen schläfrigen Zustand versunken. Durch die

Schneelast des Winters biegen sich viele Äste tief zu Boden. Abgebrochene Bäume verlegen oft den Weg. Eingerahmt wird dieser spektakuläre Bruchwald von steilen Hängen beidseits des Tales. Die vergilbenden Gräser des Moores leuchten unter den Sonnenstrahlen in farbenfrohen Orangetönen. Höher hinauf verlieren sich die Farben und gehen in das Grau der Schotterhalden und des Felsens über.

Oftmals stehen die Wiesen unter Wasser. Es bleibt mir nichts anderes übrig, als minutenlang mit den Lederstiefeln durch knöcheltiefen Morast zu stapfen. Langsam nimmt der Schuh Wasser auf.

Eigentlich wollte ich heute noch bis zur Brücke über den Nordstillelva kommen. Doch 1 km vor der Brücke durchfurtet der Pfad einen Bach. Durch die letzten Niederschläge und Schneeschmelze in den Bergen führt er Hochwasser. Die Weiden-

Beiderseits des Bjøllådalen krallen sich die Regenwolken des Atlantiktiefs fest. Nur über dem Tal vermag der Wind noch Löcher in die Wolkendecke zu reißen.

Oberhalb des Bjøllådalen bietet die Steinstua, eine ehemalige Telegrafenhütte, dem Wanderer wenn auch kalten, so doch einen verträumten Unterschlupf.

büsche an seinen Ufern haben schwer gegen die Strömung zu kämpfen. Es ist bereits 16.50 Uhr. Zu dieser Jahreszeit bedeutet dies, daß es in einer halben Stunde dunkel sein wird.

4. Tag: Bjøllådalen – Raudfjelldalen / Bolna

In der Nacht fällt kaum Niederschlag, und meine Hoffnung, der Wasserstand des Baches könnte zurückgehen, erfüllt sich. Mit Turnschuhen wate ich durch das empfindlich kalte Wasser. Die dunklen Wolken ziehen heute langsam von Süden herauf. Noch bilden sich über dem Tal wenige blaue Flecken, aber die Richtungsänderung der Strömung bedeutet Regen.

Hinauf ins Raudfjelldalen Bald stehe ich vor der langen Hängebrücke, die am Fuß des Kjerkesteinen (702 m) über den Fluß führt. Ab hier nennt sich der Wasserlauf Sørstillelva. Das Tal verengt sich hier, und wild schäumend stürzt sich der Fluß über einige Felsstufen hinab. Von der Brücke geht es steil und gerade den Berghang hinauf. Der Weg führt durch einen lichten Urwald. Es ist feucht, ich schwitze. Unzählige Birken mußten dem harten Klima Tribut zollen. Durch schwere Schneelast sind sie geknickt. Langsam lichtet sich der Wald, bis auch die letzten in kleinen Gruppen stehenden Birken zurückbleiben und die Markierung mir den Weg über ein fast ebenes Hochmoor weist. Regelrechte Moltebeerfelder breiten sich hier aus. Allerdings sind die Früchte bereits überreif und ungenießbar. Die Markierungssteine liegen hier gut 100 m auseinander, aber der deutliche Einschnitt des *Kvitsteindalen* ist ein leicht erkennbares Ziel. In der DNT-Tourenbeschreibung las ich von einer geplanten Brücke. Tatsächlich wurde sie mittlerweile realisiert.

Von hier oben bieten sich mir faszinierende Ausblicke auf das langgezogene Bjøllådalen mit seiner umliegenden Gebirgswelt. Ein gigantischer Gletscherfluß hat vor Tausenden von Jahren diesem Tal sein charakteristisches wannenförmiges Aussehen verliehen. Vor mir liegt mein nächstes Ziel, die Einmündung des breit ausgerundeten *Raudfjelldalen*. Leider muß

ich auch feststellen, daß die Wolkendecke langsam von den Bergspitzen Besitz ergreift und zusehends tiefer wandert. Gemeinsam mit einer lähmenden Stille schafft dies ein unaussprechlich schwermütiges Bild.

Vor mir liegt ein steiler Hang, der sich vom Bolna-Fjellet herabzieht und gequert werden muß. Als einzige Orientierungspunkte dienen die in weiten Abständen gemalten Markierungen. Nach dem Eintritt in das Raudfjelldalen halte ich mich nicht immer an die Markierung, sondern suche mir den augenfällig leichtesten Weg über niedrige Beerensträucher. Wieder begegne ich einer Rentierherde. Auch sie nützen die warmen Herbsttage, sich hier im hohen Fjell noch einmal an Rentierflechten zu laben.

Bei der *Koie,* einer kleinen, äußerst einfachen Hütte, die erst mit der Erschließung der »Nordlandsruta« erbaut wurde,

Der Svartisen-Gletscher

Wie alle anderen Gletscher ist der Svartisen nach der letzten Eiszeit völlig geschmolzen. Erst vor etwa 2500 Jahren bildete er sich neu und erreichte im der Mitte des 18. Jh.s seine größte Ausdehnung. Anfang dieses Jh.s bedeckte er noch eine Fläche von etwa 500 km². Bis heute ist sie auf 370 km² geschrumpft. Das Glomdalen-Vesterdalen teilt ihn mittlerweile in zwei Teile, den Vestisen und den Austisen. Noch vor 50 Jahren kalbte der Engabreen direkt in den Holandsfjorden. Mittlerweile hat er sich um ein paar Kilometer zurückgezogen. Trotzdem nimmt die Eismächtigkeit in den letzten 20 Jahren wieder etwas zu. Es fällt derzeit während des Winters mehr Schnee, als im Sommer wegschmilzt.

Mehrere Gletscherzungen fließen weit in die Täler hinab. Leicht erreichbar ist der *Østerdalsisen*. Eine Straße führt bis zum *Svartisvatnet*. Von dort gelangt man mit einem Boot oder zu Fuß am Ufer des Sees entlang (2 Std., markierter Weg, sumpfig) zum Ausgangspunkt einer 45-Minuten-Wanderung zum Gletscher. Über eindrucksvoll glattgeschliffene Felsen, die veranschaulichen, wie das Land nach der letzten Eiszeit ausgesehen haben muß, erreicht man den eisgrünen Østerdalsvatnet. Die stark zerklüftete Gletscherzunge kalbt direkt in den See. Bis zu 20 m ragen die blauen Eismassen senkrecht aus dem Wasser heraus. In Jahrtausenden hat das Regenwasser unterirdische Höhlensysteme aus dem Kalkstein ausgewaschen. Ein Großteil aller Höhlen Norwegens liegt hier im Nationalpark. Viele entstanden bereits vor der letzten Eiszeit und dokumentieren die Entstehungsgeschichte des Landes. Durch die 1500 m lange Grønligrotte, nördlich Mo i Rana, an der Straße zum Svartisvatnet, werden Führungen veranstaltet.

stoße ich wieder auf die Markierung (die Hütte verfügt über keine Küchenausstattung). Hier überschreite ich den *Polarkreis* nach Süden. Auf dem weiteren Weg laufen unzählige dünne Rinnsale den Hang herab. Da die Schuhe mittlerweile völlig durchnäßt sind, nehme ich keinerlei Rücksicht mehr darauf. Langsam geht das Tal in eine Hochfläche über. Seen, Bäche, Wiesen, Moore und Felspassagen wechseln ständig. Einsetzender Regen und Nebelfetzen machen die Orientierung problematisch. Mehrmals glaube ich, den Taleinschnitt des *Randalselva* vor mir zu haben. Erst, als das Tageslicht langsam der Dämmerung weicht, senkt sich der Weg hinab durch dichter werdenden Birkenbewuchs. Dann tauchen die Eisenbahnschienen und die *Bahnstation Bolna* vor mir auf. Minuten später kriecht der Personenzug das Tal herauf und hält auf mein Handzeichen.

Hütten dieser Tour

Name	Typ	Betten	Schlüssel	Öffnung	Sonstiges
Lønsstua	U	19	BOT	Gj	
Saltfjellstua	U	?	BOT+RT	Gj	Neubau für 1996
Stallogrophytta	U	4	RT	Gj	neben Saltfjellstua
Steinstua	–	–	O	Gj	nur Tisch und Bänke
Krukkistua	U	8	O	Gj	
Sikringshytta	U	4	O	Gj	neben Krukkistua
Koje	–	–	O	Gj	nur Tisch und Bänke

Schlüssel: Achtung: BOT und RT benutzen jeweils eigene Schlüssel. Standard-DNT-Schlüssel passen nicht.
Stellen, an denen **BOT-Schlüssel** entliehen werden:
– Turistenbüro, Bodø
– Odd Larsen, Børelv, 8056 Saltstraumen
– Mira Storkiosk, 8100 Misvaer
– Linda Moen, Tveranes, 8114 Tolla
– Frantzen Kiosk, Strand, 8110 Moldjord
– Saltdal Sportssenter, Strandgt. 20, 8250 Rognan
– Elrun Pedersen, Skaiti, 8255 Røkland
– NSB, Lønsdal Bahnstation, 8240 Lønsdal
– Turistbüro, Storgt. 51, 8200 Fauske
– Bernts Kiosk, Skaugvollkrysset, 8140 Inndyr
– Norsk Hydro (Tankstelle), 8160 Glomfjord
Weitere BOT-Hütten dieser Region, die einen Schlüssel benötigen:
Beiarstua, Bjellåvasstua, Gjaelentunet, Gråtådalsstua, Jar-bu, Lurfjellhytta, Storengstua, Staupåmoen, Trygvebu, Tverrbrennstua

Stelle, wo der **RT-Schlüssel** entliehen wird:
– Rana Turistkontor, Sørlandsveien 79, Postfach 225, 8601 Mo i Rana.
Weitere RT-Hütten dieser Region, die einen Schlüssel benötigen:
Blakkådalshytta, Virvasshytta, Kvitsteindalstunet, Sauvasshytta, Umbukta fjellstue.

Tourenprofil: – Im Saltfjellet-Nationalpark

Tag	Strecke	Höhe	Entfernung	Gehzeit	Pässe/Bemerkungen
Start: Lønsdal Bahnstation		504 m			
1.	Saltfjellstua (BOT+RT)	575 m	21,5 km	7 Std.	Steindalen, 1080 m, und Stallogrophytta (RT)
2.	Krukkistua (BOT)	520 m	5 km	2 Std.	Steinstua (Hütte offen)
3.	Endpunkt: Bolna Bahnstation	560 m	25,5 km	9–10 Std.	Koje, 3 Std. vor Bolna Raudfjelldalen, 810 m
Bolnastua (RT) 200 m von Übernachtungsmöglichkeit Koie Station (offen)					
Total etwa:			52 km	4 Tage	

Nützliche Hinweise

Ausgangsort: Bahnstation Lønsdal.
An-/Rückreise: Die Straße E6 sowie die Eisenbahnlinie nach Bodø durchschneiden den Nationalpark im Osten und bieten sich als Ausgangspunkte an.
Lønsdal: 3mal täglich (Samstag 2mal) Zugverbindung von Trondheim und Bodø (keine Busverbindung).
Bolna: 2mal täglich (Samstag 1mal) Zugverbindung nach Bodø (Lønsdal) und Trondheim. Achtung: In Bolna hält der Zug nur auf Handzeichen.
Markierung: In Tallagen sehr gut markiert und Wanderwege vorhanden. In höheren Lagen großzügige Markierung, Wanderwege streckenweise nicht sichtbar (bei Nebel ohne Karte und Kompaß nicht durchführbar!).
Hütte/Zelt: Gutes Hüttennetz entlang aller Wanderrouten. In dieser Region unterhalten der BOT (Bodø og Omegns Turistforening) und der RT (Rana Turistforening) eine ganze Anzahl von Hütten, die auf fast allen Routen in Tagesabständen oder auch wesentlich näher zueinander stehen. Allerdings verwenden beide für ihre abgeschlossenen Hütten eigene Schlüssel. Wer eine Tour im Saltfjellet-Gebiet plant, muß sich vorher genau erkundigen, welche Hütte er ansteuert, um den (die) richtigen Schlüssel dabeizuhaben. Genaue Angaben über Hütten und Schlüsselentleihstellen siehe unten.
Überall sind herrliche Zeltstellplätze vorhanden.
Beste Wanderzeit: Mitte Juli bis Mitte September.
Ich unternahm diese Tour Anfang Oktober. Dies war nur deshalb möglich, weil ein Atlantiktief neben Regen auch Temperaturen über dem Gefrierpunkt brachte und den bereits bis in Tallagen gefallenen Schnee wieder wegschmolz. Zu dieser Jahreszeit unterwegs zu sein, ist immer ein gewisses Risiko, vor allem, wenn man allein geht. Deshalb informierte ich den Bahnhofsvorsteher in Lønsdal von meinem Unternehmen, mit der Bitte, nach sechs Tagen nach mir suchen zu lassen. Hilfe von anderen Wanderern ist zu dieser Zeit fast auszuschließen!
Schuhwerk: Gummistiefel.
Karten: Saltfjellkartet 1:100 000 oder Serien M711 1 : 50 000: Junkerdalen 2128 IV, Beiaradalen 2028 I, Bjøllådal 2028 II

7

Auf Skiern durch nordische Tallandschaften

Spätwinter in den Sulitjelmabergen

Umgeben von den schwedischen Nationalparks Padjelanta, Sarek und Stora Sjøfallet sowie von den norwegischen Nationalparks Saltfjellet und Rago, befinden wir uns hier inmitten eines Gebietes, das oft als letzte Wildmark Europas bezeichnet wird. In unmittelbarer Nachbarschaft der Grubenstadt Sulitjelma liegen einige größere Gletscher, wie der Blåmannsisen (123 km^2), sowie eine Reihe von Bergen, die über 1900 m erreichen. Die Wanderung selbst führt entlang reizvoller Täler, die von den Kräften der Gletscher ausgerundet wurden und die nur selten in Höhen über die Baumgrenze, die hier von Zwergbirken gebildet wird, hinaufreichen.

Anreise: Die Grubenstadt Sulitjelma

Am Abend erreichen wir Sulitjelma. Von den ersten warmen Sonnenstrahlen freigelegte schwarze Schutthalden und eine tot wirkende Stadt zwischen dem zugefrorenen See und steilen Berghängen hinterlassen einen trostlosen Eindruck. Bevor

Kurzcharakteristik

Relativ anspruchslose Wintertour von Hütte zu Hütte knapp über dem Polarkreis. Abwechslungsreicher Landschaftscharakter, von der Überquerung des großen Balvatnet durch das Skaitidalen, einem markanten Beispiel landschaftsformender Gletscherkraft, sowie über den Höhenzug zwischen Junker- und Lønsdalen. Als Teil der »Nordlandsroute« beliebig erweiterbar.

Gesamtdauer: 4 Tage
Streckenlänge: Sommer 68, Winter 57 km
Kartenskizze: Nebenstehend

Nur auf den ersten Kilometern nach dem Startpunkt Jakobsbakken genießen wir die Erleichterung einer präparierten Loipe. Aber die Hunde müssen sich erst an ihre Pulkas gewöhnen.

hier Erze gefunden wurden (vor über 100 Jahren), lebten dort nur einige Samenfamilien. Aus nah und fern ließen sich innerhalb kürzester Zeit 2000 Menschen in der aus dem Boden gestampften Ortschaft nieder. Drahtseilbahnen, Reinigungsanlagen, Erzmühlen und Elektrizitätswerke wurden gebaut. Selbst eine eigene Eisenbahn wurde durch das wilde Langvasstal errichtet. Seitdem die Gruben im Jahr 1991 geschlossen wurden, ziehen immer mehr Menschen auf der Suche nach einer neuen Arbeit von hier weg. Leerstehende, dem Verfall preisgegebene Häuser sind die Folge.

Wir sind insgesamt zu sechst. Herwig, Gudrun und ich, dazu noch die zwei Samojeden Laika und Luna, und Gudruns Hund Kojuk, eine schwarze Mischung aus Samojede und finnischem Lappenhund.

Sie haben die Aufgabe, unsere Ausrüstung in Pulkas (lange, wannenförmige Schlitten) zu ziehen.

1. Tag: Jakobsbakken – Balvasshytta

Startpunkt unserer Tour ist der ehemalige Grubenort Jakobsbakken. Hierher gelangt man über eine Lehmstraße, die uns von Sulitjelma nach 8 km auf 600 m die Berge hinauf bringt. Hier ist der Frühling noch fern. Meterhoch liegt der Schnee und begräbt die niedrigen Birken fast völlig unter sich.

Wir treffen die letzten Vorbereitungen für den Start, portionieren die Tagesrationen Trockenfutter für die Hunde und sortieren die eigene Ausrüstung in den Pulkas.

133 ◀

Die ersten Kilometer genießen wir die Erleichterung einer Langlaufloipe. Es herrscht reger Betrieb. Kleinkinder werden in dafür gefertigten Pulkas von den Vätern gezogen. Doch schon bald sind wir alleine, ziehen unsere Spur auf einer von Motorschlitten gefestigten Spur durch den kleinwüchsigen Birkenwald. Unterhalb des Skoddefjellet erreichen wir nach einigen Anstiegen die Baumgrenze. Nichts unterbricht hier die endlos weite Schneefläche. In der Ferne heben sich die gewaltigen Felsmassive der grenznahen Berge gegen den makellos blauen Himmel ab.

Nach einer längeren Abfahrt treffen wir bei der *Tjorvihytta* ein, wiederum innerhalb des Birkenwaldgürtels. Die Hütte bietet uns zwar alle Bequemlichkeiten für eine Rast, die Innentemperatur unterscheidet sich aber kaum von der äußeren.

Über den Balvatnet Nach 2 km erreichen wir den Damm, hinter dem sich die weite Fläche des *Balvatnet* (-See, 595 m) erstreckt. Auf der anderen Seite des Sees liegt unser Tagesziel, die *Balvasshytta*. Im Sommer muß die große Wasserfläche über einen 20 km langen Pfad umgangen werden, während uns gerade 8 km über das Eis bevorstehen. Da der Wasserstand reguliert wird, kann das Eis hinter dem Damm brüchig und unsicher sein. Vorsichtshalber ziehen wir, nachdem wir die Betonkonstruktion überstiegen haben, einen weiten Bogen zu einigen am Ufer stehenden, bunten Bootsschuppen.

Flott und mühelos geht es über die Fläche dahin. Der Wind ist gerade stark genug, kleine Schneekristalle geräuschvoll über die hartgepreßte, nur selten vereiste Schneedecke zu treiben. Es gibt keinerlei Markierung oder Spur auf unserem Weg. Die Sicht ist aber ausgezeichnet und die Bucht auf der gegenüberliegenden Seite, wo sich die Hütte vor unseren Blicken

noch versteckt hält, leicht zu erkennen. Die Hunde umspielen uns trotz ihrer Last in weiten Kreisen.

Hüttenromantik Bald knistert das Feuer im gußeisernen Ofen und erwärmt die Hütte in Minuten. Einige Töpfe setzen wir mit Eis und Schnee gefüllt darauf, und Kleidungsstücke hängen zum Trocknen darüber. Im Vorraum stapeln sich die Holzvorräte. Der kleine, gemütliche Innenraum besteht aus der Küche mit Ofen und Gasbrenner sowie einem Tisch und Stühlen. In dem durch einen Vorhang getrennten Schlafraum stehen zwei Etappenbetten.

Hinter dem kalten Nebelschleier, der über dem See schwebt, senkt sich die Sonne mit einer lang anhaltenden, purpurroten Abendröte unter den Horizont. Während die Abendluft draußen langsam die Minus-10-Grad-Marke unterschreitet, sitzen wir drinnen bei Kerzenlicht und heißem Tee, bis uns die Müdigkeit in die Schlafsäcke zwingt.

2. Tag: Durch das Skaitidalen

Schönstes Wetter empfängt uns am diesem Tag. Zu unseren Füßen strahlt das Weiß des großen Sees im Morgenlicht. Bevor wir die Hütte verlassen, reinigen wir sie, schmelzen Wasser für Nachkommende und Herwig hackt Holz.

Die heutige Etappe führt uns durch das lange, geradlinige *Skaitidalen*. Eingerahmt von den steilen, das Sonnenlicht reflektierenden Schneeflanken von 1400 m hohen Bergen, gleiten unsere Ski durch das Tal, das kaum Steigungen aufweist.

Ende April bricht der Bachlauf im unteren Skaitidalen, zwischen der Argaladhytta und Trygvebu, an manchen Stellen bereits auf.

Sonnenschein, hartgepreßter Schnee, Temperatur um Minus acht Grad – so schön kann eine Wintertour sein. Oberes Skaitidalen, hinter der Balvasshytta.

Alle Unebenheiten des Geländes sind von den Schneemassen glattgebügelt. Kein Geräusch durchbricht die absolute Stille. Das Rauschen der Ski und unser gleichmäßiges Atmen sind die einzigen Laute, die die sich langsam erwärmende Luft durchdringen. Ein Rentierzaun, der sich längs durch das Tal zieht, sowie eine geschlossene Samenhütte bezeugen, daß sich hier Weidegebiete der Samen befinden.

Langsam senkt sich das Tal abwärts. An den steilen Hängen des Slai'pa (1268 m) stechen die ersten Flächen niedrigen Baumbewuchses hervor. Vorbei an der Brücke, die für Sommerwanderer über den Ar'galaivag'gi (-Bach) führt, taucht vor uns in der Talbiegung, umgeben von schütterem Birkenwald, die *Argaladhytta* auf. Aus dem Schornstein steigt Rauch auf und signalisiert mir, daß uns im Inneren angenehme Wärme empfangen wird. Während der Abfahrt kühlt der verschwitzte Körper schnell aus. Aus der Ferne ist nur das Dach zu erkennen. Schneemassen liegen bis über die Fenster. Ein Loch im Schnee weist den Weg zur Eingangstür. Nach dem Vorraum, der als Holzlager dient, betrete ich den Wohnraum. Dieser übertrifft alles, was ich mir bisher unter dem Begriff »urige Hütte« vorstellen konnte. Ein kleiner Holzofen bullert im Eck, daneben der obligatorische Gasherd. Die Töpfe und sonstigen Küchenutensilien hängen an der Wand. Ein Stockbett, eine Couch und dazwischen ein Tisch vervollständigen die spärliche Einrichtung.

Bis Skaiti folgt eine flotte Abfahrt. Ich bin er einzige, der Schuppenschi benutzt. Während die anderen mühelos dahingleiten, versuche ich mit Doppelstockeinsatz nicht den Anschluß zu verlieren.

Vor Skaiti treten die Talseiten enger zueinander, und der in immer wilderen Sprüngen herabrauschende Skiei'dijåkka

(-Bach) ist größtenteils offen. Nun müssen wir die Hunde an die Leine nehmen, da sie an den Pulkas hängend die Gefahr des offenen Wassers unterschätzen und hineingezogen werden könnten.

Von der Bauernansiedlung *Skaiti,* wo sich auch die Berghütte *Trygvebu* befindet, bringt uns ein heimischer Schiwanderer mit seinem Pick-up zu dem im *Junkerdalen* gelegenen Turistsenter.

3. Tag: Vom Junkerdalen ins Lønsdalen

Vom Junkerdalen liegen über 300 Höhenmeter steiler Anstieg vor uns. Ein Angestellter des Campingplatzes bietet sich an, uns mit seinem Fahrzeug die Lifttrasse hinaufzubringen. Nach halber Strecke ist allerdings Schluß, beladen mit einem schweren Anhänger gräbt er sich im Schnee ein. Gudrun und Herwig ziehen sich Steigfelle unter die Ski, denn jetzt müssen wir den Hunden helfen, die Pulkas den Hang hinaufzuziehen.

Der dichte Nadelwald tritt zurück und macht spärlich wachsendem Birkengebüsch Platz. Somit öffnet sich uns ein herrlicher Rundblick zurück ins Junkerdalen, an dessen hinterem Ende der wie ein hochgestreckter Finger aufragende Felsblock des Sovågtind thront. Beim kaum erkennbaren *Langvatnet* (-See, 618 m) haben wir das kleine Hochplateau erreicht. Hie und da ragen die Spitzen von Zwergbirken aus dem Schnee. Vor uns funkeln und glitzern die Schneehänge eindrucksvoller Gipfel aus der Hochebene des Saltfjellet hervor (Addjektind 1444 m, Ørfjellet 1751 m).

Jäh bricht das Gelände zum *vestre Viskisvatnet* (-See, 502 m) ab. Bergab müssen wir die Hunde an die Leine nehmen und hinter der Pulka fahrend sie abbremsen. Doch Laika galoppiert bereits den Abhang hinunter. Uns stockt der

Tourenprofil: In den Sulitjelmabergen

Angaben für Sommer/Winter

Tag	Strecke	Höhe	Entfernung	Gehzeit	Pässe/Bemerkungen
Start:	Jakobsbakken	600 m	8 km		von Sulitjelma (Taxi)
1.	Balvasshytta	600 m	32/21 km	12/6 Std.	über Tjorvihytta
2.	Trygvebu (Skaiti)	450 m	17 km	6/5 Std.	über Argaladhytta
	(Trygvebu – Graddis: Straße oder 8 km Wanderweg, Trygvebu – Junkerdalen Turist-senter: alte Straße)				
3.	Endpunkt: Lønsstua	504 m	11 km	5 Std.	Flatviskis 638 m, (Lønsdal Bahnstation)
Total etwa:			68/57 km	4 Tage	

Atem, als wir mit ansehen müssen, wie sie dem Druck des immerhin gut 25 kg schweren Schlittens nicht mehr standhalten kann. Instinktiv rollt sie sich zur Kugel zusammen, schlittert den Hang hinunter und überschlägt sich mitsamt der Pulka. Als wir sie erreichen, liegen sie und die Pulka auf dem Rücken. Nachdem wir ihr auf die Beine verholfen haben, begrüßt sie uns schwanzwedelnd. Sie ist ein erfahrener Hund, hat mittlerweile weit über 1000 km vor einer Pulka zurückgelegt,

und verkraftet diesen Unfall ohne Probleme. Trotzdem darf so etwas nicht passieren, die Gefahr, daß sich ein Schlittenhund verletzt, ist einfach zu groß.

Unten im Talgrund stoßen wir auf das breite, offene Wasser des *Lønselva* (-fluß). Die Hängebrücke, die den Fluß überspannt, befindet sich gut 1 km oberhalb unseres Standortes. Aber wir finden eine geeignete Schneebrücke.

Es ist später Nachmittag, als wir die *Bahnstation Lønsdalen* erreichen und be-

Hütten dieser Tour

Name	Typ	Betten	Schlüssel	Öffnung	Sonstiges
Jakobsbakken	Bp	110	–		Gj
Tjorvihytta (Coar'vihytta)	U	4	std	Gj	mehrere Notbetten
Balvasshytta	U	4	–	std	Gj
Argaladhytta	U	3	–	O	Gj
Trygvebu	U	16	BOT	Gj	
Graddis	Bp	27	–	Gj	
Lønsstua	U	19	BOT	Gj	

Die Hütten Trygvebu und Lønsstua gehören dem Bodø og Omegns Turistforening (BOT). Dieser verwendet einen eigenen Schlüssel.
Schlüsselentleihung: *Trygvebu:* Elrun Pedersen, Skaiti (Bauernhof oberhalb von Skaiti); – *Lønsstua:* Lønsdal Bahnstation; weitere Schlüsselentleihstellen siehe Tour 6.

Nützliche Hinweise

Ausgangsort: Jakobsbakken.
An- /Rückreise: *Sulitjelma:* Täglich mehrere Busse von Fauske; Taxi nach Jakobsbakken.
Lønsdalen: 3mal täglich (Samstag 2mal) Zugverbindung Richtung Trondheim und Bodø.
Markierung: Als Sommertour gut markiert; Bachläufe überbrückt.
Keine Wintermarkierung! Karte und Kompaß sind Pflicht – bei guten Sichtverhältnissen
keinerlei Orientierungsprobleme.
Hütte/Zelt: Dichtes Netz an oftmals kleinen, unbedienten Hütten ohne Proviant
(Vorsicht: unterschiedliche Schlüssel sind notwendig).
Überall gute Zeltstellplätze.
Beste Wanderzeit: *Sommer:* Mitte Juli bis Mitte/Ende September; *Winter:* März/April.
Bis Ende April kann es in den Tallagen wenig Schnee geben.
Schuhwerk: Gummistiefel (Sommer).
Karten: Saltfjellkartet 1:100000 (ausreichend) oder Top. Karte Serie M711 1:50000:
Sulitjelma 2129 II, Balvatnet 2128 I, Junkerdal 2128 IV.

schließen, noch die 2 km hinauf zum *Kjemåvatnet* zurückzulegen, an dessen Ufer wir die Zelte aufstellen. Bis sich die Dunkelheit über das Land breitet, treiben heftige Windstöße bedrohlich wirkende Wolken über die Berge heran.

4. Tag:
Frühlingsboten

Eine unnatürliche Stille umgibt mich, und eine unangenehme, feuchte Wärme hat sich auf die Haut gelegt, als ich morgens aufwache. Als ich gegen die nasse Zeltwand stoße, vernehme ich das Geräusch von Schnee, der die Zeltwand hinabrutscht. Ein trostloser Anblick erwartet mich, nachdem ich vorsichtig den Tunneleingang des Zeltes öffne. Tief und grau kleben die Wolken an den Bergen und ziehen sich fast bis zum See herunter. Mit der warmen Atlantikströmung ist die Temperatur über Nacht über den Gefrierpunkt geklettert. Auch 10 cm nasser Schnee ist gefallen. Die drei Schlittenhunde liegen bewegungslos unter dem Neuschnee, und sind nur an den drei kleinen Hügeln auszumachen. Keine stürmische Begrüßung

wie in den letzten Tagen, als kaltes, trockenes Wetter auch die Tiere zu Hochstimmung trieb.

Als wir die letzten Vorbereitungen für den Start treffen, huschen ein paar Lichtflecken über den See. Selbst der Einschnitt zwischen dem Addjektind (1444 m) und dem Kjemåfjellet (932 m) wird kurz von den Wolken freigegeben. Aber es ist nur ein kurzer Hoffnungsschimmer. Bis die Hunde eingespannt sind, haben sich erneut dunkle Wolken über die wenigen blauen Flecken geschoben und entlassen zunächst Schneeregen, der jedoch bald ganz in Regen übergeht. Sogar ein zarter Regenbogen spannt sich über die weiße Wüste. Steif und mit nassem Fell, Kopf und Schwanz tief gesenkt, scheinen sich Laika, Luna und Kojuk ihrem Schicksal hinzugeben.

Wir entscheiden uns für den Rückmarsch zur nahe gelegenen *Bahnstation Lønsdal.* Man sieht den Tieren an, wie sehr sie sich anstrengen, die Pulkas durch den klebrigen Neuschnee zu ziehen. Sie machen keinen Schritt zuviel. Monoton laufen sie in unserer Spur, wo es für sie etwas leichter ist.

8 Rentierpfade im Samenland
Die weite Ebene der Finnmarksvidda

Die Finnmarksvidda ist eine weite, gewellte Hochebene mit einer Durchschnittshöhe zwischen 300 und 500 m. Abflußlose, öde Ebenen, zahllose kleine Seen, Sümpfe und Flüsse sind für diesen Teil der lappländischen Wildnis charakteristisch.

Die Finnmark trägt unübersehbar die Spuren der Eiszeiten, die vor 2 Millionen Jahren begonnen hat und hier stellenweise erst vor 2000 Jahren zu Ende war. Bis zu 2000 m dürfte der Eispanzer dick gewesen sein. In der zentralen Finnmark hinterließen sie sanft abgerundete Hügelketten und flache, großflächige Senken. An der Küste baut sich der Kaledonische Gebirgszug auf, dessen Höhen vom Eis gerundet sind und der von tief ausgeschürften Tälern durchzogen wird (z. B. Alta-Canyon). Im Inneren der Finnmark herrscht kontinentales Klima vor, mit kalten Wintern und relativ warmen Sommern. Sommertemperaturen von über 30 °C stehen Extremwerten im Winter um die –50 °C gegenüber. An der Küste sind die Temperaturen wegen des Golfstroms wesentlich ausgeglichener. Auch die Niederschlagsmenge nimmt von der Küste (bis 2000 mm) zum Landesinneren (ca. 750 mm) ab. Dieser weite Landesteil ist nur sehr spärlich besiedelt. Die »Urbevölkerung«, die Samen, stellen in manchen Gebieten den Großteil der Bevölkerung. In diesen Zentren leben nach wie vor viele von der Rentierzucht. Die Finnmark bietet mit ihren großen Flechtenheiden etwa 150 000 Rentieren eine wichtige Winterweide.

Kurzcharakteristik

Sehr schöne, leichte Tour in fast unberührter Tundralandschaft. Kaum an einem anderen Ort kann man Weite und Ruhe so eingehend genießen – vorausgesetzt man wählt eine »moskitofreie« Zeit. Wer von Hütte zu Hütte geht, muß mit extrem langen Tagesmärschen rechnen und über eine gute Kondition verfügen.
Gesamtdauer: 4–5 Tage
Streckenlänge: 108 km
Kartenskizze: Siehe Seite 151

Anreise – Mit dem Bus über die Finnmark

22. September: In *Kautokeino* besteige ich den Bus in Richtung Karasjok. Mit mir reisen noch ein paar Samen. Aus den Lautsprechern dröhnt laut ein samischer Sender. Das mit vielen Schlaglöchern durchsetzte Asphaltband zieht sich durch den zentralen und kaum besiedelten Teil der Finnmark. Zweimal stoppt der Bus an kleinen Häuseransammlungen, die einsam in der Vidda stehen. Langsam leert sich der Bus.

Als breites Band zieht sich der Wanderweg, der von den Samen mit motorisierten Fahrzeugen benutzt wird, über die leicht gewellte Weite der Finnmark. Vor mir breitet sich die Ebene um den Javrit-Sees aus.

Kautokeino – Guovdageaidnu

Inmitten der Finnmark liegt die kleine Ortschaft Kautokeino oder Guovdageaidnu, wie sie von den Samen genannt wird. 85 % der 3000 Einwohner sind samischer Herkunft, von denen etwa $1/3$ Besitzer der rund 100 000 Rentiere dieser Region sind. Rentierzucht und die Wahrung samischen Kulturgutes spielen heute eine große Rolle im Leben dieser Ortschaft, die eingebettet in der sanften Senke des Kautokeinoelva liegt, umgeben von der unendlichen Weite der Finnmarksvidda. Ihr äußeres Erscheinungsbild unterscheidet sich auf den ersten Blick kaum von den Ansiedlungen, wie wir sie überall im Norden finden. Erst auf den zweiten Blick entdeckt man Rentierfelle, die an Hauswänden oder Zäunen zum Trocknen aufgehängt wurden, oder die Lavuus, die neben Schneemobilen und anderen Maschinen überall in den Gärten stehen. Auffallend sind auch die bunten Trachten, die zumindest außerhalb der Saison häufig zu sehen sind.

Kautokeino war schon vor langer Zeit Treffpunkt, Marktplatz und Kirchenort für die Samen dieser Region. Aber erst nach dem Zweiten Weltkrieg, wo der Ort von den Deutschen bei deren Rückzug vollkommen zerstört und ein Großteil der Rentierherden getötet wurden, erhielt sie mit Hilfe des Staates ihr modernes Aussehen.

Mittlerweile ist Kautokeino zusammen mit Karasjok zum Mittelpunkt des samischen Kultur- und Wirtschaftslebens geworden, mit bedeutenden Einrichtungen wie dem Nordisch-Samischen Institut (Nordisk samisk institutt), dem Samischen Ausbildungsrat (Samisk utdanningsråd), einer Forschungsgesellschaft für das Rentierzuchtgewerbe und einer samischen Schule, in der unter anderem die Kenntnisse der Rentierzucht erworben werden können. Reinprodukter A/S unterhält hier einen der landesweit größten Rentierschlachthöfe.

Zu Ostern findet das größte und spektakulärste Ereignis für die Samen statt. In einem Zeitraum von zwei Wochen gibt es eine große Zahl an Veranstaltungen, wie z. B. Gottesdienste, Theatervorstellungen, Joikkonzerte und Joikwettbewerbe (traditioneller Gesang), Motorschlittenrennen und natürlich als Höhepunkt das Rentierschlittenrennen. Zu dieser Zeit zeigt sich jeder in seiner schönsten Tracht, kostbarsten Schmuckstücken und edlen Rentierfellmänteln.

Das Samische Museum bietet einen interessanten Einblick in die Geschichte des Ortes und seiner Bewohner. In Juhl's Silberschmiede findet sich neben Schmuckstücken auch eine Sammlung alter samischer Gebrauchsgegenstände.

Das Landschaftsbild prägen sanfte, birkenbestandene Hügelketten. Deutlich ist zu erkennen, daß die Herbstfärbung bereits ihrem Ende zugeht. Teilweise stehen die Birken auch blattlos da. Die Farben wechseln vom leuchtstarken Gelb zu traurigen Brauntönen. Erst, als die Sonne knapp über dem Horizont von den Wolken entlassen wird und ihr weiches Licht die Vidda überflutet, werden die Berghänge noch einmal goldgelb bestrahlt und versuchen vielleicht zum letzten Mal ein Aufflackern ihrer herbstlichen Schönheit zu zeigen. Ein Flammenmeer auf den von unten angestrahlten Wolken zurücklassend, versinkt die Sonne hinter sanften Hügeln, und die zaubervolle Beleuchtung des Waldes erlischt (18 Uhr).

Die Dämmerung hat sich bereits über das Land gelegt und dunkle Wolken verdecken den Himmel, als ich in *Assebak'te,* 12 km vor Karasjok, aussteige. Keines der wenigen Häuser ist derzeit bewohnt. Die Wiese neben einem nahen Schuppen ist verdorrt. Am Karasjokka-Fluß fülle ich meinen Wassersack und bereite mein Nachtlager im nahen Fichtenwald. Es nieselt.

1. Tag: Durch Birkenwald zur Ravnastua

Die Ravnastua fjellstue ist über einen Traktorweg erreichbar (markiert). Dieser zieht sich anfangs durch Fichtenwald den Hang hinauf. Beide Seiten des Weges zieren große Flächen rot gefärbter Beerensträucher. Die Strahlen der Sonne dringen tief in den Wald ein und durchleuchten die Blätter der Birken. Langsam treten die Baumriesen zurück und machen niedrig gewachsenen Birken Platz. Bis auf leichte Windböen, die leise durch das Laub rauschen, und das Rascheln der zu Boden fallenden Blätter, ist es völlig still um mich herum. Beim weiteren Aufstieg überrasche ich zwei Schneehühner, die erschrocken vom Wegrand auffliegen und geräuschvoll in den Birkenwald entfliehen. Sie heben sich mit ihrem graugeflecktem Federkleid kaum von ihrer Umgebung ab. Dieses farbige Schutzkleid wechseln sie aus Gründen der Tarnung dreimal im Jahr.

Langsam lichtet sich der Wald und ich gelange auf einen kahlen Bergrücken. Nach allen Seiten ziehen sich bis zum Horizont endlose Hügelketten. Bald tauche ich wieder in niedrigen Birkenwald ein. Viele dieser gebeugten und gekrümmten Bäume haben bereits alle ihre Blätter abgeworfen. Kontrastreich hebt sich die dunkle Musterung von den papierweißen Stämmen ab.

Am *Gœimejav'ri* (-See, 321 m) lege ich eine Pause ein. Wie ein Flußarm windet sich das See-Ende, an dem der Fahrweg entlangläuft. Die weißen Wolken, die sich plastisch vom dunkelblauen Himmel abheben, spiegeln sich in dem glatten Wasser.

Bis zur Ravnastua geht es noch einmal kurz aufs Fjell hinauf (Vannetvarri 367 m), um danach eben durch Birkenwald, vorbei am *Madiijav'ri* (-See, 336 m) zur *Ravnastua* zu gelangen.

Auf die Hochebene der Finnmark

Auf der anderen Seite des Gehöfts beginnt die Markierung (rotes T, Abzweigung: Mållesjåkka fjellstue, Bojobæski) wieder an einem Zaun, der oberhalb eines Samen-Anwesens vorbeiführt und auf die busch- und waldlose Hochebene hinausläuft. Am Nordufer des *Sadejav'ri* (-See, 363 m) schmiegen sich noch die letzten Zwergbirken in eine sumpfige Mulde, bevor es in die Einöde hinausgeht. Vor mir ist der Einschnitt des *Raidejåkka-Bachs* zu erkennen. Bei seiner Durchquerung passiert mir ein unangenehmes Mißgeschick. Geblendet von der tiefstehenden Sonne liegt der Bach als undurchdringlich schwarzes Band vor mir. Unachtsam steige ich ins Wasser hinein und versinke mit dem Gummistiefel. Oben dringt Wasser ein und durchnäßt meine Schurwollsocken. Mit nassen Socken gehe ich noch knapp einen Kilometer, bis das Terrain einen Nachtplatz zuläßt.

Mittlerweile hat sich die Sonne verabschiedet und vom Osten rückt bereits die dunkle, kalte Nacht heran. Das weite Plateau ist übersät mit kniehohem, widerstandsfähigem Gebüsch. Felsbrocken und mit Rentierflechten überzogener, gewellter Boden machen die Suche nach einem Lagerplatz langwierig.

Polarlicht Der letzte Schein der Abendröte ist am Himmel noch nicht erloschen, als sich das erste matte Zucken des Polarlichtes zeigt. Aus dem dunkelrot gefärbten Westhimmel ziehen sich lange, gewellte Lichtstreifen bis zum schwarzen Nachthimmel im Osten. Obwohl ich mich bereits in den Schlafsack zurückgezogen habe, ziehe ich mich nochmals an, koche heißen Tee und gebe mich der Symphonie des Lichtes, dem Schauspiel der Natur von unendlicher Schönheit hin. Das Thermometer zeigt –9 °C.

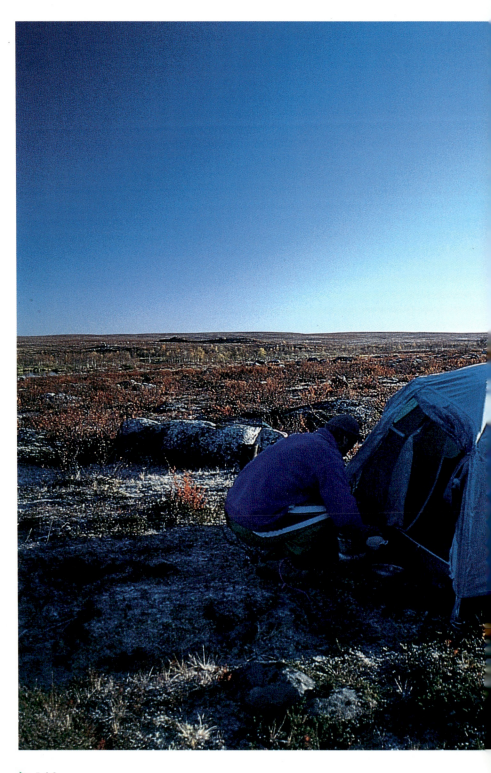

2. Tag: Gewelltes Land – Sæi'sonoi'vi, 499 m

Als ich um 8 Uhr aus dem Zelt krieche, strahlt die Sonne von einem makellos blauen Himmel. Ringsherum ist alles weiß bereift. Auch das Zelt ist mit einer dicken Eisschicht bedeckt. Der nasse Gummistiefel und die Socken sind steinhart gefroren. Die Sonne hat nur noch wenig wärmende Kraft. Trotzdem lege ich alles auf Steine – zum Auftauen in die Sonne.

Ein kleiner, mit felsigen Inselchen übersäter Tümpel, dessen Ufer mit verwelkten Gräsern umsäumt ist, trägt das Muster einer stabilen Eisschicht. Nur wenige der niedrigen Büsche leuchten noch in den grellen Farben des Herbstes. Jeden Morgen geht die Sonne ein wenig später auf. Während des Tages streicht sie in einem flachen Winkel über den Horizont und hinterläßt auch tagsüber einen goldenen Streifen über den fernen Bergkämmen.

Vor mir erheben sich der Årroaigiellasat (472 m) und Årroaivi (497 m). Sie bilden sanfte Hügelketten, die nur wenig aus der Ebene herausragen. Trotzdem erlauben sie einen weiten Blick über die braungraue, unendlich scheinende Weite der Finnmark. Über den Himmel kriechen, zum Greifen nahe, weiße Wolken. Rot gefärbte Flächen von Bärentraube und etliche mit goldenen Gräsern eingefaßte Seen bieten dem Auge Abwechslung. Der Pfad ist durchgehend gut erkennbar und markiert.

Hütten in der endlosen Weite Unter mir breitet sich die ausgedehnte Senke des *Javrit-Sees* (418 m) aus. Große Flächen von hellem Gras bedeuten weite

Mitte September gibt es in der Finnmark, hier hinter der Ravnastua, nachts schon heftige Fröste. Die Sonne hat kaum mehr die Kraft, das Eis auf dem Zelt zu tauen.

Überall in den flachen Niederungen der Finnmark sind ausgedehnte Sumpfgebiete anzutreffen.

Sumpfgebiete. Beim gemächlichen Abstieg kommt die kleine *Annesjåkka-Einödhütte* ins Blickfeld. Nach einem kleinen Bach erreiche ich die einsam dastehende Hütte. Sie wird von den Samen während der Rentierzüge benutzt. Ihr Inneres bietet einen äußerst kargen und ärmlichen Eindruck. Auf dem Tisch liegen noch ein paar Essensreste, und mehrere Müllbehälter liegen teilweise verstreut auf dem Boden herum. Auch die vier Betten machen keinen einladenden Eindruck. Mittlerweile jagen eisige Windstöße über die Ebene und treiben Wolken aus dem Westen heran. Das hohe Gras, das die Hütte lieblich umgibt, senkt sich tief zu Boden.

Von der Einödstua geht es eben und flott oberhalb des Javrit-Sees dahin. In sanften Mulden muß ich zweimal Sumpf, den reiche Vegetation umgibt, queren. Nachdem mein Gummistiefel noch naß ist, gehe ich heute mit einem leichten Gore-Bergschuh. Bei der ersten Sumpfpassage versinke ich fast im Wasser, das

im hohen Gras und Moosteppich nicht erkennbar ist. Mit zwei schnellen Sprüngen kann ich verhindern, auch noch diesen Schuh zu durchnässen. So bleibt mir nichts anderes übrig, als barfuß in die noch nassen Gummistiefel hineinzusteigen und so die gut 50 m durch den Morast zu bewältigen. Auch der zweite schwammige Sumpfboden zwingt mich zu diesem Schuhwechsel.

Die Sonne ist bereits hinter den Horizont getreten, als es wieder auf trockenem Fjell auf einen Berg, der nur mit der *Höhe – 471 m –* bezeichnet ist, hinaufgeht. Beim Blick auf die Karte muß ich feststellen, daß ich längere Zeit keinen Bach quere, und es tut mir leid, bei der letzten Wasserstelle den Wassersack nicht gefüllt zu haben. Aber die kleinen Tümpel in einer Senke verbindet ein kleines Rinnsal. Hier bleibe ich.

Langsam sinkt die Nacht über die Vidda herein. Die Einsamkeit in einer an Monotonie kaum zu übertreffenden Landschaft

Die Finnmarksvidda

Neben der Hardangervidda in Südnorwegen vermag kaum ein anderer Landstrich die Bedeutung Vidda so treffend zu charakterisieren wie die Finnmarksvidda. »Vidda« bezeichnet eine unwirtliche, nahezu baumlose Einöde, wobei sie hier schon fast einer Wüste gleicht. Auch die Niederschlagsmengen sind beinahe wüstenartig gering. Die Hochebene liegt im Regenschatten der Küstenberge, und obwohl fast das ganze Jahr über auch hier Wolken den Himmel verdecken, fällt nur wenig Niederschlag; meist in Form von Schnee. Die Winter auf der Hochebene sind lang und streng. Nicht selten fällt das Thermometer unter −40 °C. Acht Monate im Jahr begräbt eine Schneefläche das Land unter sich. Gerade dieser Schnee garantiert das Überleben der Vegetation, denn er schützt vor eisiger Kälte und Austrocknung. Ab Mai steht die Sonne wieder 24 Stunden täglich am Himmel. Die Flüsse und Seen brechen auf und innerhalb von Tagen schießen die Blumen in die Höhe. Einmal bereiste ich die Finnmark in den letzten Maitagen. Obwohl die Mitternachtssonne das Land mit ihren Strahlen durchflutete, schlief die Vegetation in einem erbärmlich trostlosen Aussehen. Weite Flächen waren von Schmelzwasser überschwemmt. Drei Tage verbrachten wir an einem See, der noch die zerrissene Eisdecke des letzten Winters trug. Doch mit einem Mal erwachte das Land zum Leben. Die Knospen brachen auf und innerhalb von drei Tagen erstrahlte die Vidda im zarten Grün frischer Birkenblätter. Unzählige Wasser- und Watvögel kehren zu dieser Zeit aus dem Süden zu ihren Nistplätzen zurück.

Bei der echten Tundra ist der Untergrund von etwa 0,5 m bis 35 m dauernd gefroren und erlaubt kein Baumwachstum. Dies trifft bei der Finnmarksvidda nicht zu, denn im Einfluß des Golfstroms sind die Durchschnittstemperaturen erheblich höher als die in Alaska oder Sibirien. Hier auf der Vidda gibt es kaum Bäume, da sie einem starken Wind ausgesetzt sind. Nur in geschützten Bodenvertiefungen findet man verstreut wachsende Birken.

löst Gedanken und Gefühle in mir aus. Aber diese sind keineswegs negativ. Ruhe, Weite, Stille, Frieden – diese zutreffenden Bezeichnungen finden sich öfter in meinem Tagebuch. Nur ab und zu wird die abendliche Stille durch einzelne Vogelstimmen unterbrochen. Von der wenige Kilometer entfernten Mållesjåkka fjellstue dringt das Geräusch eines startenden Flugzeuges zu mir herüber. Minuten später fliegt es über meinen Kopf hinweg. Wahrscheinlich bringt es ein paar Jäger zurück nach Karasjok. Wie zum Trotz begleiten das Flugzeug die rufenden Töne eines Schneehuhns. Es klingt wie höhnisches Lachen, als ob es den Jägern nachrufen wolle: »Ihr habt mich nicht erwischt.« Langsam schmelzen die Laute in der ruhigen Nachtluft dahin.

3. Tag: Erster Schneesturm

Schon im Laufe des letzten Abends hat sich das Wetter zusehends verschlechtert. Gegen 1 Uhr morgens wecken mich Geräusche auf. Starker Wind ist aufgekommen und rüttelt am Zelt. Dazu vernehme ich noch ein prasselndes Geräusch, das nicht von Regen stammt. Es schneit. Ich hole die Schuhe ins Zelt, da Flugschnee weit in die Apsis eingedrungen ist. Schwerer Schnee drückt die Zeltwände tief ein. Beunruhigt kann ich nicht einschlafen – ich sehe mich am nächsten Morgen weglos durch tiefen Schnee herumirren. Gegen 3 Uhr wechselt das Geräusch. Statt des feinen Prasseln höre ich nun das bekannte Geräusch von auffal-

Als einsame Punkte in einer unendlichen Weite leuchten die roten Häuser der Mållesjåkka fjellstue zwischen den niedrigen, blattlosen Birken hervor. Der reißende Fluß, der aus dem Ståppuluobbal-See fließt, würde ohne Brücke ein unüberwindliches Hindernis darstellen.

lenden Regentropfen. Beruhigt schlafe ich ein.

Am Morgen treibt der Wind eine niedrige graue Wolkendecke über den Himmel. Eine unangenehme warme Feuchtigkeit umgibt mich. Am fernen Horizont in Richtung Küste sind matte orangefarbene Streifen zu erkennen und lassen auf eine Besserung des Wetters hoffen. Die Landschaft nimmt immer mehr die eintönig graue, welke Farbe an, die das Herannahen des Winters ankündigt.

Bis zum Aufbruch hat der warme Wind den gefallenen Schnee nahezu geschmolzen und die Wolken auseinandergetrieben. Unterhalb des sanften Bergkammes *Sæi'sonoi'vi* (499 m) komme ich an der Abzweigung nach Jerggul vorbei, und bald liegt die weitläufige Senke des Iesjåkka-Flußes unter mir. Sofort stechen die roten Häuser der *Mållesjåkka fjellstue* aus der Einöde hervor. Auch auf der rechten Seite ziehen die ausgedehnten Zäune eines Rentierscheideplatzes meine Aufmerksamkeit auf sich. Dahinter erhebt sich

der schneebedeckte, weich gerundete Vuorje-Berg (1024 m). Seine Spitze verhüllen weiße Schneewolken.

Unten am *Buol'zajav'ri-See* stoße ich auf eine Schotterpiste, die den Samen die Zufahrt in ihre Rentierweideplätze ermöglicht. Nach der Querung ein paar versumpfter Wasserläufe, treffe ich am Nordende des Sees auf Gletschermoränen, die liebliche Sand- und Wiesenflächen hinterlassen haben (guter Nachtplatz). In diesem etwas geschützten Tal gedeihen auch wieder niedrig gewachsene Birken. Jetzt stehen nur noch nackte Skelette in der Landschaft.

Die Mållesjåkka fjellstue Der breite Mållesjåkka-Fluß führt zu dieser Jahreszeit wenig Wasser. Das Boot, das im Sommer eine Passage ermöglicht, liegt eingepackt am Ufer. Mit einigen Sprüngen über recht glatte Felsblöcke erreiche ich das andere Ufer und stehe kurz danach vor der Fjellstue. Das Nebengebäude gehört der staatlichen Forstverwaltung und ist für

Wanderer und Jäger zur Übernachtung eingerichtet. Eine Samenfamilie wohnt ganzjährig in diesem abgelegenen Teil der Finnmark. Nur ein alter Mann ist anwesend, während die Jüngeren weiter im Norden bei der Renherde die Vorbereitungen für den beschwerlichen Zug zu den Winterweideplätzen treffen. Es besteht die Möglichkeit, mit dem Motorboot über den großen Iesjav'ri-See die Strecke zur Joat'kajav'ri fellstue um einen Tagesmarsch abzukürzen.

Unter einem wiederum strahlend blauen Himmel mache ich mich auf den Weg. Über den reißenden Abfluß aus dem *Ståppuluobbal-See* führt eine Hängebrücke. Der Wind peitscht mächtige Wellen das Ufer hinauf. Im Hintergrund leuchten die rot gestrichenen Häuser der Fjellstue durch die nackten Bäumchen, wo der alte Same die Wäsche zum Trocknen in den Wind hängt. Windgeschützt lege ich hinter einem kleinen Moränenhügel eine Pause ein und genieße die wärmenden Sonnenstrahlen.

Der weitere Pfadverlauf leitet mich über eine riesige Ebene. Ausgedehnte Flächen von hellen Rentierflechten, dunkle Moore, eine Vielzahl an Seen und die Hügel von Tundrenpolygonen liegen auf dem Weg. Am späten Nachmittag erreiche ich eine kleine Anhöhe, die mir einen weiten Blick über die Vidda erlaubt. Den nördlichen Horizont begrenzen die weichen Linien der schneebedeckten Bergrücken. Diese weite, unberührte Tundra hat etwas an sich, das in seinem Ausmaß lockt und zugleich erschreckt.

Wetterumschwung Beim anschließenden Anstieg zum *Rappesvarri* (-Berg, 479 m) stelle ich mein Zelt oberhalb eines kleinen Tümpels auf. Sanft wiegt sich das goldene Gras in der stillen Abendbrise. Die Tage werden rasch kürzer. Ich steige nochmals zum Wasserholen zum Tümpel hinab. Mittlerweile breiten sich die dunklen Schatten der Dämmerung über der Vidda aus. Die Silhouetten der schneebedeckten Berge reflektieren die rot-violette Abendröte. Gemeinsam spiegeln sie sich in der glatten Oberfläche des Gewässers. Die roten Schimmer am Himmel beginnen zu verblassen, und über die in nächtliche

Der Rappesvarri-Berg südlich des Iesjav'ri(-See) hebt sich kaum 100 Meter aus der Ebene hervor. Trotzdem werden die Dimensionen der menschenleeren Finnmark begreiflich. In den küstennahen Bergen im Norden wird jetzt, in der zweiten Septemberhälfte, der Schnee bereits liegenbleiben.

Finsternis gesunkene, schlafende Erde erstreckt sich das fast unbewegte, grünweißliche Band des Polarlichtes. Plötzlich wird der heller werdende Lichtbogen nach unten scharf begrenzt, und senkrecht nach unten fallende violette Strahlen wandern mit hoher Geschwindigkeit über den sternenklaren Himmel. Langsam erlöschen die Farben und das Leuchten wird schwächer, um sich später wieder zusammenzuziehen und erneut aufzuflammen.

4. Tag: Rappesvarri – Joat'kajav'ri

Wieder schlägt das Wetter um. Noch in der Nacht weckt mich das Geräusch von Schneeflocken auf dem Zelt. Am Morgen bläst ein scharfer, kalter Wind, die Wolken hängen tief und werden mit hoher Geschwindigkeit über meinen Kopf getrieben. Zeitweise hüllen mich Wolken ein und entladen sich in einem feuchten, großflockigen Schneefall. Meine größte Sorge ist, daß plötzlich der Winter einzieht und ich den Pfad und die Markierungen nicht mehr erkennen kann. Doch der Weg ist so ausgeprägt, daß er nicht zu verfehlen ist.

Zwischen zwei Bergkämmen des Rappesvarri zieht sich ein Rentierzaun von Nord nach Süd durch die braune Vidda. Er soll verhindern, daß sich die Herden verschiedener Familien untereinander vermischen. Jede Familie oder die Familienzusammenschlüsse verfolgen Jahr für Jahr die gleichen Wege zu den Sommer- bzw. Winterweideplätzen. Natürlich versucht man sich mit Familien, deren Herden traditionellerweise ähnlichen Routen folgen oder die eigene Route kreuzen, abzusprechen. Trotzdem kommt es zu gefährlichen Annäherungen verschiedener Renherden.

Am Süd-Westende des Iesjav'ri prägen wieder Gletschermoränen, diesmal in Form von langgezogenen Sanddünen, das Bild (schöne Zeltplätze). In der *Iesjav'ri ødestue* wollte ich geschützt vor den zeitweise stürmischen Schneefällen eine Rast einlegen. Das einzige was ich jedoch vorfinde, sind die Reste der Grundmauern. Die ehemaligen Einrichtungsgegenstände liegen verstreut in ihrer Umgebung. So kauere ich mich zwischen spärlichen Birkenbewuchs hinter einem kleinen Hügel nieder. Hier in der Niederung ist fast aller Schnee wieder weggetaut.

Auf dem weiteren Weg nach Norden ist der Boden teilweise tief aufgeweicht und versumpft.

Auf altem Packpferd-Pfad nach Norden

Nach der Umrundung des *Njar'gajav'ri* (-See, 419 m) stoße ich am Ostufer des *Gukkesluobbal-Sees* (411 m) auf einen Fahrweg, der früher als Packpferd-Pfad Verwendung fand. Heute erlaubt er den Samen, die Rentierherden in diesem Teil der Vidda mit Geländefahrzeugen zu begleiten. Der breite Seeabfluß, der am Nordende zu queren ist, bereitet bei diesem niedrigen Wasserstand keine Probleme. Vor mir baut sich jetzt der erste nennenswerte Anstieg dieser Tour auf. Knapp 100 Höhenmeter zieht sich der breite Pfad über einen Nebengipfel des *Dav'goai'vi* (520 m) hinauf. Oben erwarten mich wieder Neuschneefelder, tiefe Wolken hüllen mich ein, und begleitet von starken Windböen entladen sie sich in einem nassen, großflockigen Schneefall. Die Kapuze tief über den Kopf gezogen, vernehme ich nur noch den Klang meiner Schritte. Doch plötzlich fällt mein zu Boden gerichteter Blick auf unzählige Hufabdrücke von Rentieren, die den Weg hier kreuzten. Wenige hundert Meter danach noch einmal. Zeitweise hebt sich der Nebel etwas, und ich versuche, die im Schneefall verschwommenen Hügelketten

Markieren der Rentiere und Zug zur Winterweide

Vor einigen Jahren verbrachte ich mehrere Wochen auf einer Insel nördlich von Tromsø. Ich wollte die Samen bei ihrer Arbeit, dem Zusammentreiben der Rentiere, dem Schwimmen der Tiere aufs Festland und ihre Vorbereitungen für den langen Marsch beobachten. Damals brach der Winter überraschend früh und unvorhergesehen herein. Innerhalb dreier Tage fiel an der Küste bis zu einem Meter Schnee. Die Arbeit wurde um drei Wochen verzögert. Auch auf einer benachbarten Insel hatte niemand mit dem Wintereinbruch gerechnet. Die dortige kleine Samenfamilie mußte zusätzliche Arbeitskräfte einstellen, um die Tiere überhaupt zusammenzubringen. Vor zwei Jahren besuchte ich sie wieder. Planmäßig konnte sie am 25. September die Tiere über den Fjord schwimmen lassen.

mit den Augen abzutasten, die Tiere bleiben jedoch unsichtbar.

Nach einer weiteren Erhebung (Roavvoai'vi, 495 m), stößt von rechts der markierte Weg von der Vat'taluok'ta-Bucht dazu. In dieser Bucht werden Wanderer abgesetzt, die sich von der Mållesjåkka fjellstue mit dem Boot über den Iesjav'ri-See bringen lassen. Auch die Wintermarkierung, die die verstreuten Samen-Gehöfte miteinander verbindet, läuft parallel dazu.

Zurück in die Zivilisation Eine Hochspannungsleitung kündigt die baldige Rückkehr in die Zivilisation an. Kurz

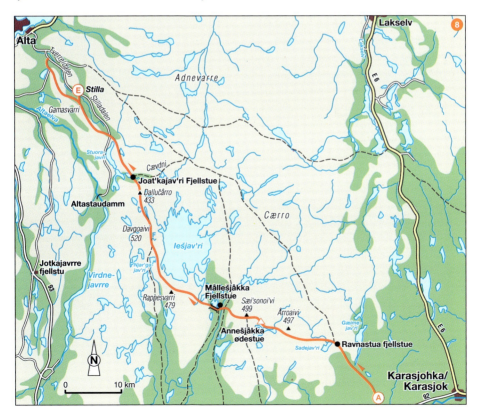

danach finde ich oberhalb des *Ajaskåppe-jav'ri* (-See, 387 m) einen geeigneten Zeltplatz. Feuchtes Schneetreiben beendet den Tag.

5. Tag: Joat'kajav'ri – Stilla oder Tverrelvdal fjellstue

In der Nacht fällt kein weiterer Schnee, dafür ist es absolut windstill. Morgens hängen im Innenzelt die Tropfen des Kondenswassers. Alles ist feucht – der Schlafsack, die Matte, Kleidung, Socken, Schuhe –, alles kalt, klamm und unangenehm. Während des Frühstücks vernehme ich Motorgeräusche, Hundegebell und rufende Menschen. Irgendwo werden Rentiere zusammengetrieben.

Nachdem der Pfad den Kamm des *Dallucårro* (-Berg, 433 m) hinaufführt, erscheinen unter mir, lieblich eingebettet am Ufer des Bajitjav'ri (-See, 386 m), die roten Häuser der *Joat'kajav'ri fjellstue*. Dahinter erhebt sich der steile Hang des Cœv'dni-Bergrückens. An seiner unteren Seite ragt dichter Birkenbewuchs aus dem grauen Boden. Im oberen Fjell herrschen wieder Schneeflächen vor. Vom höchsten Punkt überblickt man ein weites Landschaftspanorama. Hinter mir erstreckt sich die mit weißen Tupfern durchsetzte dunkle Weite der Finnmarksvidda. Vor mir, den tiefen Spuren des Traktorweges folgend, ragen die wilden, felsgrauen Gebirge der Küste in einen bedrohlich schwarzen Himmel. Auf der linken Seite ist der Einschnitt der Schlucht zu erkennen, die der Altaelva (-fluß) auf seinem Weg zum Meer in den Fels geschürft hat (Alta-Canyon).

Parallel zum langgezogenen *Stuora-jav'ri* (-See, 383 m) steige ich langsam zu seinem See-Ende ab. Auf der gegenüberliegenden Seeseite führt das neue Asphaltband zum umstrittenen Alta-Staudamm. Beim letzten, steilen Abstieg heben sich die Körper von Rentieren von dem in letzten fahlen Herbstfarben stehenden Birkenwald ab. Mit schnellen Bewegungen fliehen sie den Hang hinauf. Ich bin überrascht, in den letzten Septembertagen die Tiere noch so weit im Norden anzutreffen. Aber niemand kann den Einbruch des Winters besser vorhersagen als der Instinkt der Tiere und die Erfahrung der Samen. Offensichtlich ist weiterhin warmes Wetter angesagt, und die Samen nutzen dies, um so spät wie möglich die ohnehin überweideten Wintergebiete im Süden, an der finnischen Grenze, zu erreichen.

Am frühen Nachmittag erreiche ich die Straße am Ende des *Stuorajav'ri-Sees*. Einige Wochenendhäuser sind seit der Erschließung dieses Gebiets errichtet worden. Auf der anderen Straßenseite führt der Weg wieder in den Birkenwald hinein. Nach 12 km kann man entlang des Höhenzugs oberhalb des Stilladalen die Ortschaft *Stilla* (per Autostopp nach Alta) oder nach weiteren 7 km die *Tverrelvdal fjellstue* erreichen (ab Romsdal 3mal täglich Schulbus – Achtung Schulferien von Mitte Juni bis Mitte August!).

Hütten dieser Tour

Name	Typ	Betten	Schlüssel	Öffnung	Sonstiges
Ravnastua	Bp	20	–	Gj	
Mållesjåkka	Bp	24	–	Gj	
Joat'kajav'ri	Bp	38	–	Gj	

Tourenprofil: Die weite Ebene der Finnmarksvidda

Tag	Strecke	Höhe	Entfernung	Gehzeit	Pässe/Bemerkungen
	Start: Assebak´te, 12 km von Karasjok				
1.	Ravnastua	330 m	15 km	4–5 Std.	Traktorweg
2.	Mållesjåkka fjellstue	390 m	25 km	7 Std.	Sœi´sonoi´vi, 480 m, Annesjåkka-Einödhütte
3.	Joat´kajav´ri fjellstue	390 m	35 km	10 Std.	Dav´goai´vi, 500 m
	oder über den Iesjav´ri		16 km	5 Std.	Boot kostenpflichtig
4.	Endpunkt: Stilla	280 m	17 km	5 Std.	Cœv´dni, 510 m
	Total etwa:		108 km	4–5 Tage	

Nützliche Hinweise

Ausgangsort: Assebak´te.
An-/Rückreise: *Assebak´te:* Mo., Mi., Fr., So. – 1mal von Karasjok (an Schultagen 3mal täglich), Mo., Mi., Fr., So. – 1mal von Kautokeino.
Endpunkt: Straße beim Stuorajav´ri: Autostopp möglich, aber wenig Verkehr!
Stilla: Autostopp (20 km nach Alta-Flughafen).
Tverrelvdal fjellstue: Schulbus ca. 3mal täglich ab Romsdal (Schulferien beachten) – 10 km nach Alta-Flughafen.
Busverbindungen ab Elvebakken.
Markierung: Sehr gut markiert und beschildert. Wintermarkierungen durchziehen die ganze Vidda, da Schneemobile ein übliches Verkehrsmittel innerhalb der Finnmarkvidda darstellen.
Hütte/Zelt: Entlang der Wanderrouten durch die Finnmark findet man Hütten, die dem Staat gehören, aber an Privatpersonen verpachtet werden. Es werden auf Bestellung Mahlzeiten serviert; Proviant kann gekauft und in voll ausgestatteten Küchen selbst zubereitet werden.
Das Zelt ist wegen der großen Abstände zwischen einzelnen Hütten vorzuziehen – Ausgezeichnete Stellplätze.
Beste Wanderzeit: Anfang August bis Mitte September.
Im Juli sind noch viele Naß- und Sumpfstellen zu bewältigen. Außerdem ist zu dieser Zeit die Mückenplage fast unerträglich. Mitte bis Ende August sollte der Boden weitgehend trocken sein, und die Mücken werden täglich weniger.
Tip: Erste und zweite Septemberwoche flammt die »Ruska«, das Farbenfeuer des Herbstes, auf. Ende September ist die Herbstfärbung verglüht, und es ist mit dem ersten Schnee zu rechnen.
Schuhwerk: Gummistiefel.
Karten: Top. Karte Serie M711 1:50000: Iesjåkka 2033 IV (nicht unbedingt notwendig), Stiipanav´zi 2034 III, Jesjav´ri 1934 II, Suoluvuobmi 1934 III, Gargia 1934 IV

9

Relikte einer vergangenen Klimaperiode

Der nördlichste Kiefernwald im Stabbursdalen-Nationalpark

In der nördlichen Finnmark wächst in einem geschützten Küstenstreifen des Porsangerfjordes der nördlichste Kiefernwald der Welt. Aufgrund dieser Tatsache wurde hier im Jahr 1970, in einer geographischen Breite von 70° 10', der 96 km² große Stabbursdalen-Nationalpark errichtet. Bis zum Nordkap sind es gerade noch 120 km. Von der weiten Hochfläche der Finnmark bricht sich der Stabburselva in einem wilden, etwa 4 km langen Canyon, mit seinen tosenden Wassermassen seinen Weg zu seinem großflächigen und von vielen Seen unterbrochenen Flußdelta, wo die Kiefernwälder etwa eine Fläche von 10 km² bedecken.

Dieser Kiefernwald, der von menschlichen Eingriffen so gut wie verschont blieb, konnte sich während einer nacheiszeitlichen Wärmeperiode vor etwa 4500 Jahren ausbreiten. Einst bedeckte er die ganze Finnmark. Nachdem die Temperaturen wieder geringfügig sanken, verschwand er aus der Finnmark und konnte sich nur in der geschützten Ebene des Stabbursdalen halten. Die größten Bäume befinden sich an den Hängen des Halde und dürften 500 Jahre alt sein.

Auf engstem Raum können hier alle Vegetationstypen des Nordens beobachtet werden. Üppiger Pflanzenwuchs herrscht in den Tälern vor, die nahen Berghänge werden bereits von der Kargheit arktischen Fjells beherrscht. Die abgerundeten Formen tragen deutlich die Spuren, die das Inlandeis hinterlassen hat.

Kurzcharakteristik

Gemütliche Wanderung entlang des eindrucksvollen Stabbursdalen. Sanft gewellte Hügelketten und versumpfte Senken prägen das Landschaftsbild. Vegetationsreiche Niederungen wechseln innerhalb weniger Höhenmeter mit nordischem Kahlfjell. Am Ende der Tour durchwandern wir im küstennahen Delta des Stabburselva den nördlichsten Kiefernwald der Welt.
Gesamtdauer: 3 Tage
Streckenlänge: 47 km
Kartenskizze: Siehe Seite 157

1. Tag: Auf Irrwegen durch die Tundra

Am Abend bauen wir das Zelt neben der E 6 auf. Der Startpunkt der Tour ist gar nicht so leicht zu finden. Von Alta kommend fahren wir über das hügelige Sennalandet, ein Sommerweidegebiet der Kautokeino-Samen. Einige kümmerliche Samenhütten liegen an der Straße, die während der Touristensaison teilweise als Souvenirstände dienen. Aus den Schornsteinen steigt Rauch auf, geländegängige Fahrzeuge und zum Trocknen aufgehängte

Die Bäche, die die herbstlich gefärbte flache Landschaft oberhalb des Stabbursdalen durchziehen, führen zu dieser Jahreszeit empfindlich kaltes Wasser.

Rentierfelle zeigen uns, daß die Samen mit dem Zusammentreiben ihrer Tiere beschäftigt sind. Nach wenigen Kilometern öffnet sich rechts das Tal. Hinter einer kleinen Brücke über den *Okselva* finden wir den Wegweiser ins Stabbursdalen.

Am Morgen erwartet uns feuchtes Wetter. Aber zwischen der niedrigen Wolkenschicht lassen einige Öffnungen die Sonnenstrahlen die herbstlich gefärbten Berghänge erleuchten.

Wenige Meter hinter der Straße, vorbei an zwei Hütten, quert der Pfad den *Jåvnajåkka*. Ein Blick auf die Karte bestätigt uns, daß wir die Biegung des Bachlaufs umgehen können, und uns so ein Bad im kalten Wasser erspart bleibt. Dafür müssen wir durch sumpfiges Terrain. Vorbei an verkrüppelten Birken und blutrot gefärbten Beeresträuchern stoßen wir nach kurzer Zeit tatsächlich auf einen Pfad und folgen ihm leichtgläubig. Dieser gut sichtbare, aber nicht markierte Weg führt uns auf ebenem Gelände, meist leicht erhöht den Sumpfgebieten ausweichend, bis zum *Navgastjåkka.* Langsam kommen an der Richtigkeit der gewählten Route Zweifel auf. Trotzdem beschließen wir, den Bach zu überqueren und uns am gegenüberliegenden Hügel neu zu orientieren. Gudrun steigt mit ihren Turnschuhen ins eiskalte Wasser, ich hänge mir die Packtasche von Kojuk, Gudruns Schlittenhund, über die Schulter, nehme Kojuk an die Leine und balanciere über glatte Steine ans andere Ufer. Lautstark muß ich Kojuk zu Disziplin ermahnen, um von ihm nicht umgerissen zu werden. Mit vom eisigen Wasser schmerzverzerrtem Gesicht muß Gudrun die wilden Begrüßungssprünge von Kojuk über sich ergehen lassen. Nach der Flußquerung verläuft sich der Pfad im widerspenstigen Gebüsch.

Von oben können wir die seenreiche Talsenke gut überblicken. Im leichten Nieselregen versuche ich mich mit Hilfe von Karte und Kompaß anhand der leicht gewellten Hügelketten zu orientieren. Wir sind weit von der vorgesehenen Richtung abgekommen, und sollten uns auf der anderen Seite der Senke befinden. So bleibt uns nichts anderes übrig, als in die versumpfte Ebene hinabzusteigen, und uns eine Passage durch den *Bastinjåkka-Bach* zu suchen.

Zeltplatz zwischen Tundrenpolygonen

Von Grasbüschel zu Grasbüschel, den Wasserstellen und Sumpflöchern ausweichend, nähern wir uns langsam dem Fluß. Dort müssen wir feststellen, daß das träg dahinfließende Wasser etwa schultertief sein dürfte. Wir erhoffen uns eine Passage flußabwärts und versuchen, weiteren Moorgebieten über die Erhöhungen der Tundrenpolygone auszuweichen. Hereinbrechende Dämmerung und leichter Nieselregen zwingen uns dazu, einen Nachtplatz zu suchen. Dort, wo der Navgastjåkka und Bastinjåkka (-Fluß) nahe aneinandertreten, ragt eine kleine bewachsene Gletschermoräne wie eine Insel aus dem Sumpf auf. Tatsächlich finden wir dahinter eine kleine ebene Fläche, gerade groß genug für das Zelt und die Regenschutzplane für Kojuk.

Die ganze Ebene ist übersät mit dem gleichmäßigen Muster der Tundrenpolygone. Das sind kreisförmige Anordnungen von größerem Gesteinsmaterial aus den bodenbedeckenden Schichten, während sich im Inneren der Kreise wesentlich feineres Material an der Oberfläche findet. Viele dieser Kreise fügen sich zu Polygonflächen zusammen. Die Tundrenpolygone entstehen aufgrund plötzlicher Temperaturstürze beim Übergang von Sommer zu Winter. Dabei kommt es zu einer Kontraktion des Erdreiches der obersten Bodenschichten. Um das kältegeschrumpfte Bo-

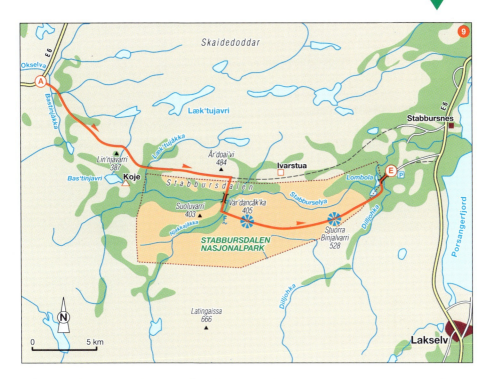

denmaterial öffnen sich in regelmäßiger Anordnung Spalten. Dabei wird das Bodenmaterial nach Korngrößen sortiert und getrennt. Hier weisen die Polygone einen Durchmesser von bis zu 1 m auf.

2. Tag: Zurück auf den Pfad

In der Nacht hat es etwas geregnet, und obwohl es gefühlsmäßig recht warm ist, sind die nahen Hügel mit einer dünnen Schneeschicht übertüncht worden. Es ist windstill. Im Sommer würden uns bei diesem Wetter Tausende Moskitos vor dem Zelt erwarten. Jetzt, Mitte September, haben die kalten Nächte die letzten Mücken längst vertrieben. Nach unserem gestrigen Irrweg können wir unser Auto an der E6 als kleinen Punkt ausmachen und müssen die Tour praktisch neu beginnen. Während Gudrun das Lager abbricht, erkunde ich das Ufer des Bastinjåkka auf der Suche

nach einer möglichen Passage. Einige glatte Felsplatten ziehen sich wie eine Brücke durch das Wasser. Im Hintergrund flammt mit den ersten Sonnenstrahlen die weite Tundrafläche in den Farben des Herbstes auf und sie reflektieren sich im glasklaren Wasser. Kojuk weigert sich wieder einmal, ins kalte Naß zu gehen und springt aufgeregt am Ufer auf und ab. In diesem Gebiet lassen wir ihn immer an der Leine gehen. Zu groß ist die Gefahr, daß er bei einer Begegnung mit Rentieren auf und davon ist. So gutmütig er auch auf unsere Kommandos reagiert, wenn einmal sein Jagdinstinkt erwacht, ist er nicht mehr aufzuhalten.

Zwischen in knorriger Wildheit gewachsenen Birken steigen wir den Hang des *Vuov'decåk'ka* (336 m) hinauf. Dahinter stoßen wir auf den markierten Pfad. Er ist von den motorisierten Fahrzeugen der Samen tief aufgewühlt und zieht sich an einem Rentierzaun entlang. In der nächsten Talsenke erschweren wiederum ausgedehnte Sumpfstellen ein Vorankommen. Mit den Gummistiefeln ist ein Durchkommen gut möglich. Für Gudruns Gore-Tex-Schuhe sind viele Naßstellen zu tiefgründig, und sie muß sich streckenweise durch dichtes Gestrüpp quälen. Motorgeräusche nähern sich von hinten. Ein Same kämpft sich mit seinem 4-wheel-driver, eine Art Motorrad mit vier Ballonreifen, durch den Sumpf.

Sanfte Anhöhen umgeben uns. In den Senken glänzen Seen und Tümpel, eingerahmt von vergoldeten Grasflächen. Dunkle Wolkenschatten ziehen langsam über die Einöde und lassen das niedrige Gebüsch an den Hängen fleckenweise aufleuchten.

Am Fuß des Lin'njavarri (-Berg, 387 m) legen wir im Birkenwald am Ufer des *Lin'njajav'ri* (-See, 332 m) eine Rast ein (herrlicher Nachtplatz mit Feuerstelle). Drei Jäger kommen vorbei, die im Wald Schneehühnern nachstellten. Eiskalte Windböen treiben uns bald wieder zum Weitermarsch. Wieder stapfen wir durch ausgedehnte Feuchtgebiete mit Moltebeeren und aufgeworfenen Frostböden, die vor allem Gudrun ziemlich zusetzen. Langsam lassen ihre Schuhe an

Rentierscheid

Als ich vor wenigen Jahren in diesem Gebiet war, konnte ich, nur wenige Kilometer entfernt, die Samen beim Sammeln der Rentiere beobachten. Es fand am 21. September statt. Zuvor müssen die Tiere in langwieriger Arbeit aus einem riesigen Gebiet zusammengetrieben werden. In einem so flachen Terrain nützen die Samen die Bequemlichkeit von technischen Hilfsmitteln. Motocross-Maschinen und 4-wheel-driver haben schon vor vielen Jahren Einzug gehalten. Nur noch in den gebirgigen Küstengebieten werden die Tiere in zeitaufwendigen Fußmärschen von den steilen Berghängen herabgetrieben. Nachdem die Rentiere geschlossen in ein trichterförmiges Gehege getrieben wurden, weigern sie sich mit aller Kraft, die geschlossene Einzäunung zu betreten. Zunächst versucht es der alte Same auf traditionelle Art. Mit einem Seil fängt er sich den Leitbullen aus der Herde heraus und führt ihn langsam in den geschlossenen Zaunring hinein.

Nach mehreren Stunden und vielen gescheiterten Versuchen wechseln die Samen zu einer gefährlicheren Variante. Hand in Hand bilden wir hinter der Herde eine Menschenkette. Unterstützt werden wir von den Hunden und lauten Maschinen. Langsam bewegen wir uns auf die Herde zu, um sie ins Gehege hineinzudrängen. Doch dann passiert das Befürchtete. Die Tiere geraten in Panik und versuchen nach allen Seiten auszuweichen. Mehrere Tiere rennen blind in die Zäune, manche versuchen sie zu überspringen oder nützen Lücken in unserer Menschenkette. Einige Tiere entkommen und müssen später einzeln wieder eingefangen werden. Den Großteil der Rentiere können wir langsam durch die Öffnung in die Einzäunung treiben. Nachdem sich die Tiere beruhigt haben, also nicht mehr panikartig im Kreis jagen, fangen sich einzelne Familienmitglieder die unmarkierten Kälber mit dem Seil heraus. Die Jungtiere folgen auf Schritt und Tritt den Muttertieren und sind so leicht zu erkennen. Selbst die Mädchen und Jungen verrichten ihre Arbeit, auch wenn sie sich teilweise zu dritt auf ein Tier stürzen, um es zu bändigen. Mit dem Messer erhält jedes Tier mit gekonnten Schnitten das Erkennungszeichen seines Besitzers am Ohr. In der modernen Renzucht ist diese überlieferte Kennung durch Plastikmarken ersetzt worden. Bis spät in die Nacht hinein holen sie sich bei Flutlicht Tiere aus der Herde, um sie zu markieren oder zu schlachten.

Eine neue lange Hängebrücke überspannt den Stabburselva an einer Stelle, an der sich der Fluß mit schäumendem Wasser durch die engen Felsen zwängt.

den Metallösen Feuchtigkeit eindringen.

Wir befinden uns an einem Absatz, an dessen Kante ein kleiner Tümpel liegt, dessen Ufer von fahlem Strohgelb welker Gräser umsäumt sind. Von hier aus blicken wir in das weitläufige Tal mit dem im Gegenlicht glänzenden nuortat *Bas'tinjav'ri* (-See, 271 m) hinab. Dahinter erheben sich die kahlen Häupter des schneebedeckten Fjells. Ein Hubschrauber fliegt die Hänge der Senke mehrmals entlang. Es dürften Samen sein, die nach verstreuten Rentieren Ausschau halten. Bisher haben wir noch kein Rentier gesehen; wahrscheinlich sind sie bereits unter der Aufsicht der Samen irgendwo zusammengetrieben worden.

Hinter dem kleinen See (302 m) steigt der Pfad durch dichten Birkenbewuchs den Hang des südlichen Geinudatgielas (372 m), auf trockenem Terrain an. Das Wetter hat sich enorm gebessert, der Wind hat die Wolken auseinandergeris-

sen. Weiches Sonnenlicht überzieht die Landschaft in ihrem herbstlichen Gewand. Vom Bergkamm aus haben wir einen ersten weiten Blick hinein in den Stabbursdalen-Nationalpark und können den Lauf des Flusses bis zum Horizont verfolgen. Langsam tieft sich der Flußlauf aus der Ebene in einem Graben zwischen den höher aufragenden Bergen ein. Während wir ins Tal des *Læk'tujåkka-Flusses* hinabsteigen, senkt sich die Sonne unter den Horizont und wirft von den Bergen lange Schatten ins Tal.

Unten taucht der kaum wahrnehmbare Pfad wieder in den ausgedehnten Sumpf ein, doch eine herausragende Felsplatte, die mit Moosen und Flechten überzogen ist, bietet einen guten Untergrund für das Zelt. Kurz nach 18 Uhr ist die Sonne untergegangen. Unter dem fast wolkenlosen Himmel kühlt die Luft sehr rasch ab, und alles wird mit feinem silbernem Reif überzogen.

3. Tag: **Hinein in den Nationalpark**

Das dämmrige Licht eines grauverhängten Himmels erwartet uns heute. Im fernen Süden ragt das strahlend weiße Haupt des einsamen Lattengai'sa-Fjells (950 m) in die grauen Wolkenmassen. Vor uns schlängelt sich der *Læk'tujåkka-Fluß* mit seinem dunklen Wasser durch den dichten Birkenbewuchs. Die Schafthöhe des Gummistiefels reicht gerade aus, um bei dem niedrigen Wasserstand trockenen Fußes ans andere Ufer zu gelangen. Gudrun hat es nicht so einfach. Etwas mißmutig zwängt sie sich in die hartgefrorenen Laufschuhe hinein und empfindet das Wasser zunächst als angenehm wärmend. Doch es wird eine ganze Weile dauern, bis sie wieder unter starken Schmerzen, Gefühl in ihre unterkühlten Füße bekommt.

Solange wir in der Senke bleiben, herrscht wieder baumloses Moorland vor, unterbrochen vom birkenbewachsenen Trockenstellen. Hier queren wir zweimal Rentierzäune. Der Karte nach ziehen sie sich Dutzende Kilometer vom Norden herunter, um im Stabburselva in eine natürliche Begrenzung dieses Rentierdistriktes überzugehen. Diese Rentierzäune sind entstanden, um die Vermischung von Herden verschiedener Samenfamilien zu verhindern

Allmählich steigt der gut markierte, stellenweise aber kaum sichtbare Pfad den Schräghang unterhalb des stuorra År'doai'vi (484 m) an. Der Stabburselva zu unserer rechten Hand gräbt sich zusehends tiefer zwischen die Berge hinein. Langsam lichtet sich der Wald und geht in

feuchten Boden und ausgedehnte, glattgeschliffene Felsplatten über. Die Markierung folgt der Telegrafenleitung, die gleichzeitig die Nordgrenze des Nationalparks darstellt. Vor kurzem sind die Masten abgerissen worden. Allerdings sind kurze Holzstümpfe im Erdreich verblieben, und Metallteile liegen verstreut umher. Auf der gegenüberliegenden Hangseite wechseln Streifen von Birkenwald mit Ge-

Ein paradiesischer Lagerplatz oberhalb des Njakkajåkka-Bachs mit Ausblick auf das obere Stabbursdalen.

röllflächen und ergeben ein interessantes Muster. Dahinter schneidet die Schlucht des Njakkajåkka tief in das graue Fjell.

Auf einem kleinen Plateau stoßen wir auf eine Abzweigung. Der Hauptweg führt geradeaus am Nordrand des Nationalparkes entlang (Snekkernes, nach 3 km Ivarstua, nach weiteren 12 km Fahrstraße ab Madarjavri und weitere 7 km bis Stabbursnes an der E 6).

Über den Stabburselva zur Schlucht des Njakkajåkka Wir wählen aber die neue Route hinab zum Stabburselva. Beim steilen Abstieg tauchen wir bald wieder in dichten Birkenwald ein. Weg ist noch keiner erkennbar, allerdings sind die zahlreichen roten Markierungen an Steinblöcken und Bäumen nicht zu verfehlen. Zahlreiche Spuren von Wildwechsel queren den Hang. Durch den urwaldartig wachsenden

Wald taucht bald die Hängebrücke auf. Die Brückenbauer haben sich hier eine gute Stelle ausgesucht. Mit brausendem Tosen stürzt sich der Stabburselva über einige Felsstufen in ein ruhiges Becken hinein. Neben der Brücke hat der Fluß tiefe Auswaschungen in den Fels gespült. Flußabwärts erhebt sich aus dem leuchtenden Birkenurwald die dunkle, kahle Felswand des Badnalas (502 m), an dessen Fuß sich der Stabburselva seinen Weg durch das küstennahe Gebirge gebahnt hat.

Hinter der Brücke schlängelt sich der Pfad über tiefrote Beerensträucher und durch Bruchwald den Hang hinauf. Dann öffnet sich zu unseren Füßen eine imposante Schlucht zum Njakkajåkka hinab (oberhalb der Schlucht schöner Nachtplatz auf Wiesenböden). Steil führt der Weg einem kleinen Rinnsal folgend den Wiesenboden hinunter. Seit der Brücke fühlen wir uns wie in einer Traumwelt. Schon oberhalb der Schlucht laden saftig grüne Wiesen, unter herbstlich gefärbten Birken gelegen, zum Verweilen ein. Doch welch ein Kontrast erwartet uns hier. Schwarzer Fels und Geröll, üppig wuchernde Farne, und dazwischen leuchten Farbflecken in allen Gelb-, Orange- und Rottönen überschwenglich unter einem trostlosen Himmel. Unten geht der düstere Einschnitt in das liebliche Tal des Njakkajåkka über. In einigen Windungen fließt der Bach dem Stabburselva entgegen. Wenige hundert Meter flußaufwärts befinden sich die *Njakkafälle*, die ein eindrucksvolles Bild bieten.

Dort, wo die Gewässer ineinandermünden, durchfurtet der Pfad den Njakkajåkka. Das Wasser ist hier knietief und relativ

schnell fließend. Aber wir finden keine bessere Stelle. Langsam tasten wir uns über die glatten Steine im unsichtbaren Bachgrund (an der Watstelle traumhafter Nachtplatz mit Feuerstelle). Nachdem wir unsere Füße getrocknet und auf Bergstiefel gewechselt haben, müssen wir den Bach wieder flußaufwärts zurückgehen. Die Wände, die das Tal hier einfassen, sind zu steil. Nach wenigen hundert Metern erklimmt der Pfad den Bergkamm. Durch den in geheimnisvoller Dämmerung liegenden Wald leitet die Markierung geradewegs auf das Fjell des *Var'dancǎk'ka* hinauf. An den oberen Ausläufern des urwüchsigen Birkenwaldes, der sich vom Stabbursdalen bis zu uns hinaufzieht, schlagen wir das Lager am Rande eines kleinen Bachs auf Flechten und Moosen auf.

4. Tag: Über arktisches Kahlfjell

Von unserem erhöhten Nachtplatz können wir das ganze obere Stabbursdalen überblicken. Lebendig blickt die Sonne über den Bergen hervor und erwärmt die feuchte, kalte Luft der Nacht.

Langsam lichten sich die Krüppelbirken. In einzelnen Gruppen kämpfen sie um ihr Dasein gegen das offene weite Fjell. Zwischen silbernem Moos und Flechten schreiten wir über Schollen rotblättriger Beerensträucher. Doch bereits in 400 m Höhe endet die Mattenzone, und vor uns öffnet sich das von Steinen und Flechten grau gezeichnete Fjell. Mit dem Erreichen der Anhöhe haben wir kaum weitere Steigungen vor uns. Nirgendwo sonst in Norwegen ist der Abstand zwischen Waldzone und arktischem Hochgebirge kürzer als hier.

Unwirklich eingebettet inmitten einer Wüste mit abgerundeten Schuttbergen liegt der *Bak'teravdajav'ri* (-See, 447 m). An seinem flechtenüberzogenen Ufer kommt Bewegung auf. Eine große Rentierherde hat uns gewittert und jagt in wilden Sprüngen den Hang hinauf. Kojuk ist völlig verstört. Er kann es nicht verstehen, daß er nicht mit ihnen um die Wette laufen darf.

Auf der gesamten Etappe ist der Weg nur an den roten Markierungen erkennbar. Einen sichtbaren Pfad gibt es nicht. Manchmal quert unsere Richtung Pfade, die allerdings von Tieren stammen, und sich irgendwo in der weiten Hochebene verlaufen. Links schneidet der Stabburselva, eingerahmt von grauen Bergkolossen, seinen Weg durch den Berg.

Vom Kahlfjell des Stuorra Binalvarri (528 m) genießen wir das weite Panorama auf den nördlichsten Kiefernwald der Welt im Stabbursdalen-Nationalpark und auf den Porsangerfjord.

In der ersten Septemberhälfte wandelt sich die nordische Tundra, wie hier im Flußdelta des Stabbursdalen, in eine kaum vorstellbare intensive Herbstfärbung.

Blick auf den Porsangerfjord

Beim *Corvosjavri* (-See, 378 m) steigen wir in eine Senke hinab. Vor uns baut sich der graue Hang des *Stuorra Binjalvarri* (-Berg, 528 m), auf. Oben stehen wir auf einer luftigen Anhöhe. Das ausgedehnte Delta des Stabburselva breitet sich weit unter uns aus, wo sich der Fluß in vielen Buchten und seenartigen Erweiterungen durch die ausladende Talsenke windet. In der Ferne verliert sich die Weite über die Inseln des Porsangerfjordes, bis zu dem im Dunst verschwimmenden gegenüberliegenden Fjordufer.

In mehreren Windungen steigt der Pfad steil ab, bis der Untergrund wieder mit niedrigem Gebüsch und goldbelaubten Zwergbirken durchsetzt ist. Nirgends zuvor habe ich solche Mengen an Blaubeeren gesehen wie hier. Über eine Stunde sitzen wir im Gestrüpp und schlagen uns

die Mägen mit den süßen Früchten voll. Unten im Tal beschert die Natur unseren Augen eine regelrechte Farbsymphonie. Gleichzeitig laben wir uns an den Preiselbeeren, die jetzt, nach ersten Frösten, tiefrot ihre herbe Süße erreicht haben.

Zwischen dem Durcheinander an Seen, den sogenannten »lombolas«, stehen einige Wochenendhäuser. Dementsprechend ausgetreten zieht sich der Weg die letzten Kilometer durch den Kiefernwald dahin. Über den breiten *Dilljohka-Fluß* spannt sich eine Hängebrücke. Jetzt sind es nur noch wenige Meter, bis wir auf den Fahrweg stoßen, der uns nach etwa 5 km zur E 6 leiten wird.

Ruska-Herbstfarben des Nordens

Ende August verdrängen die ersten dunklen Nächte die lange Zeit des Lichtes. Die ersten Sterne sind am Nachthimmel zu

Nützliche Hinweise

Ausgangsort: Okselva an der E 6.

Anreise/Rückreise: Okselva (Sennalandet E 6) hat bis auf Sonntag 1- bis 2mal täglich Busverbindung von Norden und Süden. Stabbursnes wird ebenfalls 1- bis 2mal täglich (außer Sonntag) von Norden und Süden angefahren. Wer von Stabbursnes zurück nach Okselva will, muß in Olkderfjord umsteigen (Direktanschluß).

Markierung: Die Tour ist durchgehend sehr gut markiert. Im Osten folgt sie den Arbeits-wegen der Samen. Im neu erschlossenen südlichen Abschnitt ist großteils noch kein Weg erkennbar.

Hütte/Zelt: Zwei Hütten befinden sich in diesem Gebiet. Eine offene Samenhütte (2 Betten) steht zwischen dem Bastinjavrri und Njar'gajavrri (Seen), 2 km abseits der Route. Die zweite Hütte (AOT-Schlüssel!) liegt an der Route nach Snekkernes.

Diese Wanderung ist als Zelttour vorzuziehen. Es finden sich überall gute Stellplätze.

Beste Wanderzeit: Anfang August bis Mitte September. Davor muß mit sehr tiefem Boden gerechnet werden. Die Flüsse sollten bereits im Juli problemlos passierbar sein. Bis Mitte August unvorstellbar viele Mücken. Die schönste Zeit fällt in den September, wenn die Herbstfärbung die Vegetation in ein flammendes Meer verwandelt.

Schuhwerk: Gummistiefel.

Karten: Top. Karte Serie M 711 1:50 000: Stabbursdalen 1935 II, Lakselv 2035 III.

erkennen, und auch die ersten grünen Schleier des Polarlichtes zeigen sich in der kurzen Dauer der Finsternis. Mit den ersten Nachtfrösten naht die schönste Zeit des Nordens: die Ruska. Innerhalb weniger Tage flammen im Fjell und im Birkenwald die ersten goldgelben und roten Flächen auf. In einer für unsere Breiten unvorstellbaren Intensität leuchten Sträucher, Bäume und Flechten. Ganze Flächen scheinen im Gegenlicht der Sonne zu brennen. Dieses Naturspektakel dauert aber nur wenige Tage. Die Farben verglühen, der Wind raubt den Birken ihre Blätter und hinterläßt knorrige, nackte Skelette. Die Blätter der Beerensträucher verwelken und wechseln zu fahlen Brauntönen. Ende September bietet die Natur ein schläfriges, monotones Bild, der Wind treibt die ersten Schneeflocken übers Land, und ein weißer Schleier legt sich darüber.

Tourenprofil: Stabbursdalen-Nationalpark

Tag	Strecke	Höhe	Entfernung	Gehzeit	Pässe/Bemerkungen
Start: Okselva		285 m			Sennalandet an Straße E 6
1.	Læk'tujåkka-Fluß	265 m	15 km	5 Std.	Å'vuscåbma, 374 m
2.	Njakkajåkka-Fluß	140 m	9 km	3 Std.	År'davarstœl'li, 350 m
3.	Lombola (Parkplatz)	60 m	18 km	5 Std.	Stuorra Binjalvarri, 528 m
Endpunkt: Europastraße 6			5 km		Fahrstraße (2 km südl. Stabbursnes)
Total etwa:			47 km	3 Tage	

10

Mit Skiern zum nördlichsten Punkt Europas

Als das Ende unseres Kontinents, als Festung gegen die Kräfte des Nordmeeres – oder konkret – als »die« Touristenattraktion, zieht es alljährlich über 100 000 Besucher an den nördlichsten Punkt Europas, das Nordkap. Prinz Louis Philippe war 1795 der erste prominente Besucher, der zum Kap reiste. Ihm zu Ehren errichtete man eine Büste, die noch heute den Eingang zur Nordkaphalle ziert. Genau 100 Jahre später wurden die ersten Ausflüge zum Nordkap organisiert. Doch eines hat sich bis heute nicht geändert. Fast alle kommen im Sommer, in der Hoffnung, das Nordkap im Schein der Mitternachtsonne zu erleben.

Im nördlichsten Dorf Europas

Erst bei Dämmerung erreiche ich *Skarsvåg,* das nördlichste Fischerdorf Europas. Eine Anzahl Häuser gruppiert sich um den Hafen, der am Ende einer Bucht liegt und mit einer starken Steinmauer vor den Gewalten des Nordmeeres geschützt ist. Keine Spur von Romantik. Kein Baum und kein Strauch gedeihen hier in einer Landschaft aus Stein und Geröll, nichts bietet den heranbrausenden Winterstürmen Widerstand. Hier in Skarsvåg ist Endstation. Die letzten 15 km der geteerten Straße zum Nordkap sind unter Schneemassen begraben. Erst im Juni, wenn die ersten Touristen kommen, wird sie wieder befahrbar sein. Jetzt ist ein Weiterkommen nur auf Ski möglich.

Skarsvåg, das nördlichste Fischerdorf Europas, liegt nur wenige Kilometer südlich des Nordkaps. Modernste technische Hilfsmittel sind notwendig, um in den harten Wintermonaten den Kontakt zu diesem Außenposten der Zivilisation aufrechterhalten zu können.

Inzwischen sind wieder dunkle Wolken aufgezogen. Schneefall und erste Sturmböen setzen erneut ein. Für die Nacht suche ich mit meinem alten VW-Bus, der weder über eine Isolation noch über eine Heizung verfügt, hinter einem hohen, aufgeschobenen Schneeberg Schutz.

Milde Temperaturen am Nordmeer – dank Golfstrom

Am nächsten Morgen das gleiche Bild. Nach wie vor Sturm, der den Schnee waagrecht herantreibt. Dennoch ist die Temperatur im Bus angenehm, obwohl sie mit der Außentemperatur identisch ist: nur

Kurzcharakteristik

Von Honningsvåg sind es noch 34 km bis zum Kap. Im Winter ist die Straße allerdings nur bis Skarsvåg geöffnet. Wegen der rauhen und schnell wechselnden Witterungsbedingungen sehr anspruchsvolle Skitour. Auf den letzten 14 km ist eine Motorschlittenspur mit Birkenzweigen markiert. Sie führt zu einer Radarstation, 2 km westlich des Kaps, und ist aufgrund der häufigen Stürme sehr lückenhaft, was vor allem bei schlechten Witterungsbedingungen unangenehm werden kann.
Gesamtdauer: 1 Tag
Streckenlänge: 28 km
Kartenskizze: Siehe Seite 168

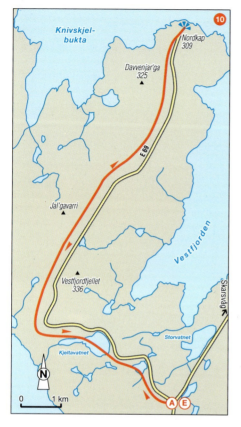

unter Schnee begraben, ist die Absperrung und Beschilderung kaum zu erkennen. Hier lasse ich den Bus zurück. Bereits nach wenigen Schritten auf den Langlaufski kündigen die ersten blauen Streifen am Himmel die erhoffte Wetterbesserung an. Um die Orientierung möglichst zu vereinfachen, möchte ich zumindest in Sichtweite der Straße bleiben, deren Verlauf ausschließlich an langen Stangen erkennbar ist. Nur einige Schneeverwehungen müssen umgangen werden.

Eisfischen   Ein paar hundert Meter abseits der Straße erspähe ich mitten auf einem zugefrorenen See einen roten Punkt. Neugierig geworden, laufe ich darauf zu. Aus der Nähe entpuppt sich diese rätselhafte Erscheinung als ein junger Mann. Auf dem Boden liegend, beobachtet er mit einer Taschenlampe die Fische durch ein Loch im Eis, wie sie den Köder an seiner Angelleine umschwimmen. Mit einem Ruck an der Leine zieht er einen etwa 25 Zentimeter langen Fisch aus dem Loch. Der vierte innerhalb einer Stunde. An guten Tagen holt er innerhalb von zwei Stunden über ein Dutzend Fische aus dem See, wie er mir erzählt. Arbeit gibt es jetzt im Winter keine, erst wieder im Sommer, wenn die Touristen kommen. Heute ist der erste sonnige Tag in diesem Jahr, berichtet er mir. Tatsächlich scheint die Sonne inzwischen von einem fast wolkenlosen Himmel, läßt den makellosen weißen Schnee in unglaublicher Helligkeit erstrahlen. Kein Geräusch, nicht einmal der Ruf eines Vogels unterbricht die absolute Stille. Nur der Klang der gleitenden Ski und das sanfte Sausen des Windes sind zu vernehmen.

Dann muß ich die Straße doch verlassen. Sie windet sich einen Steilhang querend empor und ist selbst mit Skiern so gut wie unpassierbar. Der hier ewig tobende Wind hat stellenweise manns-

wenig Grad unter dem Gefrierpunkt. Selbst hier am Nordmeer läßt der Einfluß des Golfstroms, der sich wie ein riesiges Heizkissen um die norwegische Küste legt, die Temperaturen nur selten auf extreme Werte sinken.

Ich habe nur diesen einen Tag für die Nordkap-Tour eingeplant, und bereite trotz des derzeitigen schlechten Wetters alles für einen baldigen Start vor. Da sich das Wetter schon die Tage zuvor regelmäßig im Laufe des Vormittages gebessert hat, hoffe ich auch heute auf einen Wetterumschwung. Und tatsächlich, noch während des Frühstücks weicht der Sturm einer fast unheimlichen Stille.

Zunächst geht es mit dem Auto auf der vereisten, glatten Schneefahrbahn zurück zu der Abzweigung zum Nordkap. Völlig

**Die letzten Kilometer zum Nordkap sind im Winter nur auf Skiern zu bewältigen.
Über dem flachen Nordkapplateau braut sich eine Schlechtwetterfront zusammen.**

hohe Dünen aus puderweichem Schnee angehäuft, wogegen andere Stellen der Straße freigeweht sind. So bleibt mir nichts anderes übrig, als in die Senke des *Kjeftavaten* hinabzufahren und mir dort den Weg zu suchen. Daß man hier viel leichter vorankommt, hätte ich mir schon vorher denken können. Auch stoße ich hier auf eine Markierung, die durch Bir-kenzweige im Abstand von ca. 50 m gekennzeichnet ist. Da diese Markierung das gleiche Ziel zu haben scheint, folge ich ihr. Später stellt sich allerdings heraus, daß sie nicht für Touristen gedacht ist, die wie ich ans Nordkap wollen, sondern zu einer Radarstation auf einer Halbinsel westlich des Kaps führt.

Das Gelände steigt jetzt ständig an.

Teilweise geht es nur noch im Grätschen-schritt weiter. Auf der linken Seite wird der Blick auf den Tufjorden freigegeben. Das pechschwarze Wasser des Nordmeeres und die strahlend weiße Fläche der Insel bilden einen atemberaubenden Kontrast. Meine Spur kreuzt mehrmals die Straße, die in großen Bögen das Gelände ausnut-zend, einen wesentlich weiteren Weg be-schreibt.

Das Nordkap als Geisterstadt Nach 3 Std. ist es dann soweit. Während die Markierung seitlich auf eine kleine un-scheinbare Landzunge hinaufführt, auf deren Spitze die Kuppel der Radarstation zu erkennen ist, breitet sich vor mir das mächtige Nordkapplateau aus, an dessen Ende sich die Umrisse der Nordkaphalle gegen den Horizont abheben. Ein paar hundert Meter vor dem Ziel lasse ich mei-ne Ski zurück, da das Plateau annähernd schneefrei ist. Der Wind läßt nicht zu, daß auf der ungeschützten Fläche Schnee lie-genbleibt.

Minuten später stehe ich vor der *Nord-kaphalle*. Kahl und abstoßend, verlassen wie eine Geisterstadt, kein Mensch weit und breit. Nur das an- und abschwellende Heulen des Windes. Hatte ich vielleicht doch gehofft, hier auf Menschen zu sto-ßen, so bin ich enttäuscht und beruhigt zu-gleich. Die Nordkaphalle, massiv gebaut aus Steinblöcken, die Fenster mit dicken Sperrholzplatten vernagelt, stemmt sich gegen die Gewalten der Natur. An der wind-abgewandten Seite häufen sich die ange-wehten Schneemassen. Hier finde auch ich etwas Schutz vor dem eisigen Wind.

Keine 50 m weiter gähnt der Abbruch zum Nordmeer, öffnet sich das Eismeer bis zum Horizont. 309 m fällt der Fels senk-recht ab, abgesichert durch einen starken Metallzaun. Deutlich sind die weißen Gischtfahnen zu erkennen, die der Nord-atlantik meterhoch den Fels hochschleu-dert, begleitet von einem dumpfen Dröh-nen, gleich einem fernen Gewitter. Faszi-niert, aber auch mit einem abstoßenden Gefühl, beobachte ich lange das Natur-schauspiel. Erst eine drohend schwarze Wolkenbank, die sich rasch von Norden heranschiebt, holt mich in die Realität zurück, veranlaßt mich, schnellstens den Rückweg anzutreten.

Die »magere« Insel versinkt in Nebel und Schnee Zunächst geht es wieder über die zum Teil vereiste Geröll-halde des Plateaus zurück zu den Ski. Noch huschen hie und da ein paar Son-nenstrahlen über die Schneefläche.

Doch langsam wechselt das Weiß der Insel in ein tiefes, deprimierendes Grau. In-nerhalb weniger Minuten ballen sich finstere Wolken über meinem Kopf zusam-men. Gleichzeitig wirbeln auch, heran-getrieben durch heftige Windstöße, die ersten Schneeflocken durch die Luft. Rund-herum versinken die schneebedeckten Hügelketten hinter einem undurchdringli-chen Nebelvorhang. Keine Geländestruk-turen sind mehr erkennbar, die Sicht, wenn überhaupt, auf wenige Meter beschränkt. Schon erkenne ich meine eigene Spuren, die ich erst vor kurzer Zeit gezogen habe, nicht mehr. Zum Glück habe ich mit den Birkenzweigen eine sichere Markierung, an denen ich mich entlangtaste. Erschwert wird die Suche nach dem nächsten Zweig allerdings durch die heranpeitschenden Schneeflocken, die sich wie Stecknadeln ins Gesicht bohren. Jetzt rächt es sich, kei-ne Schneebrille dabei zu haben. Schmerz-voll dringen die kleinen, harten Schnee-kristalle in die Augen ein, sobald ich auch nur für Sekundenbruchteile versuche, den Blick nach vorne zu richten.

Ich werfe mir nun vor, zu lange am Nordkap verweilt zu haben. Sonnenschein

Nützliche Hinweise

Das Nordkap liegt auf der Insel Magerøya, und bildet den beinahe nördlichsten Punkt von Europa. Ein paar Meter weiter nach Norden reicht noch die benachbarte, aber ziemlich unscheinbare Landzunge Knivskjelodden. Die Insel selbst ist durch den etwa 2 km breiten Magerøysundet vom Festland getrennt. Eine Fährverbindung besteht zwischen Kåfjord und Honningsvåg (für 1999 ist die Öffnung eines Straßentunnels unter dem Sund geplant). Auf der Insel leben etwa 3600 Menschen, die meisten in Honningsvåg (Hotel, gute Versorgungsmöglichkeiten, Flughafen, Anlegestelle der Hurtigroute und mehrerer Schnellboote). Von hier aus werden auch geführte Motorschlittentouren zum Kap angeboten.

Klima: Obwohl das Nordkap auf gleicher Höhe liegt wie z.B. Mittelgrönland oder die Nordspitze Alaskas, herrschen hier vergleichsweise milde Temperaturen. Hierfür ist vor allem der Golfstrom verantwortlich, der das im Karibischen Meer aufgewärmte Wasser an Norwegens Küste transportiert. Wintertemperaturen um den Gefrierpunkt sind die Regel, genauso hohe Niederschlagsmengen, Stürme und tagelang schlechtes Wetter.

Streckenlänge: Vom Ausgangspunkt (Abzweigung Skarsvåg – Nordkap) beträgt die Strecke zum Nordkap und zurück etwa 28 km. Insgesamt sind ca. 360 Höhenmeter auf dem Weg zum Nordkap zu bewältigen. Zurück ist der Weg überwiegend abschüssig. Eine Wintermarkierung führt zu einer Radarstation, etwa 1 km vor dem Nordkap.

Karte: Top. Karte Serie M 711 1:50 000: Nordkapp 2037 II

und beinahe frühlingshafte Temperaturen haben mich leichtsinnig gemacht. Mittlerweile fegt der Wind ungebremst mit voller Wucht über die Insel Magerøya, was soviel bedeutet wie die »Magere«. Einen treffenderen Namen hätte man dieser Insel nicht geben können. Nichts, absolut nichts, was einem vor den Unbilden des Wetters Schutz bieten könnte.

Fast bei jedem Schritt werde ich aus dem Gleichgewicht geworfen. Auch die nicht erkennbare Schneebeschaffenheit macht mir zu schaffen. Eis, Preßschnee und Pulver wechseln fast mit jedem Meter. Erste Ermüdungserscheinungen machen sich bemerkbar. Die nun folgenden Abfahrten gleichen einer Fahrt in einer Geisterbahn. Es geht ins Nichts, in eine weiße Wand. Auf hartgepreßtem Schnee gleite ich, bei dem Versuch abzuschwingen aus, und rutsche den ganzen Hang hinunter. Erst eine Schneewächte bringt mich zum Stehen. Fluchend befreie ich mich vom Schnee und muß mich erst wieder an die

verlorene Markierung herantasten. Weiter geht es über den großen *Kjeftavaten*. Doch plötzlich ist die Markierung zu Ende. Hier muß ich am Morgen von der Straße abgefahren sein. Um nicht Gefahr zu laufen, mich in diesem Schneegestöber zu verirren, will ich den gleichen, etwas umständlichen und beschwerlichen Rückweg nehmen. Die Ski auf der Schulter, klettere ich den vereisten Hang hinauf zur Straße.

Inzwischen ist es bereits merklich dunkler geworden. Die Angst, in der Dunkelheit die Straße nicht mehr erkennen zu können, wächst mit jeder Minute. Trotzdem zwingt mich die Erschöpfung immer öfter zu kurzen Pausen. Die Straße nur noch erahnend, tauchen im letzten Dämmerlicht die Umrisse des Autos vor mir auf.

Auf der Straße zurück nach *Skarsvåg* liegen bereits 10 cm Neuschnee. Am nächsten Morgen ist Skarsvåg von der Außenwelt abgeschnitten, die Straße nach Honningsvåg wegen Schneeverwehungen gesperrt.

11

Auf Wasserwegen in die Bergwelt Telemarks

Mit einer Vielzahl von reißenden Gebirgsflüssen hat sich Norwegen eher einen Namen unter Wildwasserpaddlern als unter Bootswanderern geschaffen. In der Provinz, die den aus dem Skisport bekannten Namen Telemark trägt, führt ein 105 km langer Wasserlauf von Skien an der Küste mitten in die Gebirgswelt von Südnorwegen nach Dalen. Einem jahrtausendalten Verkehrsweg folgend, wurde vor mittlerweile über 100 Jahren durch große Kanalisierungsarbeiten und zahlreiche Schleusenanlagen der Schiffsverkehr von der See her bis weit ins Land hinein möglich gemacht. Einst als wichtigste Verkehrsader vor allem für den Transport von Holz, dient er heute fast nur noch dem Freizeitvergnügen. Insgesamt acht Schleusenanlagen mit achtzehn Schleusenkammern überwinden einen Höhenunterschied von 72 m und verbinden natürliche langgestreckte Seen, die sich durch endlos scheinende Wälder und an steilen Felshängen entlang ihren Weg nahe an die Hardangervidda schneiden. Der Telemarkkanal ist die einzige Wasserstraße Norwegens, auf der heute noch geflößt wird.

1. Tag: Stadt der hundert Wassersägen

Skien, eine pulsierende Industriestadt am Ende des Skienfjordes, ist unser Ausgangspunkt. Schon zur Zeit der Wikinger ein Handelsplatz, entwickelte sich die Stadt dank ihrer günstigen Lage zwischen dem Meer und dem bergigen Hinterland rasch zu einem wichtigen Stapel- und Umschlagplatz. Im Jahr 1358 erteilte König Håkan VI. der Stadt die Kaufstadtprivilegien. Mitte des 16. Jh.s hielten die Wassersägen ihren Einzug und verhalfen der Stadt zu einem Zentrum des Holzhandels zu werden. Der Dramatiker Henrik Ibsen, der 1828 hier geboren und seine Kindheit am nahen Hof Venstøp verlebte, beschrieb die Stadt mit folgenden Worten: »Die Luft war bei Tag und Nacht vom dumpfen

Dröhnen der Wassermassen im Langfoss und Klosterfoss und den zahlreichen anderen Wasserfällen erfüllt. Am Tage durchschnitt das Kreischen und Stöhnen der Wassersägen das rauschende Brausen. Der Schrei von hundert Sägeblättern glich

Kurzcharakteristik

105 km langer Bootswanderweg auf einem alten Schiffahrtskanal, der sich die Atmosphäre des vergangenen Jahrhunderts bewahren konnte. Von der Küste klettern wir über mehrere Schleusen durch waldreiche Landschaft ins gebirgige Innere von Telemark.
Gesamtdauer: 5 Tage
Streckenlänge: 105 km
Kartenskizze: Siehe Seite 175

Der schmale Streifen Land zwischen den bedrohlich aufragenden Felswänden und dem Flåvatn-See bietet nur spärlichen Raum für landwirtschaftliche Betriebe. Trotzdem behaupten sich seit Generationen einige Familien erfolgreich gegen den steinübersäten Boden.

Früher war der Telemarkkanal ein wichtiger Transportweg für Mensch und Waren. Heute ist es die Freizeitindustrie, die das idyllische Wasserband durch die Provinz Telemark nutzt.

kreischenden Frauenstimmen.« Auch heute noch stellen die Papierfabriken, die Holz aus den nahen Waldgebieten verarbeiten, den wichtigsten Industriezweig dar.

Am *Bryggevannet*, dem inneren Hafenbecken von Skien, liegt der Abgangskai der Telemarksboote. Etwas dahinter legen wir unsere Ausrüstungsgegenstände auf dem Strand aus und verstauen sie in wasserdichten Packsäcken. In Anbetracht des großen Haufens Gepäck, bestehend aus mehreren prallgefüllten bunten Gummisäcken, erscheint das Faltboot eher klein. Auf jeden Fall sehen wir keine Chance, das Boot so zu beladen. Also wieder ausladen, umladen, bis alles seinen Platz gefunden hat. Dabei stellt sich heraus, daß mehrere kleine Säcke von Vorteil sind, die engen Stauräume übersichtlich zu füllen.

Nach dem Montieren der Fußsteueranlage gleiten wir aufs Wasser hinaus. Ein ganzer Teppich gebündelter Baumstämme bedeckt beide Seiten des Hafenbeckens, Kutter und Schleppboote liegen ruhig an den Stegen. Das dunkle Wasser, das undurchdringlich erscheint, läßt einen etwas erschaudern. Wir müssen uns erst daran gewöhnen. Bald paddeln wir unter einer großen Brücke hindurch, und tauchen in eine faszinierende Landschaft ein. Zunächst säumen noch parkähnliche Anwesen das Flußufer zur rechten Seite, doch bald leitet uns der stille Flußlauf in die baumbestandene Hügelwelt Telemarks hinein. Feinste Regentropfen vermögen die spiegelglatte Oberfläche des schmalen Wasserbandes, das nur eine geringfügige Strömung aufweist, kaum zu trüben.

Die erste Schleuse Bei dem von weitem erkennbaren weißen Kirchengebäude von Skotfoss, erreichen wir die erste Schleuse: *Løveid*. Bereits 1854–61 erbaut, ist sie die älteste der sieben bevorstehenden Schleusen. Den heutigen Bedürfnissen angepaßt, werden ihre Tore hydraulisch statt per Hand geöffnet und geschlossen.

Jetzt am Abend hat sich der Schleusenwärter in seine Holzhütte zurückgezogen und die Anlage für heute gesperrt. Aber wir haben sowieso nicht vor, uns den gefährlichen Turbulenzen, die während des Schleusvorganges entstehen, auszusetzen. Unterhalb der Schleuse legen wir an, erleichtern das im leeren Zustand immer noch fast 30 kg schwere Boot um sein Gepäck und tragen es zum 10,3 m höher gelegenen *Norsjø-See*. Eingeklemmt zwischen nackten Felsen, mußte die Passage in umfangreichen Sprengungen durch den Berg getrieben werden.

Am Grund der Schleusenkammern entdecken wir einen Wirrwarr von abgesoffenen Baumstämmen.

Inselleben Bald öffnet sich die Landschaft zu dem weiten *Norsjø-See*. Die Uferstreifen versinken langsam in dem blauen Schleier des Abendnebels. Es wird höchste Zeit einen Nachtplatz zu suchen. Mehrere kleine Inseln heben sich aus der Wasserfläche hervor. Wir steuern auf eine von ihnen zu. In einer von kahlen Steinplatten eingefaßten Bucht legen wir an und ziehen das Boot etwas hinauf. Auf der vielleicht 50 m langen Insel konnten einige Bäume Wurzel fassen. Zwischen ihnen spannen wir eine Zeltplane auf, um vor dem noch immer während Sprühregen geschützt zu sein.

2. Tag: Über den Norsjø-See

Auch am Morgen verhängen Nebelfetzen die nahen Berge. Die Morgenkühle hängt noch schwer in der Luft, als von der zurückliegenden Schleuse langsam die »Victoria« auf unser Insel-Idyll zudampft, um im geringen Abstand an uns vorbeizugleiten. Dutzende Hände winken uns entgegen. Die M/S Victoria ist mit ihren über 110 Jahren bereits eine betagte Dame. Aber als einziges Boot auf dieser Strecke hat sie ihr ursprüngliches Aussehen behalten. Sie wurde speziell für diesen Kanal konstruiert, denn die bis dahin auf den Seen verkehrenden Schaufelraddampfer waren für die Schleusenkammern zu breit. Die Abmessungen der Victoria entsprechen dagegen denen der kleinsten Schleuse.

Vor uns liegt der langgezogene *Norsjø-See*. »Nor« bedeutet auf altnorwegisch »schmaler Sund«. Waldreiche Hügellandschaft, versetzt mit landwirt-

Orte mit Schleusen	Höhe (in m)	Anzahl der Kammern	Höhenunterschied (in m)
Skien	0 - 5	1	5,0
Løveid	5 - 15,3	3	10,3
Ulefoss	15,3 - 26	3	10,7
Eidsfoss	26 - 36	3	10,0
Vrangfoss	36 - 59	5	23,0
Lunde	59 - 62	1	3,0
Kjeldal	62 - 65	1	3,0
Hogga	65 - 72	2	7,0

Gesamtentfernung Skien - Dalen 105 km
Gesamthöhenunterschied 72 m

So wie bei der Schleuse von Vrangfoss, sind alle Schleusenkammern des Kanals mit ihren gemauerten Wänden und hölzernen Toren, die von Hand bedient werden, in ihrem ursprünglichen Zustand bewahrt.

schaftlich genutzten Flächen prägt das Bild. Nach knapp 15 km offenen Wassers, steuern wir auf der linken Uferseite eine Bucht an, an deren hinterem Ende die Häuser von *Ulefoss* uns den Weg zur nächsten Schleuse weisen. Auch nach Norden führt ein befahrbarer Wasserweg bis zur etwa 40 km entfernten Stadt Notodden.

Auf Stufen in die Berge Die Schleusenanlage von Ulefoss ist die erste des *Bandakkanals,* der den Norsjø-See mit den um 57 m höher gelegenen Flåvatn verbindet. Entlang der 17 km langen Strecke waren nicht weniger als 6 Schleusen mit 14 Kammern notwendig. Als sie 1892

fertiggestellt wurden, galten sie als ein Kunstwerk, als Wunderwerk der damaligen Ingenieurskunst.

Wie bei jeder Schleuse legen wir unterhalb der ersten Schleusenkammer an, entnehmen dem Boot das Gepäck und tragen unsere Ausrüstung in mehreren Vorgängen ans obere Ende. Dort erwartet uns ruhiges Wasser, und bereits nach 4 km, in denen der natürliche Kanal enge Biegungen beschreibt, die nächste Schleuse.

Der Kanal wechselt seine Farbe mit Wetter und Wind, der Tages- und Jahreszeit. Das glitzernde Blinken der Sonnenstrahlen ist nun verschwunden. Das Band des Wasserlaufs ist nun schwärzer als die es umgebenden, unheimlich wirkenden Wälder.

Die Schleuse von *Eidsfoss* liegt in den Abendstunden verlassen da. So beschließen wir, nachdem wir die Ausrüstung hochgetragen haben, auf der Wiese neben dem kleinen Schleusenwärterhäuschen das Zelt aufzubauen.

3. Tag: Die Strecke der Schleusen

Freundlich begrüßen uns am Morgen die zwei Schleusenwärter. Es sind Studenten, die hier für die Sommerferien einen Job gefunden haben. Unser Gespäch wird bald unterbrochen. Die ersten Motorboote wollen hochgehievt werden.

Die nächsten 2 km zählen zu den eindrucksvollsten dieser Strecke. Durch eine enge Schlucht mit drohenden Überhängen, vorbei an hochwachsenden Bäumen und schroffen Felsen, spaltet sich der Wasserweg in den durch einen Steinwall von den schäumenden Stromschnellen abgetrennten Kanal. Mitten im Wald liegt sie vor uns, die größte und imposanteste Schleusenanlage des Bandakkanals: *Vrangfoss*. Fünf Schleusenkammern überbrücken den Höhenunterschied von 23 m.

Hinter Vrangfoss kann man in der Abgeschiedenheit stiller, dicht verwachsener Buchten stattliche Biberburgen beobachten. Im weiteren Verlauf stoßen wir noch auf die Schleusen *Lunde, Kjeldal* und *Hogga,* die jeweils über eine oder zwei Kammern verfügen. Wie am Vrangfoss wird auch hier das Wasser zur Stromgewinnung abgeleitet und der Wasserstand des Kanals reguliert. In einer schmalen, von Kiesterrassen und Felswänden eingefaßten Schlucht wird das Wasser in ein Loch durch den Berg abgeleitet. Warnschilder weisen darauf hin, diese Stelle zu umtragen.

Der spannende Teil des Kanals mit seinen Schleusen und eigenwilligen Krümmungen liegt nun hinter uns.

Ein Kanal entsteht

Der 25 m hohe Wasserfall und die darauffolgenden Stromschnellen schienen für den Kanalbau unüberwindliche Schwierigkeiten aufzuwerfen. Auch schon die Flößerei hatte mit Problemen zu kämpfen. Baumstämme verkeilten sich derart, daß es unmöglich schien, sie zu entfernen. Ganzjährig waren 14 Personen damit beschäftigt, die Wasserrinne frei zu halten. Für den Bau der Schleusenanlage mußte zunächst ein 30 m langer Tunnel gegraben werden, um die Wassermassen abzuleiten. Es war eine gefährliche und für damalige Verhältnisse gut bezahlte Arbeit. Die Bezwingung des Wasserfalls bei Vrangfoss kostete fünf Menschen das Leben. Als nächstes mußten die scharfen Kanten der schroffen Felsen entfernt werden, damit die Schleusenwände gemauert werden konnten. Die dazu benutzten riesigen Felsbrocken nannte der Volksmund »Cheopspyramide«. Heute sind die kunstvoll gemauerten Schleusenkammern ehrwürdige Zeugnisse eines alten, fast vergessenen Kunsthandwerks. Für die Schleusenmauerpforten und Tore verwendete man hart gewachsenes Holz, und gußeiserne Vorrichtungen bedienen, wie in alten Zeiten, die Schleusenklappen.
Da in erster Linie die oberen Gesellschaftsschichten den Kanal bereisten, legte man vielerorts kleine Parks an. Idyllisch ruhige Plätzchen, mit Bäumen, Blumen und Spazierwegen. Die Häuschen der Schleusenmeister sonnen sich auch heute noch in ihren gepflegten Gärten am Ufer. Zur Eröffnung des Kanals waren entlang der Ufer weite Teile der Wälder abgeholzt worden. Heute ist wieder alles in üppiger Vegetation nachgewachsen.

4. Tag: Die Bergseen

Seit den frühen Morgenstunden sticht die Sonne warm auf den lieblichen Sandstrand herab, an dem wir die Nacht verbracht haben. Nur der Wind, der in leichten Brisen über den See weht, streicht spürbar fröstelnd über die Haut. Während des Frühstücks kommen die ersten Motorboote vorbei. Hier bei der Engstelle des Sees ist das Wasser seicht und glasklar. Markierungsbojen weisen den Booten den Weg um die tückischen Sandbänke herum.

Hinter der hohen Brücke bei *Strengen* weitet sich langsam der träg dahinfließende Flußlauf zum *Flåvatn* (-See). Bewaldete Berghänge, schroffe Felswände, und unter ihnen prägt ein schmaler Streifen Kulturlandschaft das Bild. Für einige Höfe wurde hier unter einer hochaufragenden senkrechten Felswand Platz aus dem dichten Gehölz herausgeschlagen. Seit Generationen versuchen die Bauern in harter Arbeit, ihre an steilen Hängen liegenden Felder und Wiesen, die die dunklen Wälder farbenreich durchziehen, zu bewirtschaften.

Beidseitig vom See ragen nun die Berge empor, nachdem die bisherige Landschaft eher sanft, wenn auch größtenteils bewaldet war. Aber das ist erst der erste Teil eines noch sehr langen Gebirgstales, in dem sich eine Reihe von Seen wie eine tiefe Furche quer durch das bergige Land noch annähernd 60 km bis Dalen hineinzieht.

Bei *Fjågesund* verengt sich das Fahrwasser und windet sich in langgezogenen Biegungen durch eine liebliche Wiesenlandschaft. Eine kleine floßähnliche Fähre

Je weiter wir ins Land vordringen, desto enger treten die höher werdenden Berge zusammen. Am Beginn des Bandak-Sees ist der Platz am Uferstreifen für ein Nachtlager schon sehr begrenzt.

kreuzt unseren Weg. Sie ist eine der letzten Drahtzugfähren Norwegens. Dort wo die Fähre anlegt, windet sich eine unbefestigte Straße den Hang hinauf. Oben liegen ein paar verstreute Häuser, darunter ein kleiner Laden, mit allem, was die hiesigen Bewohner benötigen: Kettensäge, Düngemittel, Kleidung, fast frische Milch, Konserven, tiefgefrorenes Brot und eine veraltete Zapfsäule für Benzin.

Segeln wie die Wikinger   Als sich die Wasserstraße wieder zum *Kviteseidvatn* erweitert, beschließen wir, den konstanten Rückenwind zu unserer Fortbewegung zu nützen. Da wir kein Segel dabeihaben, legen wir an und basteln uns aus angeschwemmten Ästen eine Mast- und Segelkonstruktion, wie wir sie von den Wikingern her kennen. Der rechteckige Unterboden des Zeltes dient uns hierbei als Segel. Beim zweiten Versuch klappt es. Vor allem Birgit, deren Armkraft zum Paddeln nachgelassen hat, weiß die Hilfe des Windes zu schätzen.

Still und sacht gleiten wir über die Wasserfläche. Landschaftsbilder, Berge und Wälder, dazwischen einzelne, bunt gestrichene Bauernhäuser, umgeben von blumenreichen Wiesen, huschen an uns vorbei. Sachte gurgelnd schneidet der Bug

durch die Wellen. Die Fußsteuerung hält uns stetig auf Kurs.

Eingerahmt von dunkel bewaldeten Bergen tauchen wir unter der 290 m langen Hängebrücke in den schmalen Wasserstreifen *Straumane* zwischen Spjotsodd und Sandodd ein. Das Gebiet um Straumane ist mit vielen Sagen verbunden. Alte Geschichten erzählen von Trollen, die in den Bergen Kisten mit Münzen versteckt haben, und am Hof Skarprudgardane, soll eine Schar gutmütiger Zwerge den Bauern bei der Arbeit behilflich gewesen ist.

Wir lassen Gulløy, die »Goldinsel«, auf der ein Goldschatz vergraben sein soll, hinter uns und finden am schmalen Uferstreifen einen Nachtplatz.

5. Tag: Über den Bandak-See

Leichter Rückenwind treibt uns gemächlich an schroffen, spärlich bewaldeten Felsenhängen vorbei. Das Ufer ist hier größtenteils so steil, daß es fast unmöglich erscheint anzulegen. Wie eine kleine Oase liegt die Ortschaft *Lårdal* in einer geschützten Bucht. Ein mildes Klima erlaubt eine üppige Vegetation, selbst Aprikosen, Walnüsse und Weintrauben können angebaut werden.

Die Berge treten nun immer näher an das Wasser heran und erreichen Höhen von beinahe 1000 m. Sonnenschein überflutet die dramatischen Berghänge, die

Noch fast 60 Kilometer ziehen sich die Flåvatn, Kviteseidvatn und der Bandak-See in die Berge Telemarks hinein. Mit etwas Phantasie haben wir uns ein Wikingersegel gebastelt, um den anhaltenden Rückenwind auszunutzen.

Nützliche Hinweise

Ausgangsort: Skien.

Schleusen: Kanus von Gruppen können gegen Gebühr hochgeschleust werden. Umtragen ist überall gut möglich.

Rückreise: Der »Kanalbussen« fährt nahezu täglich nach Ankunft des Schiffes (ca. 19.25 Uhr) direkt nach Skien zurück. Lohnenswert ist auch die Rückreise mit einem der »Vergnügungschiffe« (täglich 8 Uhr, ca 200,— Nkr.).

Übernachtungsmöglichkeiten: Campingplätze findet man an folgenden Stellen: Gåsodden Camping (5 km westlich Skien am Seearm Fjærekilen), Nomevatn (nach Vrangfoss), Omnes Gård (vor Strengen), Kilen Feriesenter (Flåvatn), Kviteseid-Syftestad Camping. Wildes Campen ist natürlich unter Berücksichtigung des »Jedermannsrechts« überall entlang des Kanals erlaubt, kann sich jedoch mancherorts aufgrund des steilen, unwegsamen Ufers als schwierig erweisen.

Beste Jahreszeit: Die Passagierboote fahren von Ende Mai bis Anfang September. Eine Kanu- oder Faltboottour empfehle ich erst ab Anfang Juli, da vorher durch den hohen Wasserstand die Strömung erheblich sein kann; es sei denn, man wählt die Route in umgekehrter Richtung. Die Tour kann auch außerhalb der Saison durchgeführt werden, weil man vom Betrieb der Schleusen unabhängig ist.

Karten: Es gibt keinerlei Orientierungsprobleme. Eine Straßenkahrte (Cappelen Kart 1:325 000 Süd-Norwegen) ist völlig ausreichend. Informativer sind die Kanalkarten, die man gratis von den Touristeninformationsbüros erhalten kann.

Fahrräder: Können kostenpflichtig (ca. 100,— Nkr.) auf den Passagierbooten mitgenommen werden.

---

sich in den unergründlichen Tiefen des Bergsees spiegeln. Durch den Düseneffekt verstärkt sich der Wind und bringt uns mit rasanter Fahrt nach *Dalen,* zum Ende des Sees, dem Ende unserer Bootsreise und dem Endpunkt des Telemarkkanals. Düster von steilen Bergen eingefaßt, liegt die kleine Ortschaft vor uns. Am großzügig ausgebauten Gästehafen streichen wir das Segel und breiten das Gepäck zum Trocknen in der von der Sonne ausgedörrten Wiese aus.

Lange Zeit war die Ankunft des Schiffes der einzige Kontakt zur Außenwelt. Meist waren sie auf die Minute pünktlich. Nach dem Ertönen der Dampfpfeife haben die Bewohner die Uhr gestellt.

Etwas versteckt im Wald liegt das exklusive Hotel Dalen, das 1894 erbaut, den damaligen Bedürfnissen des modernen Touristenverkehrs auf dem Telemark entsprach. Das im sogenannten Schweizerstil erbaute Holzgebäude, mit Glasmalereien im und Drachenköpfen am Dach, mußte nach den Glanzzeiten des Tourismus die Pforten schließen. Aber es konnte vor dem Verfall gerettet werden und erstrahlte im Jahr 1992, anläßlich seiner Wiedereröffnung zum 100jährigen Jubiläum des Kanals, im alten Glanz.

Nach der Ankunft der M/S Telemark, die mit Volksmusik gefeiert wird, bringt uns der Bus zu unserem Ausgangspunkt nach Skien zurück. Wir sind die einzigen, nicht norwegisch sprechenden Passagiere. Da der Busfahrer stolz die Sehenswürdigkeiten am Rand der Strecke auf norwegisch beschreibt, können wir uns ganz der lieblichen Natur, die uns begleitet, hingeben.

12

Begegnung mit Natur und Menschen
Mit dem Rad vom Südkap zu den Lofoten

Geologisch-morphologische Voraussetzungen, klimatische Bedingungen und die nördliche Lage, machen Norwegen zu einem nicht einfach zu bewältigenden Fahrrad-Terrain. Abgesehen von einigen flachen Küstenstreifen um den Oslofjord, der Südküste bis Stavanger und dem klimatisch begünstigten, hügeligen Ostteil des Landes, liegen Fjorde im Weg, die mit Fähren überwunden oder auf langen Strecken umfahren werden müssen, und die Berge erschweren als natürliche Barrieren ein flottes Vorankommen. Wer eine Radtour durch das zentrale Norwegen plant, also im Bereich der Westlandsfjorde mit ihren angrenzenden Gebirgsstöcken oder in den ausgedehnten Küstenregionen des Nordlandes hinauf bis zum Nordkap, muß einerseits über eine gewisse Grundkondition und zuverlässiges Material verfügen, andererseits um die möglichen Unbilden des Wetters Bescheid wissen und damit fertig werden. Aber gerade diese Herausforderungen machen eine Radtour durch Norwegen zu einem unvergeßlichen Erlebnis. Die Fortbewegung mit dem Rad, das hautnahe Erleben der freien Natur, fernab der Touristenkarawanen, das nächtliche Biwak an einem verträumten See, einem in der Mitternachtssonne glänzenden Fjord, die Begegnung mit interessierten und aufgeschlossenen Menschen lassen die Strapazen eines nicht enden wollenden Anstiegs oder die Regenschauer der letzten Tage nicht nur vergessen, sondern wandeln sie in ein positives Nebeneinander von Mensch und Natur um.

Kurzcharakteristik

Auf dieser Radtour steht die Begegnung mit der nordischen Natur und deren Menschen im Vordergrund. Das abgeschiedene Setesdal liegt ebenso auf dem Weg wie die grandiosen Fjorde. Bergstraßen bringen den Radler nahe ans ewige Eis heran, und sturmumpeitschte Straßen an zerklüfteten Schärenküsten leiten zu der Inselwelt der Lofoten.
Gesamtdauer: ca. 4–5 Wochen
Streckenlänge: ca. 1750 km
Kartenskizze: Siehe Übersichtskarte in der vorderen Umschlagklappe

Anreise

Nach einer anstrengenden Bahnfahrt bis Norddänemark hinauf, nehme ich das Schiff in Hirtshals, das mich an die Südküste von Norwegen, nach *Kristiansand,* bringt. Auf der Fähre lerne ich Gerd kennen, der ebenfalls Norwegen mit dem Rad bereist. Wir beschließen, gemeinsam die erste Etappe in Angriff zu nehmen.

Weiches Abendlicht überflutet den bewaldeten Küstenstreifen, als wir die Stadt auf kleinen Nebenstraßen (Str. 456) in Richtung Südkap verlassen. Bilder von sonnigen Hügeln, von Schären an der salzigen See, von lieblichen Fischerhäusern in heimlichen Buchten, von versteckten, bunten Kleinstädten, von Landeplätzen – kurz, von einem Sommeridyll an der Küste – gleiten an uns vorbei. Man findet das freundliche Ab und Auf der Küste mit ihrem üppigen Pflanzenwuchs zwischen den Felskuppen und zwischen den fruchtbaren Inseln davor.

Kap Lindesnes – südlichster Punkt Norwegens

Die Vegetation weicht niedrigen Weidenbüschen und ausgetrockneten Schafweiden, als wir uns dem südlichsten Festlandpunkt Norwegens, Kap Lindesnes, nähern.

Aus sturmumtosten, glattgeschliffenen Felsklippen ragt der weiße Leuchtturm als Wegweiser für die Schiffahrt auf. Lindesnes war schon immer ein gefürchtetes Fahrwasser. Hier gingen unzählige kleine und große Schiffe verloren. Im Jahr 1655 erhielt Norwegen an dieser Stelle sein erstes Leuchtfeuer, das damals noch mit Kohle in einem Gitter aus Metall befeuert wurde. Den heutigen gußeisernen Turm errichtete man 1915 anstelle des altersschwachen Steinturms. Ein Schild weist nach Norden, zum 2518 km entfernten Nordkap – nach Moskau ist es auch nicht weiter.

Auch für mich geht es nun nordwärts. Abseits überfüllter Hauptverkehrswege wähle ich als Verbindung zum Setesdal

Die unzähligen kleinen und größeren Felsinseln vor der sonnenverwöhnten südnorwegischen Küste sind für die Norweger ein Wassersportparadies. Überall finden sich bunte Ferienhäuser.

das *Audnedalen* (Str. 460). Ein liebliches Tal mit roten und weißen Gehöften zwischen saftig grünen Wiesen und üppigen Gärten – und als Rahmen um diese Idylle die weichen und gleichzeitig kräftigen Linien sowie die dunklen Farben der waldigen Höhen. Rückenwind bringt mich schnell voran.

Doch was für eine Radtour durch Norwegen ganz typisch sein wird, muß ich schon jetzt erkennen. Ständig tasten meine Augen den Himmel ab, registrieren jede Entwicklung und Bewegung der Wolken. Zwischen den Bergen vor mir haben sich dunkle Wolkenballen zusammengezogen. Als hätte jemand die Himmelsschleusen geöffnet, prasselt mit einem Mal eine Sturzflut als Gemisch von Wasser und Eiskörnern hernieder. Glücklicherweise komme ich gerade an einem einsam im Wald stehenden Bushaltestellenhäuschen vorbei und finde Schutz. Minuten später ist die Sintflut vorbei, und die schwere, mit Feuchtigkeit gesättigte Luft steigt von der Erde auf.

Traditionelles Setesdal

Über zwei kleine Pässe, vorbei am phantastisch gelegenen *Bjørndalsvatnet,* der von dunklen, hohen Baumriesen umsäumt ist, erreiche ich bei *Evje* das Setesdal. Mit dem *Setesdal* treibt der Bezirk Aust-Agder einen tiefen Keil weit in das Land hinein, nahe an die Haukeliberge. Dank seiner versteckten Lage hat sich das Setesdal sein Gepräge altnorwegischer Bauernkultur auf das beste bewahrt. Bis 1870 gab es nur gefährliche Fjellwege, die über felsige Höhenzüge das Setesdal mit den Nachbartälern verbanden und als Handels- und Viehdrift Verwendung fanden. Zwischen steilen, bewaldeten Berghängen liegen im Tal uralte Gehöfte und bieten ein geradezu mittelalterliches Bild.

Über eine Brücke wechsle ich auf die Westseite des *Otra-Flusses,* der das Tal durchfließt und bei Kristiansand ins Meer mündet. Auf dieser Seite führt nur eine unbefestigte Forststraße durch den bewaldeten Uferstreifen des langgezogenen *Byglandsfjorden* entlang. Am Nordende des Sees stoße ich wieder auf die Hauptstraße 39. Nach wenigen Kilometern stürzt sich als weißes Band der *Reidårsfossen* fast 300 m den Felshang hinab. Bis kurz vor Valle weiche ich wieder über romantische Nebenwege von der stark befahrenen Hauptroute ab. Das Tal tritt enger zusammen, die Talseiten verändern sich ständig von senkrecht abfallenden Granitwänden in steile bewaldete Berghänge, während in der Talsohle der Otra-Fluß in wilden Stromschnellen fließt. Erst bei *Valle,* dem kulturellen Zentrum im mittleren Setesdal, bekannt für sein traditionelles Kunsthandwerk, weitet sich das Tal etwas. Hier überspannt unter atemberaubend glattgehobelten Wänden eine lange Hängebrücke den Fluß, die mich wieder auf die entlegene Seite des Tales bringt. Etwas weiter nördlich besuche ich das *Freilichtmuseum Rygnestadtun,* eine Wohn- und Hofanlage, die vom Sagenhelden »Vond-Åsmund Rygnestad« um das Jahr 1590 gebaut wurde, und eine Lebensweise vermittelt, die im Setesdal bis zu Beginn dieses Jahrhunderts üblich war.

Nun steigt die Straße ständig an. Auch dunkle Wolken verdecken wieder den Himmel. Bis ich durch das wilder werdende Tal am späten Abend die kleine Ortschaft *Bykle* erreiche, entlädt sich der Himmel in feinem Sprühregen. Bykle liegt schon in der Übergangsregion zur alpinen Tundra. Auch die Baumriesen weichen den niedrigen Birken, deren Knospen jetzt, Anfang Juni, das erste Grün zeigen. Bei *Hovden* habe ich das noch vorfrühlingshafte Hochplateau erreicht. Im Hintergrund erheben sich gewaltige kahle Hügelketten mit versteckten Tälern im Inneren, die gegen das schweigende Reich der Setesdalsheiene-Berge gewandt sind.

Tunnels versperren den Weg über die Hardangervidda

Von *Haukeligrend* führt die Straße zum Hardangerfjord über die Bergwelt der Hardangervidda und durch eine ganze Anzahl unpassierbarer, langer Tunnels. Diese können zwar über alte Wege umfahren werden, liegen aber bis Mitte Juni unter Schneemassen begraben. Mein Vorhaben, den Bus zu nehmen, ändere ich, nachdem ich am Campingplatz Markus und Simon kennenlerne. Sie werden mich mit ihrem Campingbus über die Berge bringen.

Tatsächlich zeigt sich die Hardangervidda noch von ihrer fast winterlichen Seite. Ausgedehnte Schneeflächen ziehen sich bis zu zugefrorenen Seen hinunter. Spaßeshalber wollen wir beim ersten Tunnel die Umgehungsstraße erkunden, bleiben allerdings schon nach wenigen Metern in einer Schneewächte hängen.

Seljestad, oberhalb des Hardangerfjordes, erwartet uns mit unwirtlichem Regenwetter. Wieder der Natur ausgesetzt, genieße ich die Abfahrt hinunter in den nebelverhangenen Bergeinschnitt des *Oddadalen.* Dort führt eine erst 1942 fertiggestellte Straße an dem schönen *Wasserfall Låtefossen* (Fallhöhe 164 m) vorbei nach Odda. Auf dieser Fahrt taucht immer wieder im Nordwesten der gewaltige Folgefonn auf, Norwegens drittgrößter Gletscher, dessen Eismassen 212 km^2 des Hardangerhochplateaus bedecken, und

Vom südlichsten Festlandpunkt Norwegens, dem Kap Lindesnes geht es auf meiner Radtour nun nordwärts.

dessen weißleuchtende Zungen weit in die grünen Täler hinunterlecken. Das schöne und malerische Dorf *Odda* am Ende des Hardangerfjordes, ist ein großes Industriezentrum, wo unter anderem auch Karbid und Zink erzeugt werden. Der Ort erinnert inmitten der Naturschönheiten an die nackte Wirklichkeit. Die wenigen Tunnels nach Odda können umfahren werden.

Unglaublich schön zieht sich die schmale Straße an den Hängen des Fjordes entlang. Wälder von Obstbäumen, bunt gefärbte Häuser und lieblich am grün schimmernden Fjordwasser gelegene Ortschaften liegen am Weg.

Umrundung des Hardangerfjordes

Frühmorgens wechsle ich von *Kinsarvik* auf die andere Fjordseite nach *Utne.* Im Gegensatz zum langen, tief eingeschnittenen Sørfjorden weitet sich der Fjord hier, die Berghänge wirken kahler und unbewohnter. Nur wenige fruchtbare Gebiete heben sich vom trüben, dunklen Wasser ab (2 beleuchtete Tunnels und Paß mit 350 Höhenmetern). Nach zwei weiteren Fährverbindungen bei *Jondal* und später

vor *Osøyro* erreiche ich nach einer langen, anstrengenden Tagesetappe von 140 km im letzten Tageslicht *Bergen.*

Mit dem Boot in den Sognefjord

Zahlreiche Fjorde durchfurchen das Land nördlich von Bergen. Die schnellste und bequemste Verbindung dorthin stellen die Expressboote dar, die seit einigen Jahren, ähnlich wie Bus oder Bahn auf dem Festland, auch für die Bevölkerung entlegener Küstenstreifen und Inseln des Landes, von Süden bis ganz hinauf in den Norden, eine wesentliche Erleichterung bieten.

Dunkle, düstere Wolken verhängen den Himmel, als das Katamaran-Schnellboot aus dem Hafenbecken von Bergen hinausgleitet. Die ununterbrochene Reihe von Inseln vor der Küste liegt wie eine Barriere gegen das unruhige Meer da, und sie macht die Reise von Bergen nach dem Norden ebenso ruhig und angenehm, wie sie es in diesen Fjorden selbst ist.

Der *Sognefjord,* oft der Fjord der Fjorde genannt, ist mit seinen 200 km, die er sich in das Land hineinfrißt, der längste. Die ersten Kilometer ins Landesinnere liegt er ziemlich breit da. Die Umgebung mit

---

Obstblüte am Hardangerfjord

Hardanger ist das Kalifornien Norwegens, was den Obstanbau anbetrifft. Eine Reise an den Hardangerfjord während der Baumblüte, Mitte Mai, ist ein unvergeßliches Ereignis. Oberhalb der glänzenden See schwelgen die großen Obstgärten im rosaroten Blütenkleid, es ist, als ob die ansteigenden Berge in Blüten gebettet wären. Daneben lagern hochaufragende Birkenwälder, saftig grün vom jungen Laub, und zuoberst thronen glitzernde, strahlende Schneegipfel unter dem warmen Sommerhimmel. Und die farbenfrohen Volkstrachten, die am Nationalfeiertag (17. Mai) mit Stolz getragen werden, zeugen dafür, wie sehr die Hardangerleute mit ihrer Scholle verbunden sind. Es ist ein hoher Genuß, die Burschen und Mädchen bei ihren alten, überlieferten Volkstänzen zu beobachten und dem Klang der Hardangergeige zu lauschen, einer eigentümlichen Art von Violine, deren Musik die Verkörperung norwegischer Volksweisen wurde.

waldreichen Tälern, offenen Angern und fruchtbaren Feldern ist sanft und freundlich. Und da die Sommer recht warm und die Winter meist mild sind, ist die Vegetation von verschwenderischer Fülle.

Im Landesinneren zwängt sich der Fjord tiefer zwischen hohe, blankgescheuerte Felsen. Bald erheben sich an den Fjordseiten Gebirge von über 1000 m Höhe, oft so steil, daß nicht einmal Laubwald Wurzel fassen kann, weil jeder Humus abrutscht oder von den Felsen gespült wird. Zwischenhinein drängen sich lichtgrüne Matten mit wohlbestellten Höfen. Zum Schluß verzweigt sich der Fjord wie die Finger einer Hand. Bevor wir in den schmalen *Aurlandsfjord* hineingleiten, kommt eine Autofähre längsseits. Post und Passagiere wechseln mit einem Sprung auf das andere Bootsdeck. Am Ende des Aurlandsdalen, das von steil aus dem Wasser aufsteigenden Felswänden eingerahmt wird, habe ich mit *Flåm* den Endpunkt der Schiffsreise erreicht. Der aus wenigen Häusern bestehende Ort wird von majestätischen Bergen eingerahmt. Den zentralen Punkt dieser Ortschaft bildet der neu erbaute Bahnhof. Die Bahn durch das imposante *Flåmsdalen* hinauf zum 866 m höher gelegenen *Myrdal,* be-

Bergen – Stadt hinter den sieben Bergen

Bergen ist mit 208 000 Einwohnern die zweitgrößte Stadt Norwegens. Vor ungefähr neunhundert Jahren wurde die Stadt wahrscheinlich von König Olav Kyrre gegründet, und es mag sich schon mancher die Frage gestellt haben, warum der König gerade eine Stelle wählte, die sich hinter den sieben Bergen verbarg. Doch zu jener Zeit wurde dem Verkehr zu Lande noch keine große Beachtung geschenkt, denn die Verbindung zwischen den Ländern erfolgte zur See. Die gewählte Stelle hatte einen großen, ruhigen Hafen und lag nicht weit vom offenen Meer entfernt. Die Stadt wuchs rasch durch ihren Handel mit dem In- und Ausland. Im Mittelalter war sie die größte Stadt Norwegens und zeitweise sogar die größte Handels- und Seestadt ganz Skandinaviens. In den Jahren von 1150 bis 1300 war sie Hauptstadt des frühen Norwegen. Noch mehr jedoch hat die spätere Hanse-Zeit sie geprägt. Sie hat durch mehrere Jahrhunderte hindurch das Geschäftsleben der Stadt beherrscht und baulich deutliche Merkmale hinterlassen. Bis ins 17. Jh. hinein kontrollierte die Hanse den Handel, voran den Handel mit Trockenfisch. Das eigenartige alte Geschäftsviertel an der Tyskebrygge, in dem die Hanseaten ihre Tätigkeit konzentrierten, beherbergt heute ein Museum, und ist damit wohl eines der grandiosesten Denkmäler der Vergangenheit. Die Stadt hat, ihrer Tradition getreu, ihre kulturelle und kaufmännische Entwicklung fortgeführt und ist so zur heutigen Großstadt geworden (Im Jahr 1801 hatte sie 18 000 Einwohner). Die landwärtige Verbindung aber, für die das Mittelalter noch kein Interesse hatte, wurde aktuell, als die Eisenbahn und neue Möglichkeiten im Straßenbau in den Vordergrund traten. Nicht nur die sieben Berge, die die Stadt vom übrigen Land trennten, sondern auch zerrissene, dahinter liegende weitere Bergpartien legten hier die größten Schwierigkeiten in den Weg. Die steigenden Bedürfnisse führten zum Bau der im Jahr 1909 eröffneten Bergensbahn.

Ringsum in der Stadt stehen Denkmäler, die die Vergangenheit reich und lebendig ins Gedächtnis rufen, so die Haakonshallen auf der Festung Bergenhus (1247–1261 erbaut), der Rosenkranzturm oder die Fantof-Stabkirche (am 6. Juni 1992 abgebrannt, mittlerweile originalgetreu nachgebaut). Hier lebten Männer wie Ole Bull, Edvard Grieg (Troldhaugen), Henrik Ibsen und Bjørnstjern Bjørnson.

kannt als Flåmsbahn, zählt zu den großartigsten Eisenbahnanlagen der Welt.

Eine Autofähre bringt mich zurück an die Nordseite des Sognefjordes, nach *Kaupanger.* Unterwegs muß ich das Schiff wechseln. Mitten im Fjord schieben sich die Bugklappen der Fähren übereinander, und ermöglichen ein bequemes Umsteigen. (Mittlerweile ist die Autofährenverbindung auf dieser Route eingestellt, ein Schnellboot verkehrt nun von Flåm nach Kaupanger.)

Über das Sognefjell – der höchsten Bergstraße Norwegens

Auf der Fähre treffe ich mit einem englischen Jungen, Rob, zusammen. Gemeinsam werden wir bis zum Gudbrandsdalen die Höhen des Jotunheimens erklimmen. Doch zunächst steuern wir die mit einer winzigen Autofähre erreichbare Stabkirche von *Urnes* an (Bootsverbindung: Solvorn-Urnes). Von allen Stabkirchen liegt diese am schönsten, idyllisch oberhalb des grünschimmernden Fjordes, dessen gegenüberliegender Uferstreifen von hohen Bergen gesäumt ist.

Eine kleine Straße führt am Lustrafjorden, dem nördlichsten Ausläufer des Sognefjordes nach *Skjolden.* Zwei unbeleuchtete Tunnels müssen bewältigt werden.

Bald nach dem lieblich am Eidsvatnet-See liegenden Campingplatz windet sich die Straße in langen Serpentinen auf das *Sognefjell* hinauf. Nach dem tiefeingeschnittenen Bergsdalen haben wir bei der *Turtagrø-Seter* in 900 m Höhe die Waldgrenze hinter uns gelassen. Windgeschützt hinter einer kleinen Holzhütte stärken wir uns für die noch verbleibenden 500 Höhenmeter. Bei den nachfolgenden Kehren breitet sich unter uns das

rundgeschliffene Helgedalen aus, und der erste Blick in die gletscherbedeckte Bergwelt wird uns gewährt. Langsam lassen die Steigungen nach, und das weitläufige Sognefjell öffnet sich vor uns. Selbst jetzt, Mitte Juni, stehen noch meterhohe Schneewände an der Straße.

Am höchsten Punkt der Straße (1440 m) suchen wir nach einer Tagesleistung von »nur« 37 km erschöpft einen Platz für unsere Zelte. Nur wenige Stellen sind schneefrei, das ganze Hochplateau zeigt sich noch in einem sehr winterlichen Bild.

Mit der Dämmerung zieht Nebel von den Tälern herauf und verhüllt langsam die imposante Kulisse des über einem mächtigen Gletscherfeld aufragenden Smørstabbtindane.

Von Dunkelheit kann keine Rede mehr sein. Nächtliches Dämmerlicht spukt uns immer wieder Gestalten im wandernden Nebel vor. So ist es nur eine Frage der Zeit, bis unsere Phantasie von der Realität in die Märchenwelt der Trolle wechselt. Donnerndes Eis von Gletscherbrüchen begleitet unsere immer neuen und dramatisch werdenden Erzählungen von Trollen. Als wir um 1 Uhr morgens im Schneetreiben endlich unsere Zelte aufsuchen, sind wir beide fest davon überzeugt, daß es sie geben muß, diese Gestallten der Nacht, die nie jemand zu Gesicht bekommt. Eine eisige Nacht erwartet uns zwischen den Bergriesen, nahe dem ewigen Eis. Leise rieseln Schneekristalle die Zeltwand hinab. Morgens weckt uns das Geräusch der Pistengeräte, die auf der noch geschlossenen Schneedecke eine Langlaufspur ziehen.

Durchfroren vom eiskalten Fahrwind rollen wir in den Einschnitt des *Breiseterdalen* hinein. In der urigen, gemütlichen Stube von *Bevertun* wärmen wir unsere Körper bei Waffeln und Kaffee auf.

Um das alte Hafenbecken »Vågen« gruppiert sich die Altstadt von Bergen. Hinter der Bryggen, dem mittelalterlichen Handelszentrum, erhebt sich der mit einer Seilbahn erreichbare Fløyen.

Die Geister von Grotli

Von *Lom* klettert die Straße entlang dem *Ottadalen* gleichmäßig wieder in die alpine Region hinauf. Hinter *Grotli* weiche ich auf die alte »Geirangerstraße« aus, um auf Geisterjagd zu gehen. Vor der Legerhytta, einer alten Straßenwächterhütte, warnt ein Hinweisschild, von dem mir ein Geist frech entgegengrinst. Angeblich soll die Frau des ersten Straßenwächters, Kari Jacobsdatta Arnestuen (1863–1928), hier noch umgehen. Mehrere Personen erzählten von merkwürdigen Ereignissen. Einige sind auf unerklärliche Weise eingeschlossen worden, Kannen sind zerbrochen, und rätselhafte Musik ist gehört worden.

Mittsommer am Geirangerfjord

Eine rasante Abfahrt bringt mich von der Schneeregion zurück ins Grün, das sich als schmaler Streifen entlang der Bergwände am Ufer des Geirangerfjordes erstreckt. Der majestätische Geirangerfjord hat sich selbstherrlich einen Weg durch diese zerrissenen Felsmassive gebahnt. An seinen Seiten donnern durch hochaufragende Schluchten unzählige Wasserfälle zu Tal. Drei Kreuzfahrtschiffe haben sich zum heutigen Mittsommer hier eingefunden. Laute Böllerschüsse hallen endlos von den nahe aneinanderliegenden Felswänden des Fjordes wider. Ich werde zur nächtlichen Feier von der Jugend des Ortes eingeladen. Etwas abseits veranstalten wir unser eigenes Fest, wie es in Norwegen üblich ist, mit großem Feuer und Grillen.

Regungslose Nebelschwaden knapp über dem Fjord verbreiten eine höchst interessante Stimmung, als ich nach zwei Tagen bei Nieselregen diesen berühmtesten Fjord Norwegens verlasse. Steil und anstrengend steigt der »Adlerweg« in vielen Kehren auf 624 m an, bevor es zum *Nordalsfjorden* hinabgeht.

Doch schon nach der kurzen Überfahrt über den Fjord baut sich die Bergwelt erneut vor mir auf. Unten noch in üppige Vegetation getaucht, radle ich anschließend nahe des in wilden Kaskaden herabspringenden Baches, der bei Alstad beeindruckende Auswaschungen und Löcher in die Felsschlucht gegraben hat. Mit der Höhe tritt die Vegetation zurück und die schneebedeckten, bizarren Grate des Romsdalen-Gebirges bilden die sagenhafte Kulisse. Mit einem Mal bricht das Tal ab, und tief unter mir schrauben sich die elf Serpentinen des *Trollstigen* mehrere hundert Meter den steilen Berghang hinunter.

Die alte Straße von *Åndalsnes* entlang des Isfjorden wurde zwei Wochen zuvor durch einen Erdrutsch, der ein vierjähriges Mädchen unauffindbar mit in den Fjord gerissen hat, zerstört. (Ein mehrere Kilometer langer Tunnel führt nun durch den Berg – für Radfahrer ungeeignet; auch die direkte Verbindung [Str. 64] nach Molde wird unter dem Fannefjorden geleitet: Bus nehmen!)

Nach einem »Urlaub auf dem Bauernhof« bringt mich eine Fähre über den Romsdalsfjorden nach *Molde,* einer kleinen Stadt, die wegen ihrer Rosenpflanzungen allgemein die Rosenstadt genannt wird. Das Panorama bestimmen die unzähligen Gipfel der Romsdalen-Berge. Mein nächstes Ziel ist Kristiansund, wobei ich den Weg draußen am Atlantik wähle. In der kleinen Ortschaft Bud suche ich eine befreundete Familie auf (siehe Kasten).

Kühn bahnt sich die neue »Atlantikstraße« ihren Weg übers offene Meer. Eine Anzahl von kleinsten Inseln und Schären sind durch Dämme und gewagte Brückenkonstruktionen miteinander verbunden.

Eiskalte Windböen und hohe Wellen treffen auf diese exponierte Lage. Aber der Wind treibt die dunklen Wolken mit hoher Geschwindigkeit über mich hinweg. Erst im gebirgigen Küstenbereich stauen sie sich und regnen ab. Bunte Fischer- und Bauernhäuser inmitten farbenprächtiger Wiesen zeugen davon, daß selbst in diesem rauhen Klimabereich Menschen im ständigen Kampf mit schwierigem Boden ihren kargen Verdienst der Erde abgewinnen.

Samstag erreiche ich abends *Kristiansund,* eine Stadt, deren Besiedlung schon 8000 Jahre zurückliegt und die auf drei Inseln um ein zentrales Hafenbecken erbaut wurde. Bei regnerischem Wetter verlasse ich die Stadt und setzte auf die Insel *Tustna* über. Auf der Suche nach einem geeigneten Lagerplatz schleiche ich auf der tief aufgeweichten Straße dahin. Ausnahmsweise verzichte ich auf eine Übernachtung im Grünen, und nutze einen überdachten Vorplatz zwischen Baubaracken, komfortabel bestückt mit Couch und Tisch.

Auf dem Seeweg nach Trondheim

Am nächsten Morgen breche ich unter tiefhängendem und grauem Himmel zum Fähranleger *Aukan* auf. Im Hintergrund zeichnet sich im Dunst die flache Küste der Insel Hitra ab. Sie ist die in diesem Gebiet größte der flachen vorgelagerten In-

Nächtlicher Bootsausflug

Auch in Bud spielt sich das Leben noch in der Nacht ab. So verwundert es mich nicht, als wir kurz nach Sonnenuntergang, um 23 Uhr, mit dem Boot einen Ausflug nach Bjørnsund unternehmen. *Bjørnsund* ist eine ehemalige Fischeransiedlung, die vor der Küste auf ein paar Schären liegt und heute noch während der warmen Monate als Freizeitziel dient. Dementsprechend gepflegt liegen dichtgedrängt, teilweise auf Pfählen gestützt, die bunten Häuser hinter dem durch eine große Mole geschützten Hafenbecken.

Urlaub auf dem Bauernhof

Am Ende des nahe gelegenen Tresfjorden zwängen sich große landwirtschaftlich genutzte Flächen zwischen die Bergwelt hinein. Hier besuche ich eine befreundete Bauernfamilie. Nach einem Begrüßungsimbiß im Kreis der Familie gehen alle wieder auf die Felder hinaus. Ich weiß aus Erfahrung, daß von mir erwartet wird, mich ihnen anzuschließen. Wir nutzen den herrlichen Sommertag, und nahezu bis Mitternacht arbeiten wir an der Heuernte. Noch lange in der lauen, hellen Nacht führt mich Frode auf dem Anwesen herum, zeigt mir die besten Fischplätze in ihren eigenen Gewässern, die Tannenbaumzüchtung, die zu Weihnachten in Ålesund verkauft wird, und den schönsten Platz im Tal, wo einmal sein Haus stehen wird, wie er mir versichert.

seln, deren Oberfläche mit Mooren, Weiden und kahlen Felsen bedeckt ist. Hier draußen reißt die Wolkendecke immer wieder auf, während die Festlandküste hinter Mauern von Wasser verschwindet. Nach über 2 Std. anstrengendem Radfahren auf größtenteils unbefestigtem Untergrund, bringt mich ein Schnellboot landeinwärts ins verregnete *Trondheim*.

Von *Flakk* gelange ich an die Nordseite des *Trondheimsfjorden* und fahre entlang sanfter Hügelketten durch ausgedehnte Wälder, die nur selten von Gehöften durchbrochen werden. Unfreiwillig wird es meine längste Etappe. Abends erkundige ich mich in einer kleinen Ortschaft nach dem nächsten Campingplatz, und ein Same, der kein Wort Englisch spricht deutet

Abrupt endet das Isterdal vor einem fast unüberwindbaren Abbruch. In jahrelanger Arbeit mußten die elf Serpeninen des berühmten »Trollstigen« in den Fels gehauen werden.

Trondheim

Vom Hafen, wo sich der Fischmarkt Ravnkloa befindet, führt die Munkegate als Hauptader ins Stadtzentrum. Vorbei am »*Stiftgården*«, dem größten aus Holz erbauten Palais des Nordens und Logis norwegischer Könige, mündet sie in den Marktplatz. Das Denkmal des Gründers der Stadt, *Olav Trygvason,* hat hier seinen Platz bekommen. Hoch aufgerichtet wendet er seinen Blick gegen Munkholmen draußen im Fjord, im Rücken hat er den *Nidarosdom,* das größte Denkmal norwegischer Vergangenheit, dessen Ursprung auf Olav Haraldson zurückgeht. Im Jahr 1045, also 15 Jahre nach dem Fallen des Königs in der Schlacht bei Stiklestad, wurde auf seinem Grab in Trondheim eine Kapelle gebaut, nachdem am Grab des Märtyrerkönigs eine Quelle entsprungen war, die, wie der Volksmund erzählt, Gesundheit gab und selbst Krüppeln Heilung brachte. Olav Haraldson war damit ein Heiliger geworden, sein Grab ein Heiligtum. Die Kapelle wurde zur Kirche ausgebaut, später zur Kreuzkirche erweitert und wurde so eines der prachtvollsten Gebäude der Gotik, das lange Zeit nördlich von Köln der schönste Kirchenbau war. Als das Land verfiel, verfiel auch die Kirche. Wiederholt wurde sie von Bränden heimgesucht und in Kriegen geplündert. Erst in jüngster Zeit wurde sie wieder in ihrer alten Pracht vollendet.

mir mit seinen Fingern »drei« – 3 km also. Doch es sollten noch mehr als 30 km werden, da ich übersah, daß es hier üblich ist, Entfernungen in »Meilen« anzugeben, wobei eine »Meile« für 10 km steht.

Entlang der Straße 17 lasse ich mit *Nordtrøndelag* Südnorwegen hinter mir und fahre nun über die Grenze nach Nordland, in den südlichsten der drei nordnorwegischen Bezirke und dem hohen Norden entgegen. Diese Landesteile haben eine gewaltige Ausdehnung. Der Bezirk Nordland ist wesentlich größer als die Niederlande. Vor mir liegt ein langes Fjord-, Tal- und Küstenland bis hinauf nach Ofoten im Norden mit vielen größeren und kleineren Inseln an der Küste. Auch wenn Jahr für Jahr neue gewagte Brücken- und Tunnelkonstruktionen zergliederte Küstenabschnitte und Inseln miteinander verbinden, bereichern nach wie vor die Fährverbindungen eine Reise der Küste entlang. Ackerland oder blumenbewachsene Wiesen umsäumen vor den kargen Höhen den sturmgepeitschten Uferstreifen.

Die mit den lokalen Legenden verknüpften Berg- und Felsformationen (siehe Kasten »Sagenumwobenes Nordland«) bleiben mir leider auf dieser Radtour verborgen. Seit Tagen regnet es mit erstaunlicher Ausdauer. Die nächstgelegenen Berge nehmen undeutliche und verschwommene Umrisse an. Gerade dadurch wird mir bewußt, welch widrige Lebensumstände den Menschen hier zusetzen.

In *Sandnessjøen* hat auch meine Ausdauer ein Ende, und ich wechsle das Zelt gegen ein Privatzimmer, um die von Wasser durchtränkte Ausrüstung trocken zu bekommen. Abends sitze ich mit der Familie bei frischen Waffeln vor dem Fernseher. Ironischerweise zeigen sie Bilder von Oslo, von badenden Mädchen und Sommer. Für hier kündigen sie noch mehrere Tage Regen mit Temperaturen von unter 10 °C an.

Um 6.30 Uhr morgens sitze ich im Schnellboot nach Bodø, weil ich hoffe, dem schlechten Wetter auf diese Weise entrinnen zu können. Diese »Hurtigbåtruten« entlang der nordnorwegischen Küste verbinden viele der weit draußen gelege-

Die wahrscheinlich kleinste Autofähre Norwegens verkehrt am Sognefjord zwischen Solvorn und der Stabkirche von Urnes.

Sagenumwobenes Nordland

Mehrere merkwürdige Bergformationen entlang der Küste Nordnorwegens haben durch ihr Aussehen den Anreiz zu Sagen gegeben, die einen lebendigen Eindruck von der Volksphantasie früherer Zeiten vermitteln. Damals waren die Berge nicht kalte und tote Steinmassen, sondern sie waren überirdische Wesen. Vaagekallen (bei Svolvær) hatten einen Sohn, der Hestmannen hieß. Und der Sulitjelmakönig hatte sieben schöne Töchter. Eines Abends bei Sonnenuntergang sieht Hestmannen die sieben Jungfrauen auf den Inseln Landege baden. Die Jungfrauen werden seiner gewahr und flüchten Hals über Kopf. Hestmannen aber setzt ihnen in wildem Galopp nach. Während der Flucht schließt sich auch das Lekamädchen den Sulitjelmatöchtern an. Sie erreichen schließlich Sandnessjøen, können aber nicht mehr weiter flüchten. Sie werfen sich nieder, während die Lekajungfrau ihre Flucht allein fortsetzt. Sie kommt am Sømneskönig vorbei und weckt ihn. Der König erblickt den Hestmannen, der eben einen Pfeil auf seinen Bogen legt. Der König wirft seinen Hut vor den Pfeil. Der Hut zerreißt, aber das Leben des Lekamädchens ist gerettet. In diesem Augenblick zeigt sich die Sonne. Alle werden zu Stein und sind es noch heute. Die Lekajungfrau erhielt ihren Platz draußen auf See. Südlich von Brønnøysund sieht man Torghatten, einen durchbrochenen Felsen, der vom Pfeil des Hestmannen durchbohrt wurde. Die Töchter des Sulitjelmakönigs aber wurden zu einem siebenhöckerigen Bergrücken bei Sandnessjøen.

nen Inseln und sind wohl zu den wichtigsten Verkehrsmitteln geworden. Nur so konnten viele kleine Fischereisiedlungen davor bewahrt werden, daß ihre Bewohner abwanderten.

Unter knapp über dem Fjord liegenden Wolken gleiten wir durch schmale Sunde, aber auch über offenes Wasser, legen bei abgeschieden, verträumt liegenden Holzstegen an. Fisch wird verladen, Postsäcke überreicht, die letzten Neuigkeiten ausgetauscht, Mitreisende kommen und gehen – nur die Küstenberge sind bloß ansatzweise zu sehen. Irgendwann überfahren wir den Polarkreis.

Ein Gebirge im Meer

Ein Schiff bringt mich von Bodø nach *Moskenes* auf den Lofoten. Diese Überfahrt zählt zu den schönsten Naturschauspielen des Nordens. Wenn der schmale, dunkle

Streifen am Horizont zu einer Wand heranwächst, die zunächst ein geschlossenes Felsmassiv zu sein scheint, deshalb auch die Bezeichnung »Lofotwand«. Erst aus der Nähe entdeckt man Risse, enge Täler, Landzungen, kleine vorgelagerte Inseln, auf denen sich kleine Häuser, auf Pfählen erbaut, krampfhaft festzuhalten versuchen. Einzelne Berge, deren Gipfel bis über 1000 m in den Himmel ragen, charakterisieren sich heraus. Dunkle Wolken umhüllen sie. Zeitweise brechen einzelne Sonnenstrahlen durch die Wolken und erleuchten die Hänge zu saftig grünen Matten. Und an den Fuß dieser Berge klammern sich kleine Orte. Oft können sie nur wenig Platz in Anspruch nehmen, denn die Natur hat ihnen nur einen schmalen, oftmals felsigen Streifen zwischen Meer und Gebirge zugeteilt.

Aber die Lofoten bestehen nicht nur aus Gebirge. Die eiszeitlichen Gletscher

In den langen Sommernächten arbeiten die Bauern bei gutem Wetter oft Tag und Nacht, denn der Herbst kommt sehr früh. Bauer in Tresfjord, Romsdalsfjorden.

Mit der Nase im Wind. Südlich von Kristiansand führt die »Atlantikstraße« auf einem Damm über das offene Meer.

haben den Fels bearbeitet und haben mit Mooren, weiten Landwirtschaftsflächen und Hochgebirgen eine große Vielfalt von Landschaften gestaltet.

Auf den Lofoten bleibe ich nicht lange alleine. Viele Radfahrer sind hier unterwegs, und ich treffe Reiner wieder, den ich vor einigen Wochen bereits in Südnorwegen kennengelernt habe. Gemeinsam fahren wir von dem hübschen *Fischerdorf Å*, unter der phantastischen Kulisse hochaufragender Berge nach Norden. Auf den vorgelagerten Klippen bei *Reine* holen wir uns einige Dorsche aus dem Meer. Reiner hat sich zu diesem Zweck eine Teleskopangel unter das Oberrohr seines Fahrrades montiert. Am Strand von Ramberg finden wir einen paradiesischen Platz für unser Festessen. Zarte Nebelschwaden verhängen noch die benachbarten Gebirgszüge, über denen die Mitternachtssonne ihr weiches Licht zu uns herabsendet.

Die Lofoten bestehen aus einer Anzahl großer Inseln, die mittlerweile alle über Brücken verbunden sind. Nur die Meerenge zwischen den Inseln Flakstadøy und Vestvågøy ist untertunnelt. Der 1750 m lange Tunnel kann jedoch auf einem Gehweg problemlos durchfahren werden.

Tief einschneidende Fjorde zergliedern die bizarre Gebirgswelt der Inseln. Kontrastreich betten sich manche Sandstrände unter den Höhen ein. Am fast weißen Sandstrand von *Rørvik* machen wir einen kurzen Abstecher nach *Henningsvær*. Unter einer schroffen Felswand auf mehreren kahlen Klippen erbaut, ist Henningsvær nur über zwei Brücken zu erreichen. Die Inseln sind teilweise mit künstlichen Dämmen verbunden, und bilden so einen großen, geschützten Hafen, der seit vielen Generationen zu einer beliebten Anlaufstelle für fremde Fischerboote während der Fangsaison im Winter geworden ist.

Rorbur –
Holzpfahlbauten erzählen vom Leben der Fischer

Eine idyllische und einzigartige Fischersiedlung ist Nusfjord. Geheimnisvoll eingerahmt von dunklen Felswänden, drängen sich um das kleine Hafenbecken Holzpfahlbauten, Fischereibetriebe und Rorbur. Diese Rorbur sind Fischerhütten, die bis in unser Jahrhundert den angereisten Fischern als Unterkunft dienten. Meist waren es zugige, feucht-kalte Pfahlbauten ohne jeglichen Komfort und Heizmöglichkeit. Die ersten dieser Rorbur wurden bereits vor 900 Jahren vom damaligen König Øystin Magnusen erbaut. Er ließ für die Fischer, die bis dahin nur unter den gewendeten kleinen Booten Schutz gefunden hatten Holzschuppen errichten. Allerdings waren die Rorbur in Besitz der mächtigen »Lofot-Könige«, die die Herrschaft über die Orte ausübten, eine Monopolstellung auf den Verkauf von Lebensmitteln und Ausrüstungsgegenständen besaßen und den Fischpreis diktierten. Sie waren die einzigen, die auf Dauer zu Reichtum und Wohlstand gelangten. Heute übernachtet ein Großteil der Fischer in den Trawlern, und die inzwischen komfortabel ausgestatteten Rorbur werden an Touristen vermietet.

Vor der atemberaubenden Kulisse der »Lofotwand« gruppieren sich auf ein paar vorgelagerten Inseln verträumt die Häuser der kleinen Ortschaft Hamnøy.

Auf den Spuren von Knut Hamsun

In *Svolvær,* dem Hauptort der Lofoten (ca. 4000 Einwohner), nehme ich Abschied von der Inselgruppe und das Schiff nach *Skutvik.* Die Märchenwelt des Nordlandes hat manchem Dichter und Schriftsteller die Eingebung zu großen unvergänglichen Werken gegeben. So steht z. B. das Haus, in dem Knut Hamsun seine Kindheit verlebte, heute noch unverfälscht auf Hamarøy. Seine Erlebnisse und Beobachtungen haben ihn für viele seiner einfühlsamen Naturbeschreibungen inspiriert.

Den Spuren seiner Erzählungen folgend, fahre ich zum äußersten Punkt dieses Küstenstreifens hinaus. Windumtobt erhebt sich der Leuchtturm von *Tranøy* vor der beeindruckenden Kulisse der hinter dem breiten Ofotfjorden liegenden Inselwelt. Das alles badet sich im Schein der Mitternachtssonne, die hier den ganzen Sommer über in geradezu verschwenderischer Fülle ihr flutendes Licht über das Land ergießt. Für wenige Minuten schließen sich meine müden Augenlider, und nur das Ohr nimmt noch das Rauschen der Brandung, die hoch die Felsklippen hinaufschleudert, und das grelle Geschrei der Möwen, die mit Wind und Wellen spielen, wahr. Irgendwo in der Ferne rollt das gleichmäßige Tuckern eines Kutters über den Ofotfjord.

Nach dieser faszinierenden Nacht heißt es Abschied nehmen. Am nächsten Tag bringt mich ein Bus von *Ulvsvåg* zur Eisenbahnstation in *Fauske.*

Tips für Radreisen

Tunnels: Vor allem im gebirgigen Fjordland und an der zergliederten Küste Nordlandes versperren öfter Tunnels den Weg (auch im Hochsommer Fahrradbeleuchtung dabeihaben!). Viele sind aufgrund ihrer Länge nicht befahrbar. In den Bergen können sie teilweise über alte, oft in erbärmlichem Zustand befindliche Paßstraßen umgangen werden. Allerdings sind diese bis in den Sommer hinein unter Schnee begraben. Busse transportieren in der Regel auch Fahrräder. In Küstenregionen ist man gezwungen, auf Schnellbootverbindungen auszuweichen. Um möglichst unpassierbare Abschnitte zu meiden, ist sorgfältige Planung und gutes, neues Kartenmaterial notwendig.
Karten: Für längere Radtouren eignen sich die Cappelen-Karten im Maßstab 1:325 000 bzw. 1:400 000.
Tip: Karten in übersichtlichen Ausschnitten kopieren und Informationen eintragen.
Ausrüstung: Robustes Fahrrad mit mindestens 10 Gängen, Mountainbikes oder Trekkingräder mit 21 Gängen, ausgestattet mit Schutzblechen und Gepäckträger sind optimal. Radtaschen sollten wasserdicht sein (nur gummierte Modelle sind wirklich dicht), Cordura-Taschen mit eingelegtem, großem Müllbeutel erzielen die gleiche Wirkung. Wegen optimaler Gewichtsverlagerung sollten sowohl Hinterradtaschen als auch »Lowrider« (am Vorderrad) verwendet werden.
Kleidung: Für Radtouren durch Norwegen gilt das gleiche wie für Wanderungen. Nordisches Klima verlangt nach robuster, wetterfester Ausrüstung. »Atmungsaktive«, regenfeste Jacke und Hose sowie Übergamaschen oder wasserfeste Schuhe (knöchelhohe Gore-Tex-Leichtschuhe oder Gummisandale plus Gore-Tex-Socke oder niedrige Gummistiefel sind auch möglich – probieren).

▶13 Über die weite Ebene der Hardangervidda

Eine Ost-West-Durchquerung
Gesamtdauer: 6 Tage
Streckenlänge: 110 km
Kartenskizze: Siehe Seite 200

Im Gegensatz zur Tour 2 (Hardangervidda Süd-Nord), ist dies die leichtere Variante. Außerdem ist die östliche Seite der Hardangervidda klimatisch begünstigt. Für mich ist dies »die« Einsteigertour für Nordlandwanderer. Trotzdem muß auch hier der Ausrüstung hohes Augenmerk gewidmet werden, denn dies ist kein Spaziergang.

Von unserem Ausgangspunkt *Tufte* bei Geilo steigt der markierte und gut sichtbare Pfad von der Brücke, die uns oberhalb des Ustedalsfjorden über den *Usteåni-Fluß* bringt, durch wild wuchernden Urwald auf die kahle Hochfläche der Hardangervidda hinauf. Ein leichter Anstieg leitet uns auf den *Ustetind* (1376 m), von wo wir einen ersten eindrucksvollen Blick über die Vidda genießen. Weit entfernt ragt der Hårteigen in den Himmel und weist uns die Richtung. Auf dem Weg dorthin bestimmt eine leicht gewellte Topographie unsere Wanderung: sanfte Anstiege über Hügelkämme, zwischen denen sich Seen, Flußläufe und versumpfte Mulden einbetten. Zahlreiche Brücken

Manch privat bewirtschaftete Alm in den Randgebieten der Hardangervidda steht dem Wanderer für Übernachtungen zur Verfügung. Vor der Heinseter haben wir unser Zelt aufgeschlagen.

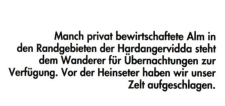

überspannen die größeren Gewässer, und die kleinen Bäche stellen uns vor keine Probleme. Lieblich eingebettet zwischen saftig-grünen Schafsweiden liegt die kleine *Heinsæter* auf unserem Weg, während die großen DNT-Hütten *Rauhellern* und *Sandhaug* sich im Lichtspiel großer Seen spiegeln. Zwischen Sandhaug und *Hadlaskard* bewegen wir uns längere Zeit auf einem ausgeprägten Moränenrücken, der als Zeuge der ehemals gewaltigen Eisschübe sich als langes Band aus der sumpfigen Umgebung heraushebt. Ich habe den direkten Weg über den *St Grana-*

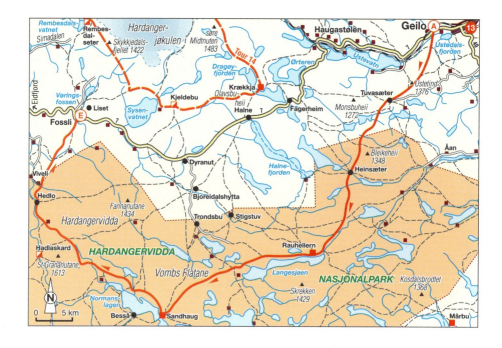

Der Vøringsfossen am Nordwestrand der Hardangervidda hat, seitdem sein Zulauf für die Wasserkraftgewinnung reguliert ist, viel von seiner Schönheit eingebüßt.

Hütten dieser Tour

Name	Typ	Betten	Schlüssel	Öffnung	Sonstiges
Tuvasæter	Bp	20	–	29.06.–30.09.	R
Heinsæter	Bp	40	–	01.07.–Sept.	R
Rauhellern	B/S	58/15	–/O	01.07.–03.09./Gj[1])	
Sandhaug	B/S	80/32	–/std	30.06.–24.09./ 01.03–15.10.[1])	
Hadlaskard	S	30	O	15.06.–15.10.	
Hedlo	Bp	50	–	30.06.–04.09.	
Liset (Str. 7)	Bp/Sp	75/10	–	01.02.–30.10	R

[1]) Selbstbedienungshütte ist geschlossen, wenn die bediente Hütte geöffnet ist.

nutane nach *Hedlo* gewählt, denn von seiner Anhöhe können wir den imposanten Felsblock des Hårteigen (1690 m) noch einmal aus der Nähe in seiner ganzen Größe bestaunen. In der Tiefe fließen die reißenden Wasser der Veig. Der Abstieg nach *Fossli* über teilweise weichen Boden kostet noch einmal viel Kraft. Aber zunächst entschädigt der herrliche Ausblick das Veigtal zum Eidfjord hinab und später der eindrucksvolle Vøringsvossen (Fallhöhe 145 m) an unserem Zielpunkt für die Mühen.

Nützliche Hinweise

An-/Rückreise: *Geilo* hat täglich mehrere Zugverbindungen nach Oslo und Bergen. Von *Fossli* fährt 3mal täglich ein Bus zurück nach Geilo, bzw. hinunter zum Hardangerfjord (Odda).
Markierung: Sehr gut markiert.
Hütte/Zelt: Bestens ausgebautes Hüttennetz; für Zelte herrliche Stellplätze.
Beste Wanderzeit: Anfang Juli bis Mitte September (je früher, desto morastiger).
Schuhwerk: Gummistiefel.
Karten: Turkart 1:100000: Hardangervidda Vest und Hardangervidda Øst.

Tourenprofil: Über die Hardangervidda

Tag	Strecke	Höhe	Entfernung	Gehzeit	Pässe/Bemerkungen
Start: Geilo					Tufte bru, 780 m (3 km westl. v. Geilo)
1.	Tuvasæter	1185 m	18 km	4 Std.	Ustetind, 1376 m
2.	Heinsæter	1095 m	12 km	3 Std.	östl. St. Grananutane, 1260 m
3.	Rauhellern	1220 m	14 km	3 Std.	Geitsjøhovda, 1250 m
4.	Sandhaug	1253 m	25 km	7 Std.	
5.	Hedlo	945 m	26 km	7 Std.	Rjupehaug, 1320 m
	Leichtere Alternative: Sandhaug – Hadlaskard 1000 m, 6 Std. – Hedlo 2 Std.				
6.	Endpunkt: Liset (Str. 7)	750 m	15 km	5 Std.	Fljotdalsfjellet, 1200 m
Total etwa:			110 km	6 Tage	

14 Rund um den Hardangerjøkulen

Nahe dem ewigen Eis
Gesamtdauer: 4 Tage
Streckenlänge: 74 km
Kartenskizze: Siehe unten

Diese Tour kann sowohl als eigenständige Wanderung durchgeführt werden, ist aber auch als Wegweiser vor allem für Bahnreisende in das weitgestreckte Wandergebiet in die Hardangervidda gedacht, da *Finse,* die höchstgelegene Bahnstation des norwegischen Eisenbahnnetzes, einen idealen Ausgangspunkt darstellt.

Der Hardangerjøkulen ist mit seiner Eisfläche von 73 km^2 der sechstgrößte Gletscher Norwegens und mit der größten Erhebung von 1862 m ein weitreichender Blickfang. Die Wanderung auf seiner Ostseite stellt uns mit nur geringen Anstiegen und über weite Strecken gut begehbarem Boden vor keine größeren Probleme. Die Westseite ist manchmal doch recht ausgesetzt, was bei nassem Wetter unangenehm werden kann, und beinhaltet größere Höhenunterschiede.

Anschlußtour: Wer nicht darauf angewiesen ist, wieder nach Finse zurückkehren zu müssen, kann die Tour beliebig in südlicher Richtung in die Hardangervidda fortsetzen, wobei die Wanderung auf der Ostseite des Hardangerjøkulen als

Oftmals bricht das Eis der Seen auf der Hardangervidda erst im Juli auf, und Eisberge laden nicht gerade zu einem erfrischenden Bad ein.

Tourenprofil: Rund um den Hardangerjøkulen

Tag	Strecke	Höhe	Entfernung	Gehzeit	Pässe/Bemerkungen
Start: Finse		1222 m			Bahnstation
1.	Rembesdalseter	960 m	20 km	7 Std.	Dyrhaugane, 1500 m
2.	Kjeldebu	1060 m	20 km	7 Std.	Skykkjedalsfjellet, 1300 m
3.	Krækkja	1162 m	12 km	4 Std.	Olavsbuheii-Plateau, 1310 m
4.	Endpunkt: Finse	1222 m	22 km	7 Std.	westl. N Midnuten, 1420 m
Total etwa:			74 km	4 Tage	

etwas einfacher eingestuft werden kann.

a) Von *Krækkja* bietet sich an, nach *Fagerheim* an der Straße 7 (Heinseter) oder nach *Halne* an der Straße 7 (Bjoreidalshytta) weiterzuwandern.

b) Von *Kjeldebu* führen Wanderwege entweder nach *Dyranut* an der Straße 7 (Bjoreidalshytta) oder nach *Liset* nahe dem Vøringsfossen (Hedlo).

Die Hütten Fagerheim, Halne, Dyranut und Liset an der Straße 7 sind in Privatbesitz und bieten Übernachtungsmöglichkeiten an (Vollservice).

Nützliche Hinweise

An-/Rückreise: In *Finse* halten täglich jeweils vier Züge, sowohl von Oslo als auch von Bergen kommend.

Markierung: Sehr gut markiert.

Hütte/Zelt: Hütten finden sich in relativ langen Tagesabständen (ca. 7 Std.); als Zelttour geeignet.

Beste Wanderzeit: Mitte Juli bis Mitte September.

Schuhwerk: Bergstiefel.

Karten: Turkart 1:50 000: Finse; oder 1:100 000: Hardangervidda Vest und Hardangervidda Øst.

Hütten dieser Tour

Name	Typ	Betten	Schlüssel	Öffnung	Sonstiges
Finsehytta	B	158	–	30.06.–17.09.; private Hütte bis 30.09.	
Rembesdalseter	S	18	std	15.02.–15.10.	
Kjeldebu	S	40	std	01.03.–15.10.	
Krækkjahytta	B	85	–	30.06.–17.09.	

15 Durch das liebliche Aurlandsdalen

Auf alten Wegen zum Sognefjord
Gesamtdauer: 4 Tage
Streckenlänge: 48 km
Kartenskizze: Siehe Seite 206

Die Wanderung von Finse hinab ins liebliche Aurlandsdalen zählt wegen ihrem Abwechslungsreichtum und ihrer leichten Begehbarkeit des Geländes zu der beliebtesten in Norwegen und ist selbst für Familien gut geeignet.

Auch diese Tour eignet sich ganz hervorragend für Bahnreisende, die von der Bahnstation Finse aus eine Rundtour vom Nordrand der Hardangervidda hinab zum Sognefjord unternehmen wollen, wo sie wiederum einen Bahnanschluß zurück nach Finse vorfinden.

Hütten dieser Tour

Name	Typ	Betten	Schlüssel	Öffnung	Sonstiges
Finsehytta	B	58		30.06.–17.09.; private Hütte bis 30.09.	
Geiterygghytta	B	80		30.06.–17.09.	
Steinbergdalshytta	Bp	50		01.05.–01.10.	R
Østerbø turisthytte	Bp	60		15.04.–01.10.	R

Tourenprofil: Durch das Aurlandsdalen

Tag	Strecke	Höhe	Entfernung	Gehzeit	Pässe/Bemerkungen
Start: Finse		1222 m			
1.	Geiterygghytta	1229 m	14 km	5 Std.	Sankt Pål, 1694 m, Klemsbu-Schutzhütte
2.	Steinbergdalshytta	1070 m	10 km	3 Std.	
3.	Østerbø	820 m	11 km	4 Std.	
4.	Vassbygdi	75 m	13 km	6 Std.	insgesamt über 1100 Hm Abstieg
Endpunkt: Aurland (Sognefjord)					
Total etwa:			48 km	4 Tage	

Blick hinab zum Vassbygdvatnet und unterem Aurlandsdalen. Zwischen den steilen Felsen im Hintergrund verbirgt sich der Sognefjord.

Wer die erste, etwas beschwerlichere Etappe (über 400 Höhenmeter) meiden will, kann direkt mit dem Auto oder dem Bus (mehrmals täglich) ins *Aurlandsdalen* fahren und die Tour im Bereich der *Geiterygghytta* starten. Aber gerade vom Höhenrücken, der ein westlicher Ausläufer des imposanten Hallingskarvet-Kammes ist, bieten sich vom Gipfel des *Sankt Pål* (1694 m, kurzer Umweg) grandiose Ausblicke über den Hardangerjøkulen (-Gletscher) und zu weiter entfernten Gebirgen, wie dem Jotunheimen.

Im *Aurlandsdalen* bewegen wir uns in hübscher Almgegend, saftige Weiden, Seen, reißende Wasserläufe in engen Schluchten, die ausnahmslos überbrückt sind, laden zum Verweilen ein.

Zwar hat es in letzter Zeit im Aurlandsdalen rege Bautätigkeiten gegeben, unter anderem wurden Staudämme errichtet,

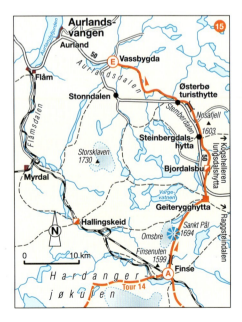

Wasserläufe für die Stromgewinnung reguliert und eine Straßenverbindung von Hol nach Aurland angelegt, der Weg wurde jedoch sehr geschickt, teilweise durch Sprengungen aufwendig am Hang, oft im Fels, verlegt, so daß das Naturerlebnis kaum Einschränkungen erlitten hat.

Als Rückweg nach *Finse* oder *Geilo* bietet sich als krönender Abschluß die grandiose Flåm-Bahn an, die sich in mehreren Windungen vom Fjord in die Bergwelt der Hardangervidda hinaufschraubt.

Nützliche Hinweise

An-/Rückreise: *Finse:* Bahnanschluß – 4mal täglich von Oslo und Bergen. *Vassbygdi:* Im Sommer mehrmals täglich Busverbindung nach Aurland und Hol.
Markierung: Sehr gut markiert.
Hütte/Zelt: Mehrere Hütten; als Zelttour geeignet.
Beste Wanderzeit: Juli bis September.
Schuhwerk: Bergstiefel.
Karten: Top. Karte Serie M 711 1:50 000: Hardangerjøkulen 1416 II, Aurlandsdalen 1416 I.

Am offenen, ungeschützten Fjell ist die strauchartig wachsende Alpenheide oder Alpenazalee häufig anzutreffen.

16 Der Lillehammer-Rondane-Pfad

Almen oberhalb des Gudbrandsdalen
Gesamtdauer: 6–7 Tage
Streckenlänge: 127 km
Kartenskizze: Siehe Seite 211

Parallel zu dem mit Recht vielgerühmten Gudbrandsdalen zieht sich ein langgestreckter Höhenzug nach Norden. Durch den überaus fruchtbaren Boden konnte sich hier intensive Almwirtschaft entwickeln. Es ist eine Übergangsregion von lieblichen Waldlandschaften zu aussichtsreichen Bergrücken, die dem (Familien)wanderer vielfache Abwechslung bietet. Obwohl wir uns hier in keinem ausgesprochenen »Wildnisgebiet« befinden, kommt das Erlebnis »Natur« nicht zu kurz.

Da der gesamte Gebirgskamm von keinen Quertälern durchschnitten wird, sind nur geringe Höhenunterschiede zu bewältigen. Viele kleine Stichstraßen führen zu den Almen hinauf und ermöglichen so, die Tour beliebig kürzer zu gestalten oder nach Norden ins Rondane-Gebirge zu verlängern (siehe Tour 3). Der Lillehammer-Rondane-Pfad ist bei den Norwegern außerdem ein sehr beliebtes Wintertourengebiet.

Tourenprofil: Der Lillehammer-Rondane-Pfad

Tag	Strecke	Höhe	Entfernung	Gehzeit	Pässe/Bemerkungen
	Start: Lillehammer/ Nordseter	850 m			25 km oberhalb Lillehammer
1.	Djupsli	950 m	15 km	8 Std.	Neverfjell, 1089 m, Pelle-stova-Hotel nach 2 Std.
2.	Vetåbua	925 m	11 km	5 Std.	Åstkyrkja, 1062 m
3.	Breitjønnbu	1185 m	17,5 km	5 Std.	Storgråhøgda, 1291 m
4.	Gråhøgdbu	1135 m	22 km	6 Std.	
5.	Eldåbu	1000 m	16,5 km	5 Std.	Paß beim Ramstindan, 1272 m
6.	Rondvassbu	1173 m	23 km	6 Std.	Paß beim Steinbudalshøi, 1280 m (Rentiergruben)
	alternativ: Anschlußtour Nr. 3 »Rondane« oder				
	Endpunkt: Mysusæter	870 m	22 km	6 Std.	
	Total etwa:		127 km	6–7 Tage	

Hütten dieser Tour

Name	Typ	Betten	Schlüssel	Öffnung	Sonstiges
Pellestova fjellhotel	Bp	100	–	Gj	R
Djupsli	S	12	std	Gj; geschl.: 1.5.–10.6.	
Vetåbua	S	12	std	Gj; geschl.: 1.5.–10.6.	
Breitjønnbu	S	8	std	Gj; geschl.: 1.5.–10.6.	
Gråhøgdbu	S	8	std	Gj; geschl.: 1.5.–10.6.	
Eldåbu	S	18	std	Gj; geschl.: 1.5.–10.6.	
Bjørnhollia	B/S	90/14	–/std	16.6.–17.9./Gj[1]); geschl.: 1.5.–10.6.	
Mysusæter fjellstue	Bp	55	–	ca. 15.6.–30.9.	R

[1]) Selbstbedienungshütte ist geschlossen, wenn die bediente Hütte offen ist.

Nützliche Hinweise

An-/Rückreise: Busverbindung besteht mit *Nordseter* (Lillehammer), auf der Straße 27 zwischen Ringebu und Enden (Juli und August), sowie mit *Mysuseter*.

Markierung: Ausgezeichnet markiert.

Hütte/Zelt: Sowohl als Hütten- als auch als Zelttour geeignet.

Beste Wanderzeit: Mitte Juni bis Ende September.

Schuhwerk: Gummistiefel, Bergschuhe.

Karten: Turkart 1:100 000: Lillehammerområdet und Rondane; 1:60 000: Ringebu 1.

Die Kleinstadt Lillehammer im unteren Gudbrandsdalen erlangte durch die Austragung der Olympischen Winterspiele 1994 Weltruhm.

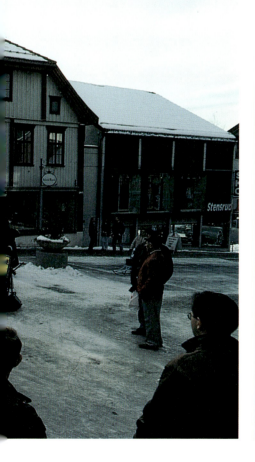

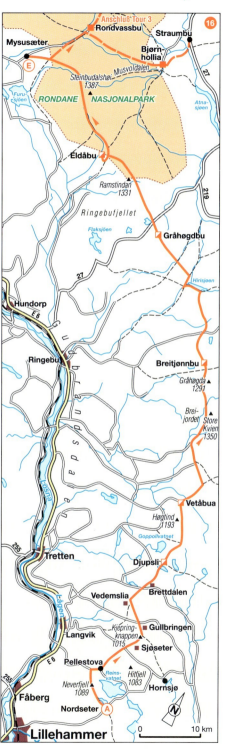

17 Die Femundsmarka

Seen- und Berglandschaft im klimatisch begünstigten Osten
Gesamtdauer: 9 Tage
Streckenlänge: 49 km
Kartenskizze: Siehe Seite 213

Gut abgeschirmt von den küstennahen Bergen liegt das klimatisch begünstigte Bergland um den Femund-See im Osten an der schwedischen Grenze. Ausgangspunkt der Wanderung ist *Røros,* eine alte, traditionsreiche Bergbaustadt. Da sie rechtzeitig unter Denkmalschutz gestellt wurde, konnte ihr äußeres Erscheinungsbild weitgehend bewahrt bleiben. Etwa 40 km südlich davon breitet sich Norwe-gens drittgrößter See aus, der Femund-See. Die Wanderung leitet uns durch urwüchsige Landschaft, wobei sich Kahlfjell, urwaldartig wuchernde Kiefern- und Birkenwälder, felsübersäte Lichtungen, deren loses Gestein von den ehemaligen Eismassen zurückgelassen wurde, und weite Moore abwechseln. Mehrere Straßen führen durch das Gebiet, und auf dem See herrscht regelmäßiger Schiffsverkehr, so daß die Länge der Wanderung sehr abwechslungsreich variiert werden kann. Grenzüberschreitend fügt sich die charakteristisch nicht unähnliche Wildnis des Rogen-Gebietes nahtlos an. Wer die fast grenzenlose Weite von oben bestaunen

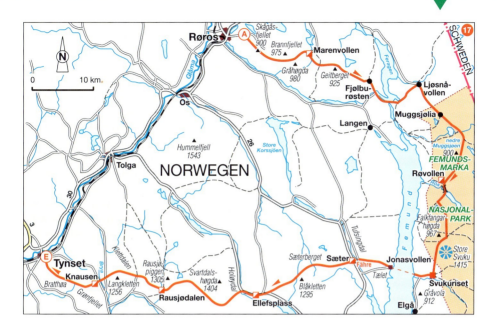

Tourenprofil: Die Femundsmarka

Tag	Strecke	Höhe	Entfernung	Gehzeit	Pässe/Bemerkungen
Start: Røros		640 m			
1.	Marenvollen	791 m	17 km	5 Std.	Skåkåsfjellet, 900 m, Brannfjellet, 940 m
2.	Ljøsnåvollen	759 m	24 km	8 Std.	Geitberget, 900 m; Fjøl-burøsten-Hütte nach 4 Std.
3.	Røvollen	715 m	22 km	7 Std.	Gråvolla, 860 m; Muggs-jølia-Hütte nach 2 Std.
4.	Svukuriset	830 m	17,5 km	6 Std.	Falkfangarhøgda, 967 m
5.	Sæter	675 m	11 km	3 Std.	Boot über den Femund-See; Busanschluß
6.	Ellefsplass	715 m	17,5 km	6 Std.	Blåkletten, 1140 m; Busan-schluß
7.	Rausjødalen	899 m	18 km	5 Std.	Rausjøpiggen, 1305 m
8.	Knausen	718 m	12 km	6 Std.	
9.	Endpunkt: Tynset	600 m	10 km	4 Std.	
Total etwa:			49 km	9 Tage	

◁ Die traditionsreiche Bergbaustadt Røros, die sich in 650 Meter Höhe schon fast auf Fjellniveau befindet, steht heute unter Denkmalschutz. Kupfervorkommen verdankt sie ihre Entstehung. Die Gruben mußten allerdings 1977 nach insgesamt 333 Betriebsjahren, die gute und schlechte Zeiten mit sich brachten, geschlossen werden.

Hütten dieser Tour

Name	Typ	Betten	Schlüssel	Öffnung	Sonstiges
Marenvollen	S	14	std	15.2.–15.0.	
Fjølburøsten	Bp	10	–	1.7.–31.8.	
Ljøsnåvollen	Bp/Up[1]	20/10	O	25.6.–1.9./Gj[1]	R
Muggsjølia	Up	7	O	Gj; geringe Ausstattung	
Røvollen	S	21	std	15.2.–15.10.	
Svukuriset	B	31	–	16.6.–17.9.	
Sæter	S	20	std	24.6.–10.9.	
Ellefsplass	S	12	std	1.6.–10.9.	
Rausjødalen	S	12	std	15.2.–15.10.	
Knausen	S	10	–	1.6.–15.10.	

[1] Unbediente Hütte ist geschlossen, wenn bediente Hütte ist offen (Up auch geschlossen 25.9.–24.10.)

will, besteigt von der DNT-Hütte *Svuku-riset* in etwa 3 Std. den mit verblock-tem Gestein bedeckten *Store Svuku* (1415 m).

Nützliche Hinweise

An-/Rückreise: *Røros* und *Tynset* haben 3- bis 4mal täglich Bahnanschluß nach Trondheim und Oslo. Von Tynset ebenfalls mit der Bahn zurück nach Røros.
Auf dem *Femund-See* verkehren die Schiffe M/S Fæmund II und M/S Svuku (4.6. bis 30.10.) Sie steuern mehrere »Häfen« zwischen Sørvika im Norden und Femundsenden im Süden an. Zwischen Revlingen (nahe Svukuriset) und Jonas-vollen fährt das Schiff tägl. um 12.45 Uhr, Mi. und So. zusätzlich um 17.15 Uhr.

Markierung: Gut markiert.
Hütte/Zelt: Sehr gut ausgebautes Hütten-netz. Es finden sich überall wildromanti-sche Stellplätze für Zelte.
Beste Wanderzeit: Anfang Juli (sehr naß) bis Ende September (Schiff bis Ende Oktober!).
Schuhwerk: Gummistiefel.
Karten: Turkart 1:100000: Nordre Femund und Søndre Femund; Top. Karte Serie M711 1:50000: 1619 II; 1719 III und 1619 I decken nur einen sehr kleinen Teil ab und sind nicht unbedingt notwendig.

Weite langgezogene Bergkämme bestimmen das Landschaftsbild im Grenzgebiet zu Schweden.

18 Über die Vesteraleninsel Hinnøya

In Nachbarschaft zum Nordatlantik
Gesamtdauer: 4 Tage
Streckenlänge: 57 km
Kartenskizze: Nebenstehend

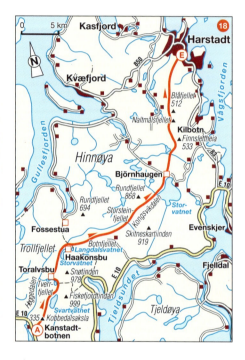

Die hochaufragenden, alpinen Felsformationen der Lofoten- und Vesteraleninseln sind ein Eldorado für Kletterer, dem Wanderer hingegen verweigern sie bis auf wenige Ausnahmen jeden Zutritt. Erst im nördlichen Teil wechseln sie zu niedrigeren, flacheren Bergketten. Hier auf *Hinnøya,* der größten Insel von Norwegen, hat der Harstad Turlag eine 3- bis 4tägige Tour markiert und drei Hütten für Übernachtungen errichtet. Die Etappen zwischen den einzelnen Hütten sind teilweise relativ lang. Es empfiehlt sich deshalb die Mitnahme eines Zeltes, oder man versucht, mit möglichst wenig Gepäck auszukommen.

Tourenprofil:
Über die Vesteraleninsel Hinnøya

Tag	Strecke	Höhe	Entfernung	Gehzeit	Pässe/Bemerkungen
Start: Kanstadbotn		0 m			Weg startet unter Hochspannungsleitung auf den Kobbedalsaksla, kurz vor Fjordende
1.	Toralfsbu	390 m	14,5 km	5 Std.	Tverrfjellet, 630 m
2.	Haakonsbu	480 m	5,5 km	2 Std.	bei Langdalsvatnet, 520 m
3.	Bjørnhaugen	220 m	17 km	7 Std.	Straße, 10 km nach Sørvik (Bus)
4.	Endpunkt: Harstad	0 m	20 km	7 Std.	Nattmålsfjellet, 520 m
Total etwa:			57 km	4 Tage	

Auf der ersten Etappe von Kanstadbotn nach Toralfsbu führt der Weg an einem Platz vorbei, der den Samen zum Sammeln der Rentiere (Rentierscheid) dient. Im Hintergrund erhebt sich der bereits schneebedeckte Strandstinden (1076 m).

Hütten dieser Tour

Name	Typ	Betten	Schlüssel	Öffnung	Sonstiges
Toralfsbu	U	8	std	Gj	
Haakonsbu	U	3	std	Gj	
Bjørnhaugen	U	12	std	Gj	

Hüttenschlüssel: Entweder man holt sich den Standard-DNT-Schlüssel beim DNT-Büro in Oslo oder an folgenden Stellen in der Region: Brandwache in Harstad, Bennet Reisebüro in Lødingen, Sigerfjord Kro (Wirtshaus) in Sigerfjord.

Anfangs durchschreiten wir auf teilweise recht mühevollen, aber keineswegs schwierigen Anstiegen eine Bergwelt, die noch von vergletscherten Bergen, die nahezu 1000 m erreichen, geprägt wird. Dazwischen liegen an verträumten Seen die Hütten Toralfsbu und Haakonsbu. Im weiteren Verlauf folgt der Weg dem versumpften, in üppiger Vegetation stehenden Kongsvikdalen. Erst wenn wir uns dem Endpunkt Harstad nähern, erklimmen wir wieder trockene, lieblich gewellte Anhöhen, von denen wir tiefe Ausblicke auf Fjorde und benachbarte Inseln genießen können.

Nützliche Hinweise

An-/Rückreise: Von *Harstad* täglich mehrere Verbindungen nach Narvik und Svolvær.
Mehrere Verbindungen Harstad – Lødingen (meist umsteigen).
Kanstadbotn: Bus hält auf Wunsch am Ausgangspunkt der Wanderung.
Markierung: Gut markiert.
Hütte/Zelt: Sowohl als Hütten- als auch als Zelttour geeignet.
Beste Wanderzeit: Anfang Juli bis Ende September.
Schuhwerk: Gummistiefel.
Karten: Top. Karte Serie M711 1:50 000: 1232 II, 1332 III, 1332 IV.

Noch vor dem endgültigen Wintereinbruch wird eine Hochspannungsleitung, die quer über die Insel Hinnøya verläuft, repariert.

19 Der Grenzpfad von Troms

Wildnisgebiet im Dreiländereck
Norwegen–Schweden–Finnland
Gesamtdauer: 7 Tage
Streckenlänge: 139 km
Kartenskizze: Siehe Seite 220

Im Dreiländereck von Norwegen, Schweden und Finnland findet der erfahrene Wanderer einen Landstrich vor, der oft als »Norwegens letzte Wildnis« bezeichnet wird. Eiszeitlich geformte Bergkämme mit arktischem Erscheinungsbild werden abwechslungsreich durch unberührte Tal-züge voneinander getrennt. In ihnen suchen sich reißende Bäche mit wilden Stromschnellen ihren Weg talabwärts. Der *Øvre Dividal Nationalpark* mit seinen in den Niederungen erhaben wuchernden Kiefern- und Birkenwäldern und unwirtlichen und oftmals schneebedeckten Bergen, wird in seiner ganzen Ausdehnung durchquert. Er ist eines der letzten Rückzugsgebiete für einige große Raubtierarten, wie dem Bär, Wolf, Vielfraß und Fuchs. Im Sommer gesellt sich noch eine größere Zahl domestizierter Rentiere da-

Tourenprofil: Der Grenzpfad von Troms

Tag	Strecke	Höhe	Entfernung	Gehzeit	Pässe/Bemerkungen
Start: Innset		500 m			
1.	Gaskashytta	530 m	13 km	4 Std.	
2.	Vuomahytta	712 m	20 km	6 Std.	Paß beim Coalmeoaivve, 1000 m
3.	Dividalshytta	620 m	19 km	6 Std.	Abstieg ins Dividalen (3 Std.) möglich
4.	Dærtahytta	720 m	30 km	8 Std.	Paß unterhalb des Jerta (-Berg), ca. 1000 m
5.	Rostahytta	465 m	18 km	6 Std.	Hochplateau Buosser, 1122 m, Abstieg ins Rostadalen möglich
6.	Gappohytta	706 m	19 km	6 Std.	Paß oberhalb Isdalen, 1000 m
7.	Endpunkt: Kilpisjärvi	480 m	20 km	6 Std.	Dreiländereck (Finnland), Boot mehrmals täglich nach Kilpisjärvi
	oder zum Galgujav'ri (E8)	504 m	20 km	9 Std.	über die Gåldahytta (4+5 Std.)
Total etwa:			139 km	7 Tage	

Der Målselva (-Fluß), der aus
verschiedenen Gewässern des
Øvre-Dividal-Nationalparks
gespeist wird, gilt als äußerst
lachsreich.

in den zahlreichen Tälern, die gekreuzt
werden, finden, sondern auch entlang der
höhergelegenen Hänge ausbreiten.

Nützliche Hinweise

An-/Rückreise: *Innset:* Seltene Busverbindung Galgujav'ri (E 8, 1 1/2 km von
finnischer Grenze) und Kilpisjärvi; mehrmals täglich Bus nach Nordkjosbotn
und Kaaresuvanto.

Markierung: Gut markiert; keine Wintermarkierung!

Hütte/Zelt: Alle Hütten dieser Tour sind
»unbediente Hütten« ohne Proviantlager
und sind mit Standard-DNT-Schlössern versehen. Da der Transport von Heizmaterial
äußerst schwierig ist, bittet der Troms Turlag (TT), eine eigene Butangaskartusche
(Nr. 2202, in jedem Sportgeschäft erhältlich, ca. 500 gr.) mitzubringen, die in allen
Hütten installiert werden kann.

Schlüssel: Wer den notwendigen DNT-
Standard-Schlüssel nicht im DNT-Büro in
Oslo holen kann, hat folgende Entleih-
stellen in der Region zur Verfügung:
Tromsø: Sportgeschäft Andresens Vaaben-
forretning, Storgt. 53;
Esso Tankstelle, Setermoen; Zollamt Kilpisjärvi (Finnland E 8); Hans Stensvold, Høg-
stadgård-Øverbygd.

Beste Wanderzeit: Ende Juli bis Mitte
September (späte und starke Schneeschmelze).

Schuhwerk: Gummistiefel.

Karten: Top. Karte Serie M 711 1:50 000:
Helligskogen 1633 II, Signaldalen 1633 III,
Rostadalen 1632 IV, Salvasskaret 1532 II,
Dividalen 1532 I, Altevatn 1532 II (alle Kar-
ten neuester Stand) – alternativ: Turkart
1:100 000: Indre Troms.

zu. Auch das Klima mit kühlen, regen-
reichen Sommern, die nicht selten Schneestürme mit sich bringen, verlangt dem
Wanderer großes Durchhaltevermögen
ab. Schutz findet man in den zahlreichen
kleinen Hütten, die der Troms Turlag hier
errichtet hat.

Gut ausgerüstet und mit reichlich Proviant versehen kann derjenige, der das
Abenteuer sucht, abseits der markierten
Pfade die Erfahrung von Abgeschiedenheit in der Wildnis machen.

Aber auch derjenige, der den Pfad
wählt, wird oftmals auf kilometerlange
Sumpfstrecken stoßen, die sich nicht nur

20 Spektakuläres Reisadalen

Canyon durch das Küstengebirge zur Samenhauptstadt Kautokeino
Gesamtdauer: 4 Tage
Streckenlänge: 108 km
Kartenskizze: Siehe rechte Seite

Ganz im entlegenen Norden Norwegens führt uns diese Wanderung durch das mit seinen Wasserfällen und canyonartigen Schluchten interessante Reisadalen hinauf auf die Hochebene der Finnmarksvidda. Erst kürzlich durch Hütten und Brücken neu erschlossen, ist diese sowohl landschaftlich, aber auch die Flora und Fauna betreffend, einmalige Tour ohne Schwierigkeiten zu bewältigen. Einzig die großen

Abstände zwischen den Hütten fordern eine gute Kondition – es sei denn, man wandert mit Zelt und genießt die vielen herrlichen Nachtplätze entlang des Flußlaufs (Achtung: Moskitos!). Die erste Tagesetappe kann man abkürzen, indem wir uns mit einem Flußboot bis zum *Mollesfossen* (-Wasserfall) hinaufbringen lassen (Boot für 4 Personen kostet etwa DM 250,–). Ansonsten führt uns der Weg entlang dem mit Fichten bewaldeten Reisaelva zum Mollesfossen, der sich je nach Wassermenge bis zu 269 m im senkrechten Fall in einer gewaltigen Wasserwolke herabstürzt. Flußaufwärts schnei-

Der Herbst bringt in der Finnmark nicht nur schöne Farben mit sich, es ist auch die Zeit der sonst fast unerträglichen Mückenschwärme vorbei. Blick auf den langgezogenen Stuorajavrre.

den die Wassermassen tief in das Gestein ein, und die Talseiten treten zu einem engen Canyon zusammen. Zwischen kolossalen Felstürmen stürzt sich hier der *Imofossen* in einen tiefen Kessel. Nach einigen Anstiegen öffnet sich das mit lichtem Birkenwald, Tümpeln und Seen bedeckte Plateau der Vidda, wo wir nach 2 Tagen über teilweise morastig-aufgeweichtem Terrain die Samenstadt *Kautokeino* (sam.: Guovdageaidnu) erreichen.

Nützliche Hinweise

An-/Rückreise: *Reisadalen-Saraelv:* 2mal wöchentlich Bus (Di., Fr.).
Kautokeino: Mehrmals täglich Bus nach Alta – umsteigen – Bus nach Nordreisa.
Markierung: Gut markiert.
Hütte/Zelt: Als Hüttentour aufgrund der langen Wegstrecken sehr anstrengend; als Zelttour sehr gut geeignet.
Beste Wanderzeit: Mitte Juli (sehr naß) bis Mitte September.
Schuhwerk: Gummistiefel.
Karten: Top. Karte Serie M 711 1:50 000: Mållesjohka 1733 I, Cierte 1733 II, Raisjavri 1833 III, Kautokeino 1833 II (letzte Etappe).

Tourenprofil: Spektakuläres Reisadalen

Tag	Strecke	Höhe	Entfernung	Gehzeit	Pässe/Bemerkungen
Start: Saraelv		95 m			Busverbindung mit Nordreisa (E 6)
1.	Nedrefosshytta	150 m	27 km	8 Std.	Alternative: Samisches Flußboot
2.	Raisajavrre	450 m	30 km	8 Std.	Nahe der Str. 896
3.	Cuonuvuohpi	380 m	34 km	9 Std.	
4.	Endpunkt: Kautokeino	310 m	17 km	5 Std.	
Total etwa:			108 km	4 Tage	

Am Raisajavrre (-See) bietet die gleichnamige kleine, private Hütte dem Wanderer Übernachtungs-
möglichkeit. Der See bildet gleichzeitig die Grenze zum Reisa-Nationalpark.

Hütten dieser Tour

Name	Typ	Betten	Schlüssel	Öffnung	Sonstiges
Saraelv	bp			Gj	
Nedrefosshytta	U	16	std	Gj	
Raisajavrre	Up	6	O	Gj	
Cuonuvuohpi	Bp	32		1.6.–30.9.; nur auf Bestellung	

21 Weitwanderweg Nordlandsruta

In 40 Tagen durch die Provinz Nordland
Gesamtdauer: 40 Tage
Streckenlänge: 564 km
Kartenskizze: Siehe Übersichtskarte in der vorderen Umschlagklappe

Weitwanden, vielleicht der Traum eines jeden Nordlandfreundes, der die »Standardrouten« abgewandert ist und sich den Wunsch nach einem längeren Aufenthalt in großteils wilder, unberührter Natur erfüllen will. Die »Nordlandsroute« zieht sich insgesamt über mehr als 550 km durch die langgestreckte Provinz Nordland: von Bjørnfjell bei Narvik im Norden, bis Majavatn an der E6 nahe der Grenze zu Nord-Trondelag im Süden. Ein Großteil der Routen existierte bereits vor der Eröffnung der Nordlandsruta im Juni 1993 und mußte nur noch miteinander verbun-

den werden (Narvikfjellet, Sulitjelmafjellet, Saltfjellet, Okstindanfjellet). Nur in der zerklüfteten Bergwelt des Rago-Gebiets war es bisher nicht möglich, eine Wanderroute anzulegen, und man ist gezwungen für einige Tagesetappen nach Schweden ins Padjelanta auszuweichen, um bei Sulitjelma wieder norwegischen Boden zu betreten. Auch der südlichste Abschnitt durch den Børgefjell-Nationalpark ist noch nicht fertig markiert und noch ohne Übernachtungsmöglichkeiten, aber ausgerüstet mit Zelt, Karte und Kompaß ein krönender Abschluß in naturbelassener Umgebung. Sonst ermöglichen 40 Übernachtungsstellen dem Naturfreund die Herausforderung, die Wildmark in relativ einfacher Weise zu erleben.

Probleme kann es mit dem Proviant auf einer solch langen Wanderung geben, da die Einkaufsmöglichkeiten sehr be-

Die versumpften Niederungen der nordischen Bergwelt bietet Mücken optimale Brutmöglichkeiten. Deswegen ist es empfehlenswert, erst ab Mitte August die Wanderung zu beginnen.

Tourenprofil und Hütten: Nordlandsruta

Tag	Strecke	Höhe	Entfernung	Gehzeit	Hüttentyp	Schlüssel	Öffnungs-zeiten
Norwegen:							
Start: Bjørnfjell station		513 m					
1.	Hunddalshytta	700 m	23 km	6 Std.	U	std	Gj
2.	Cunojavrrehytta	701 m	18 km	6 Std.	U	std	Gj
3.	Caihnavaggihytta	1010 m	12 km	4 Std.	U	std	Gj
4.	Gautelishytta	852 m	12 km	4 Std.	U	std	Gj
5.	Skoaddejavrihytta	800 m	17 km	5 Std.	U	std	Gj
6.	Sitashytta	620 m	22 km	6 Std.	U	std	Gj
7.	Paurohytta	725 m	23 km	8 Std.	U	std	Gj
8.	Røysvatnhytta	800 m	22 km	6 Std.	U	std	Gj
9.	Koie		25 km				
Schwedische Etappe:							
10.	Vaisaluokta	460 m	30 km				
11.	Kutjaure	580 m	18 km				
12.	Låddejåkk	590 m	19 km				
13.	Arasluokta	584 m	13 km				
14.	Staloluokta	600 m	12 km				
15.	Staddajåkk	710 m	12 km	4 Std.			
	Sarjasjaure nach 5 km						
Norwegen:							
16.	Sorjushytta	830 m	16 km	5 Std.	U	std	Gj
	Ny Sulitjelma-Hütte – (auf dem Weg nach Sulitjelma)				U	std	Gj
17.	Lomihytta	720 m	14 km	4 Std.	U	std	Gj
18.	Calalveshytta	550 m	11 km	4 Std.	U	std	Gj
19.	Tjorvihytta (Coar'vih.)	600 m	12 km	4 Std.	U	std	Gj
20.	Balvasshytta	600 m	20 km	6 Std.	U	std	Gj
21.	Argaladhytta	560 m	10 km	3 Std.	U	O	Gj
	Trygvebu nach 7 km				U	BOT	Gj
22.	Graddis	442 m	15 km	5 Std.	bp		Gj
23.	Lønsstua	504 m	13 km	4 Std.	U	BOT	Gj
24.	Saltfjellstua	575 m	23 km	7 Std.	U	RT/BOT	Gj
	Steinstua nach 4 km				O		
25.	Krukkistua	520 m	5 km	2 Std.	U	O	Gj
	Koie nach 17 km				O		

Tourenprofil und Hütten: Nordlandsruta (Fortsetzung)

Tag	Strecke	Höhe	Entfernung	Gehzeit	Hüttentyp	Schlüssel	Öffnungs-zeiten
26.	Bolnahytta	560 m	26 km	9 Std.	U	RT	Gj
	Koie nach 18 km						
27.	Virvasshytta	650 m	25 km	9 Std.	U	RT	Gj
	Koie nach 10 km						
28.	Kvitsteindalstunet	590 m	23 km	8 Std.	U	RT	Gj
29.	Sauvasshytta	980 m	15 km	5 Std.	U	RT	Gj
30.	Umbukta	540 m	9 km	3 Std.	U	RT	Gj
31.	Koie	550 m	12 km	4 Std.			
32.	Gressvasshytta	610 m	18 km	6 Std.	U	HT	Gj
33.	Steikvasselv	390 m	19 km	6 Std.	bp		
34.–40., siehe »Nützliche Hinweise«							

schränkt sind. Alle Hütten auf der norwegischen Seite haben kein Proviantlager. In Schweden sind die Hütten von Anfang Juli bis Ende August bewirtschaftet und verkaufen nur zu dieser Zeit Lebensmittel. Geschäfte gibt es unterwegs nur in Sulitjelma, sonst ist man gezwungen, an kreuzenden Straßen Proviantlager anzulegen oder muß mit öffentlichen Verkehrsmitteln die nächste Ortschaft ansteuern.

Nützliche Hinweise

An-/Rückreise: *Bjørnfjell:* Zugverbindung von Narvik und Kiruna; *Majavatn:* mehrmals täglich Bahnverbindung nach Trondheim und Bodø.
Weitere Verbindungen: *Sulitjelma* (mehrmals täglich Bus); *Graddis fjellstue* (Bus); *Lønsdal* (mehrmals täglich Bahn); *Bolna* (1–2mal täglich Bahn); *Umbukta:* 1mal Bus von Mo i Rana (ca. 10.50 Uhr), 1mal Bus von Tärnaby (ca. 17.20 Uhr) – Bus hält nur auf Handzeichen! *Steikvasselv* (an Schultagen – morgens); Str. 73 (an Schultagen täglich, sonst 3mal wöchentlich – Di., Mi., Fr.).
Markierung: Bis auf den letzten Abschnitt meist gut, manchmal spärlicher markiert.

Hütten/Zelt: Bis auf das letzte Teilstück durch den Børgefjell-Nationalpark verbinden insgesamt 35 Hütten und einige Koien (kleine Unterkünfte ohne jegliche Ausstattung – keine Matratzen, kein Kocher) die Wanderroute in meist angenehmen Tagesetappen. Da die Tour »Reviere« verschiedener Bergvereine kreuzt, sind teilweise unterschiedliche Schlüssel notwendig.
Hütten in Schweden: Diese Hütten sind während der Sommermonate Juli und August bewirtschaftet und verkaufen in kleinen Mengen Lebensmittel. Außerhalb der Saison ist ein sog. Sicherheitsraum offen und bietet dem Wanderer nur eine einfache Einrichtung (kein Proviant). Die Übernachtungspreise sind etwa vergleichbar mit denen in Norwegen. Für Rabatte wird die Mitgliedschaft der folgenden Organisationen anerkannt: Den Norske Turistforening, Finlands Turistförbund und International Youth Hostel Federation. Beste Wanderzeit: Mitte Juli bis Mitte/Ende September.
Schuhwerk: Wer die ganze Tour durchgehend wandern will, sollte über einen festen, wasserfesten Jagdstiefel verfügen; Gummistiefel sind möglich, aber nicht sehr empfehlenswert.

Etappen 34.–40.: Für die letzten Etappen südlich von Steikvasselv, durch den Børgefjell-Nationalpark bis Majavatn, ist der Brurskanken Turlag zuständig. Dieser junge Bergverein hat es sich zur Aufgabe gesetzt, den Wanderweg entlang der Nordlandsruta vollständig zu markieren und Übernachtungsmöglichkeiten in Zusammenarbeit mit der staatlichen Forstverwaltung, anzulegen. Eine ganze Reihe von Brücken sind bereits entstanden und ermöglichen eine Durchquerung des Gebiets mit Zelt. Es ist vorteilhaft, sich vor einer Wanderung in diesem Gebiet beim Bergverein die aktuellsten Daten einzuholen.
Brurskanken Turlag, Odon Benumsv. 17, 8662 Halsøy/Mosjøen, Tel.: (0 87) 7 45 67.
Karten: Es sind etwa 25 topographische Karten der Top. Karte Serie M 711 1:50 000 notwendig, dazu noch die schwedischen Karten 1:100 000: 29 GH (Sitasjaure) und 28 G (Virihaure). Allerdings decken weitere schwedische Fjällkarten große Gebiete dieser Tour im grenznahen Bereich ab, und fürs Saltfjellet gibt es eine eigene Karte (Saltfjellkartet 1:100 000).

In der nördlichen Bergwelt findet der Wanderer eine saubere, nahezu unbefleckte Landschaft vor. – Öffne dich, und dein Geist kommt zur Ruhe.

Vom Veslefjellet (1743 m) reicht der Blick weit über den langgezogenen Bygdin-See zu den gletscherbedeckten Graten des Hurrungane-Gebirges. Nicht umsonst wird Jotunheimen oft das »Reich der Riesen« genannt.

Serviceteil

Trekking in Norwegen

Den Norske Turistforening (DNT)

Der norwegische Verein für Bergwanderer DNT (Den Norske Turistforening), gegründet im Jahr 1868, ist eine landesweite Organisation, die für den Bau und Erhalt von Berghütten und der Markierung der Sommer- und Winterrouten verantwortlich ist. Außerdem organisiert er geführte Touren und Kurse.

Ausländer, die in Norwegen Wanderungen unternehmen, müssen natürlich nicht Mitglied werden. Wenn sie jedoch längere Touren im Land planen und Hütten für Übernachtungen vorsehen, kann sich ein Beitritt lohnen.

Vorteile für Mitglieder: Ermäßigte Preise und Vorrecht gegenüber Nichtmitgliedern in Unterkünften des Bergvereins; Ermäßigungen für Übernachtungen in vielen privaten Berghütten; Ermäßigungen für Gletscherführungen; einige Wanderkarten sind im Büro des DNT in Oslo etwas preisgünstiger zu kaufen (Hardangervidda, Jotunheimen, Flåmsdalen).

Jedermannsrecht – Verhalten in der Natur

Das Jedermannsrecht, ein ungeschriebenes Recht aus längst vergangenen Zeiten, als der Natur noch kaum Beachtung geschenkt wurde, erlaubt jedem, der sich in der freien Natur bewegt, große Freiheiten. Aber auch der Massentourismus, der vor den skandinavischen Ländern und ihrer Natur nicht haltgemacht hat, überstrapaziert durch falsches Verhalten und falsche Interpretation dieses allgemeinen Rechts nicht nur die Natur, sondern auch deren Bewohner. Sie müssen oft genug mit ansehen, wie sich Zelttouristen auf ihren Wiesen und Feldern niederlassen, Abfälle (auch Toilettenpapier zählt dazu) zurücklassen, von abgelegenen Anwesen Bretter als Brennholz entfernen und Lagerfeuerparties feiern. Solches Verhalten wird durch das Verschulden dieser »Naturliebhaber« irgendwann zu einer Einschränkung der Rechte führen, die uns jetzt noch gewährt werden. Entlang der Hauptstraßen weisen bereits oftmals Schilder auf Übernachtungsverbote hin. Auch in Naturschutzgebieten gelten oftmals strengere Schutzbestimmungen. Im folgenden ein paar grundlegende Verhaltensregeln.

Erlaubt ist:

• die Übernachtung bis zu zwei Nächte auf nicht-kultiviertem Land (Felder, Wiesen, Gärten, Nutzwald sind verboten), wobei ein Mindestabstand von 150 m zum nächsten Gebäude eingehalten werden muß und das Gelände kein Privatgrundstück ist (wenn möglich, um Erlaubnis fragen);

▶▶▶▶▶▶▶▶▶▶▶▶▶▶▶▶▶▶▶▶▶

Norwegischer Verein für Bergwanderer DNT (Den Norske Turistforening)

Mitgliedspreise (für 1995 in norwegischen Kronen):

	A	B
Hauptmitglieder	350,–	290,–
Jugend (bis 25 Jahre)	215,–	155,–
Senioren (über 67 Jahre)	215,–	155,–
Familienmitglieder	95,–	

A = einschl. Jahrbuch und Zeitschriften
B = ohne Jahrbuch und Zeitschriften

▶▶▶▶▶▶▶▶▶▶▶▶▶▶▶▶▶▶▶▶▶

Wer die Nähe und die Schönheit der norwegischen Natur in seiner ganzen Dimension erleben möchte, sollte ein Zelt im Rucksack haben und die Bequemlichkeit der Hütten nur im Notfall nutzen.

- das Betreten fremder Grundstücke (außer gekennzeichneter Privatgrundstücke);
- abgestorbenes, am Boden liegendes Holz zum Feuermachen zu sammeln (in der Zeit vom 15. 4. bis 15. 9. ist generelles Feuerverbot);
- das Baden in Flüssen, Seen und Meer und diese mit Booten zu befahren;
- das Sammeln von Beeren und Pilzen in kleinen Mengen (außer geschützte Arten).

Nicht erlaubt ist:

- Feuer im Zeitraum vom 15. 4. bis 15. 9. zu entzünden;
- das Absägen und Abreißen von Bäumen, Sträuchern, Zweigen und Rinde;
- das Fahren außerhalb befestigter Straßen im Gelände mit Motorfahrzeugen;
- Abfälle in der Natur zurückzulassen (Toilettenpapier vergraben oder verbrennen);
- Angeln in Süßwasser ohne Lizenz (jeder über 16 Jahren benötigt: 1. die Staatliche Angellizenz, 2. die regionale Angelkarte (Fiskekort).

Übernachten im Gebirge

Übernachten in Hütten

Nahezu alle norwegischen Wandergebiete haben der DNT (Den Norske Turistforening) und seine örtlichen Bergwandervereine durch ein Netz von Hütten verbunden. Die Qualität und Ausstattung der Hütten variiert dabei von kleinen, urromantischen Almhütten mit wenig Komfort und geringer Bettenzahl, bis hin zum Vollservice-Berghotel mit eigener Weinkarte und nicht selten dreistelligen Bettenzahlen. »Berghotels« findet man in den populären Wandergebieten, wie Hardangervidda, Jotunheimen und Rondane. Sie bieten dem Wanderer ihren Service in den Sommermonaten und den für Skiwanderer beliebten Osterferien. Weniger begangene Gebiete (Setesdalsheiene, Dovrefjell usw.) verfügen meist über Selbstbedienungshütten, für die oft ein Schlüssel notwendig ist, der direkt beim DNT oder den anderen Wandervereinen erhältlich ist (siehe Tourenbeschreibung). Die Unterkünfte in

Die kleinen, oftmals idyllisch gelegenen Hütten des Nordens sind mit allem ausgestattet, was der Wanderer zum Übernachten braucht. Nur Proviant und Schlafsack werden benötigt. Balvasshytta, Sulitjelmaberge.

Nordnorwegen sind nicht bewirtschaftet und oft sehr klein. Für die meisten Hütten wird ein Schlafsack benötigt.

Bewirtschaftete Hütten

Diese bieten neben der Übernachtung auch alle Mahlzeiten an. Voranmeldungen für einen Aufenthalt, der länger als drei Tage währt, werden angenommen. Die Hütten sind jedoch für durchreisende Gäste gedacht. Wanderer von Hütte zu Hütte können nicht im voraus buchen. Sollten alle Betten belegt sein, erhalten sie Matratze und Decken und einen Platz auf dem Boden. Niemand wird abgewiesen. Die meisten bewirtschafteten Hütten verfügen über eine Selbstbedienungsabteilung, die während der Nebensaison benutzt werden kann.

Hütten mit Selbstbedienung

Hütten mit eingerichteter Küche (Gaskocher, Töpfe, Geschirr), Heizmöglichkeit, Decken und Kissen. Lebensmittel (Tee, Kaffee, Knäckebrot, Aufstriche, Konserven usw.) können gekauft werden (Preise ca. 50–70 % über Ladenpreis!). Öffnungszeiten beachten!

Nicht bewirtschaftete Hütten

Ebenfalls vollständig eingerichtete Hütte (Küche, Ofen), aber keine Lebensmittel. Öffnungszeiten beachten!

Privathütten

Vor allem in Randbereichen der Wandergebiete finden sich häufig private Unterkünfte. Auch diese variieren von kleinen Setern (Almen) mit begrenzter Bettenzahl und kleinen Imbissen bis zu Hotelanlagen mit Hallenbad und

Disco. Die Preise in Privathütten sind meist etwas höher. Viele gewähren DNT-Mitgliedern einen Rabatt (in der Tourenbeschreibung vermerkt).

Hüttenpreise Alle hier angegebenen Preise gelten für das Jahr 1995 und können sich im Laufe der Zeit geringfügig erhöhen. Bezahlt werden kann bar, wobei in Selbstbedienungs- und unbedienten Hütten das Geld abgezählt bereitgehalten werden muß. Mittlerweile ist es üblich, mittels einmaliger Vollmacht (Engangsfullmakt) per Kreditkarte zu bezahlen (Formulare liegen in den Hütten bereit). Unerwünscht ist, aber akzeptiert wird auch eine nachträgliche Bezahlung / Überweisung beim zuständigen Bergverein.

Öffnungszeiten Bewirtschaftete Hütten sind nur in der Hochsaison geöffnet. Auch ein Großteil der Selbstbedienungshütten in Südnorwegen wird nur für eine bestimmte Zeit im Jahr geöffnet. Meist sind sie vom 15. Oktober bis zum 15. Februar geschlossen. Die Hütten in Nordnorwegen (fast ausschließlich Selbstbedienungshütten) sind meist das ganze Jahr über zugänglich. Der DNT gibt jährlich gratis Informationsbroschüren heraus (Åpningstider / Åpningstider vinter), in denen alle nötigen Informationen entnommen werden können (auch für Privathütten).

Schlüssel Für viele Selbstbedienungshütten und nicht bewirtschaftete Hütten benötigt man einen Schlüssel. Diese können gegen Pfand (50,– nkr) beim DNT-Büro, beim Personal einer in der Nähe bewirtschafteten Hütte oder bei anderen Stellen ausgeliehen werden. Einige Bergvereine verwenden einen eigenen Schlüssel, der in der Region erhältlich ist (siehe Tourenbeschreibungen). Im Frühjahr können viele Selbstbedienungshütten in Süd-

▶▶▶▶▶▶▶▶▶▶▶▶▶▶▶▶▶▶

Preise in bewirtschafteten Hütten
Übernachtung (in nkr)

	Mitglied	Nichtmitgl.
1–3-Bett-Zimmer	140,–	190,–
4–6-Bett-Zimmer	100,–	150,–
Matratzenlager	70,–	120,–
evtl. zus. Bettwäsche	55,–	55,–
Leinenschlafsack geliehen	25,–	25,–
Zelten (pro Person)	30,–	45,–

Essen

	Mitglied	Nichtmitgl.
Frühstück	60,–	80,–
Haferbrei	22,–	32,–
Abendessen (Menü)	120,–	150,–
Abendessen (klein)	58,–	73,–
	bis 72,–	bis 87,–
Kinderteller (unter 16 J.)	33,–	43,–
Kaffee/Tee f. Thermosk.	16,–	21,–
Heißes Wasser für Tee	8,–	13,–

Für Aufenthalte von mehr als 3 Tagen zahlen Mitglieder einen Pauschalpreis, der Übernachtung, Frühstück, Proviantpaket und Abendessen beinhaltet (je nach Zimmergröße zwischen nkr. 280,– und 395,–).

Preise in Selbstbedienungs- und
unbedienten Hütten
Übernachtung (in nkr)

	Mitglied	Nichtmitgl.
Übernacht. incl. Holz/Gas	90,–	140,–
Tagesbesuch (bis 18 Uhr)	20,–	30,–
Zelt	20,–	30,–

▶▶▶▶▶▶▶▶▶▶▶▶▶▶▶▶▶▶

▶▶▶▶▶▶▶▶▶▶▶▶▶▶▶▶▶▶

Kategorien der Berghütten
Grundsätzlich werden die Hütten in drei Kategorien unterteilt, die in den Karten wie folgt symbolisiert sind:
■ bewirtschaftete Berghütte (DNT)
◪ Berghütte mit Selbstbedienung (DNT)
□ nicht bewirtschaftete Berghütte (DNT)
△ Koie (Notunterkunft)
• private Berghütte.

▶▶▶▶▶▶▶▶▶▶▶▶▶▶▶▶▶▶

Überall in Nordnorwegen ist Trockenfisch nach wie vor eine beliebte Speise. Seine Zubereitung ist allerdings recht aufwendig.

die Natur nicht und hinterlassen Sie keinen Abfall (auch nicht unter Steinen und in Felsspalten!).

Allgemeines zum Trekking

Markierte Routen Die Unterkünfte sind durch markierte Wege miteinander verbunden. Meist sind Steinmänner oder Felsblöcke mit einem »T« alle paar Meter rot gekennzeichnet. So ist die Orientierung auf einer Tour ohne große Schwierigkeiten möglich. Trotzdem sollte immer wegen möglicher schlechter Sicht oder großer Schneefelder ein Kompaß im Rucksack sein. Wenn sich Wege kreuzen, helfen Wegweiser weiter. Auf Gletschern bestehen keine Markierungen. Hier werden vielfach Führungen angeboten.

Beste Wanderzeit Talwanderungen können oft schon ab Mai unternommen werden. Östlich gelegene Berggebiete sind in der Regel ab Mitte Juni schneefrei, während die hochgelegenen küstennahen Gebirge ab Anfang bis Mitte Juli begehbar werden. Allerdings muß man dann noch mit ausgedehnten Schneefeldern rechnen. Auch viele Brücken werden nicht vor der Schneeschmelze montiert.

Optimale Bedingungen findet man ab Ende Juli bis Anfang September vor, weil dann mit Schneefeldern nicht mehr zu rechnen ist und die langsam trocknenden Böden weniger naß sind. Vor allem im Norden empfehlen sich die Monate August und Anfang September. Einerseits werden die Moskitos zu diesen Zeiten weniger, und das kurze Aufflammen des Herbstes wird ein unvergeßliches Ereignis sein. Im Norden und in höheren Lagen werden mit den ersten Schneefällen, die ab Mitte September einsetzen, auch viele

norwegen geschlossen sein, wenn sie in Gebieten mit wilden Rentieren liegen. In der Zeit, wenn die Rentierkälber geboren werden, versuchen die Bergvereine, die für Störungen sensiblen Regionen von Wanderern freizuhalten.

Übernachten im Zelt Norwegen scheint prädestiniert für Touren mit Zelt. Das »Jedermannsrecht« (siehe Seite 232) erlaubt es uns, nahezu überall in den Bergen, aber auch in Tälern und relativ dicht besiedelten Landesteilen, das Zelt aufzustellen. Im Gegensatz zu den Alpen finden sich in norwegischen Bergen entlang der Wanderwege, aufgrund der weicheren, in den Eiszeiten abgerundeten Topographie, schönste Zeltstellplätze. Bei vielen bewirtschafteten Hütten sind gebührenpflichtige Campingplätze eingerichtet. Sonst gilt ein Mindestabstand von 150 m von Hütten. Bitte verschmutzen Sie

Vor allem in südlichen Landesteilen sind Wege und Abzweigungen sehr gut markiert. Trotzdem muß man besonders im Frühsommer mit Orientierungsproblemen durch Schneefelder und zerstörte Wegweiser rechnen.

Brücken wieder abgebaut. Zu dieser Zeit können durch eisüberzogene Felsen, tiefen Neuschnee, rasch kürzer werdende Tage und Schlechtwetterperioden extrem schwierige Bedingungen herrschen.

Gefahren im Fjell Lassen Sie sich nicht von den im Vergleich zu den Alpen niedrigen Höhen der norwegischen Berge täuschen. Aufgrund der nördlichen Lage kann man mindestens 1000 m dazurechnen. Dementsprechend niedriger liegt die Waldgrenze. Offenes, ungeschütztes Fjell findet man im Süden bereits ab 1200 m und in den nördlichen Landesteilen schon ab 300 m.

Überschätzen Sie nicht Ihre Kondition – die Etappen zwischen den Hütten sind teilweise sehr lang. Die in diesem Buch angegebenen Gehzeiten stellen durchschnittliche reine Gehzeiten dar. Pausen zum Essen, Fotografieren und Bewundern der Landschaft sind nicht berücksichtigt. Unerfahrene, konditionell Schwache sollten bis zu 50 % zusätzlichen Zeitaufwand hinzurechnen.

Innerhalb kürzester Zeit kann eine warme Schönwetterperiode in Kälte, Sturm, Nebel und ebenso Schnee im Hochsommer umschlagen. Verwenden Sie deshalb gute Ausrüstung; Pullover, Wetterschutz und Mütze müssen bei jeder Tour im Rucksack sein.

Um sich auch bei widrigen Sichtverhältnissen orientieren zu können, brauchen Sie selbst in Südnorwegen eine gute Wan-

derkarte, einen Kompaß und das Wissen, wie man damit umgeht. In nördlichen Fjell- und Berggebieten sind Touren ohne Karte und Kompaß nicht durchführbar, denn die Wege sind hier kaum begangen, somit teilweise kaum erkennbar, und Markierungen, die oft 100 m auseinanderliegen, sind im Nebel schnell verloren. Straßenkarten mit flüchtig und ungenau eingezeichneten Wanderrouten sind unbrauchbar.

Altschneefelder liegen bis weit in den August hinein und können sehr steil und hart sein. Wenn sie Bachläufe überspannen, dürfen sie nur mit höchster Vorsicht als Brücke benutzt werden. Da sie dünn und instabil sein können, dürfen sie nur einzeln überquert werden. Im Zweifelsfall lieber einen Umweg in Kauf nehmen oder durchs Wasser gehen.

Kleine Bäche, wie sie auf den Hauptrouten häufig anzutreffen sind, stellen keine Gefahr dar. In entlegenen Gebieten, aber auch in südlichen Wandergebieten kann der hohe Wasserstand eines Baches während der Schneeschmelze, die bis in

Die Büschel des Wollgrases, das auf feuchtem Boden, an Seen, Bächen und in Mooren sehr häufig ist, tanzen im Wind.

Karten Für die Planung von Touren in Norwegen gibt der DNT für die wichtigsten Wandergebiete kostenlose Übersichtskarten (Planleggingskart) heraus, auf denen Wegverlauf mit durchschnittlichen Gehzeiten, Hütten, sowie Angaben zu entsprechenden Wanderkarten, ersichtlich sind.

Topografische Karten der Serie M711 (727 Stück) im Maßstab 1:50000 decken das ganze Land ab und beinhalten alle notwendigen Informationen. Nur für unpopuläre, entlegene Gebiete können sie veraltet sein. Für die beliebtesten Wandergebiete gibt es zusätzlich noch Spezialkarten (ca. 65 Stück), sog. *»Fjellkart«* oder *»Turkart«*, die je nach Region unterschiedliche Maßstäbe und Formate besitzen (1:100000, 1:80000, 1:75000, 1:60000).

Alle Karten können in Norwegen beim DNT in Oslo oder in Buchhandlungen, Turistinformationen und Sportgeschäften in der jeweiligen Region gekauft werden. In Norwegen sind sie etwas billiger als in Deutschland.

Bezugsquellen in Deutschland (auch aus dem Ausland)
ILH – Internationales Landkartenhaus, GeoCenter GmbH
Postfach 800330
D-70565 Stuttgart
Tel.: (0711) 78893-40
Fax: (0711) 7889354
Nordland-Versand
Versandbuchhandlung A. Haardiek
Postfach 5
D-49585 Neuenkirchen
Tel.: (05465) 476
Fax: (05465) 834

den frühen Sommer andauert, oder nach heftigen Regenfällen ein ernstzunehmendes Hindernis darstellen. Geizen Sie nicht mit der Zeit auf der Suche nach einer möglichst leichten Watstelle. Öffnen Sie den Hüftgurt, um bei Gefahr den Rucksack abwerfen zu können. Teleskopstöcke verhelfen zu mehr Standsicherheit. Gehen Sie niemals barfuß durchs Wasser!

Alleine wandern birgt Gefahren. Teilen Sie jemandem Ihre Route und voraussichtliche Wanderzeit mit, so daß im Ernstfall nach Ihnen gesucht wird.

**NORDIS Buch- und
Landkartenhandel GmbH**
Postfach 10 03 43
D-40767 Monheim
Tel.: (0 21 73) 95 37 12
Fax: (0 21 73) 5 42 78
Arktis Verlag Schehle
Internationaler Bücher- und
Landkartenverlag, Buchversand
Bahnhofstraße 13
D-87435 Kempten/Allgäu
Tel.: (08 31) 5 21 59 21
Fax.: (08 31) 5 21 59 50

Winterwandern

Nicht, wie man glauben könnte, der Hochsommer ist für die Norweger die beliebteste Zeit, in den heimischen Bergen zu wandern, sondern Ostern. Alles, was Ski sein eigen nennt, zieht zu dieser Zeit in die Berge: zur eigenen Hütte oder je nach Erfahrung und körperlicher Verfassung in die Randbereiche der Wandergebiete oder zu einer mehrtägigen Durchquerung eines der gut markierten Fjells. Eine Wintertour durch tief verschneite Wälder oder über die im weißen Licht glitzernde Weite einer Vidda zählt bestimmt zu den grandiosesten Ereignissen. Aber es birgt auch Gefahren, und jeder, der noch nicht über genug Erfahrung verfügt, sollte sich langsam, mit kleineren Touren beginnend, vorarbeiten.

Markierung Fast alle Wandergebiete in Südnorwegen werden vom DNT oder anderen Organisationen mit Birkenzweigen markiert. Gewöhnlich werden die Markierungen von Mitte März bis Mitte April aufrechterhalten. In einigen Gebieten (Hardangervidda, Rondane, Ryfylkeheiene) teilweise bereits ab Mitte / Ende Februar, wohingegen andere Gebiete nur für zwei Wochen über Ostern Markie-

rungsstangen erhalten. Nördlich von Trondheim findet man nahezu keine markierten Routen. Teilweise existieren Motorschlittenpisten, die mit festen Stangen gekennzeichnet sind (Finnmark). Eine detaillierte Informationsbroschüre erhält man gratis beim DNT.

Hütten Die bewirtschafteten Hütten sind ausnahmslos von Palmsonntag bis Ostermontag offen und meist hoffnungslos überfüllt. Nur entlang der Bahnlinie Oslo – Bergen öffnen sie früher. Die Selbstbedienungshütten sind meist bereits ab Mitte Februar zugänglich. Detaillierte Angaben entnehmen Sie der Broschüre »Åpningstider vinter«, die jährlich vom DNT herausgegeben wird.

Beste Wanderzeit Um dem strengen Frost, den orkanartigen Stürmen und kurzen Tagen zu entgehen, empfehlen sich für Winterwanderungen die Monate März und April. Aber selbst Anfang Mai liegt in den Bergen für ausgedehnte Touren noch genug Schnee. Ostern sollte man wegen der überbelegten Hütten meiden.

Ausrüstung

Alle, die zum ersten Mal die norwegischen Berge bewandern wollen, dürfen sich nicht durch deren vergleichsweise geringe Höhe zu einer Unterschätzung verleiten lassen (die Hardangervidda liegt kaum höher als der Schwarzwald). Äußere Bedingungen, regenreiches Wetter und extreme Wetterumstürze, die Schneestürme im Hochsommer mit sich bringen können, morastiger Untergrund und teilweise lange Etappen zwischen schutzbringenden Hütten verlangen eine gute Ausrüstung.

Regenjacke Da die Regenjacke häufig gebraucht wird, sollte sie von guter

Im Lappland sind die domesizierten Rentiere der Samen beheimatet. Auf ihren Wanderungen kreuzen sie oft gefährlich die Straße.

Qualität sein. Sogenannte »atmungsaktive« Jacken aus Gore-Tex oder gleichwertigen Materialien (Beschichtungen bzw. Membranen: Sympatex, Entrant, Helly-Tech, usw.) ermöglichen ein besseres Hautklima, da diese wind- und wasserdicht sind und trotzdem Körperfeuchtigkeit (Schweiß) in einem gewissen Maß nach außen abgeben. Außerdem verwende ich bei kalt-feuchtem Wetter bis Nieselwetter (starker Regen fällt relativ selten) meist eine kräftige Jacke aus Mischgewebe oder Mikrofaser, da nur diese einen Feuchtigkeitsstau wirkungsvoll vermeiden und für Wohlbefinden sorgen.

Es sollte darauf geachtet werden, daß die Kapuze der Regenjacke auch bei starkem Wind gut sitzt und Bewegungen des Kopfes mitmacht. Wichtig ist außerdem, daß sich an der Jacke keine ungünstig plazierten Druckknöpfe usw. im Bereich des Hüftgurts befinden, die am Körper Druckstellen verursachen könnten.

Regenponchos sind bei Fjelltouren eine gute und billige Lösung (allerdings nicht im Alpinbereich!), vor allem, wenn sie gleichzeitig den Rucksack vor Nässe schützen. Ihre Nachteile liegen in der Windanfälligkeit und der recht hohen Kondenswasserbildung.

Unterwäsche Verwenden Sie keine Baumwollunterwäsche, da diese, einmal durch Schweißbildung naß, sehr langsam trocknet und deshalb zum Auskühlen des Körpers führt – Gesundheitsrisiko! Spezialunterwäsche leitet dagegen den Schweiß von der Haut ab, fühlt sich selbst im feuchten Zustand noch warm an und trocknet innerhalb kürzester Zeit.

Schuhe Die Berge Norwegens stellen an den Schuh meist andere Anforderungen, als wir sie von den Alpen her gewohnt sind. Oft bewegen wir uns im feuchten Fjellgebiet, in denen modernbunte Leichtwanderschuhe binnen kürzester Zeit durchnäßt wären. Zur Auswahl stehen Wandergummistiefel skandinavischer Herkunft, Bergschuhe oder Jagdstiefel. Für Hüttenaufenthalte und Bachdurchquerungen sollte noch ein Paar Turnschuhe im Rucksack sein.

Gummistiefel: Die speziellen Wandergummistiefel, die wesentlich robuster als billige Garten- oder Seglerstiefel sind und über eine griffige Sohle verfügen, scheinen für Nordlandtouren optimal zu sein. Ich empfehle sie für ausgesprochene Feuchtgebiete (siehe Tourenbeschreibung). In alpinen Regionen (Jotunheimen, Rondane, Dovrefjell) sind sie mit ihrer Stabilität schnell an der Grenze und auf nassem Gestein oder gar Schnee bieten sie wenig Halt. Auch auf längeren Touren mit schwerem Rucksack klagte ich häufig über Knöchelschmerzen. Mit der oft angesprochenen Schweißbildung hatte ich nie größere Probleme dank meiner original Schladminger Schurwollsocken, die die Feuchtigkeit aufnehmen und außerhalb des Stiefels trocknen.

Bergschuhe: Schaut man den einheimischen Wanderern auf die Füße, wird man feststellen, daß sie fast ausnahmslos Lederschuhe verwenden. Sie gewähren aufgrund ihrer stabilen und stoßabsorbierenden Sohlenkonstruktion einen wesentlich höheren Gehkomfort und Sicherheit auf verblocktem Terrain sowie auf Schnee und Gletscher. Gut eingewachst halten sie auch mehrstündigen Schlamm-Berührungen stand (Imprägnierwachs immer dabeihaben!). Auch Wanderschuhe mit eingearbeiteter wasserdichter Gore-Tex-Membrane sind gut geeignet, wenn man von der auf Dauer unangenehmen Geruchsentwicklung durch Schweißabsonderung absieht. Für Touren ab August, wenn die Bäche weniger Wasser führen und die Böden langsam trocknen, sind Bergschuhe

für fast alle Gebiete die bessere Wahl.
Jagdstiefel: Für ausgedehnte Touren auf feuchtem Terrain bilden die Jagdstiefel der schwedischen Firma Lundshaugs einen optimalen Kompromiß. Diese hohen Lederstiefel sind bis zum Knöchelbereich gummiert und somit wasserdicht und verfügen über eine stabile Profilsohle. Jagdstiefel werden auch in diversen Leder- und Gore-Tex-Kombinationen angeboten.

Zelt Billigzelte, die vielleicht für den Strandurlaub in Italien ausreichen, sind für das rauhe Klima des Nordens ungeeignet. Zum Glück bekommt man bei guten »Trekkingausrüstern« fast nur noch ausgezeichnetete Qualität, die allerdings nicht gerade billig ist. Wasserdichte Leichtgewebe und hochwertige Aluminiumgestänge sind heute ohnehin die Regel. Die Konstruktion des Zeltes spielt eine eher untergeordnete Rolle. Vorteilhaft sind Zelte, deren Außen- und Innenzelt aneinanderhängen (zum Trocknen allerdings auseinandernehmbar), denn sie bleiben bei Regen »trockener« bei Auf- oder Abbau. Besonderes Augenmerk sollte man auf die Größe der Apsiden legen, in denen bei Regen gekocht werden muß, auf ausreichend Abspannmöglichkeiten bei Sturm, auf das Vorhandensein von Moskitonetzen und auf eine gute Belüftungsmöglichkeit. Wählen Sie das Zelt nicht zu klein, um auch einmal einen Regentag darin verbringen zu können. Zusätzlich zur Normalausstattung empfiehlt es sich, eventuell verschiedene Heringe dabeizuhaben – U-Profile für weichen, Nägel für harten Boden – und natürlich Ersatzteile für gebrochenes Gestänge.

Schlafsack Bei Hüttentouren, wo häufig ein Schlafsack benötigt wird (»unbediente« und »Selbstbedienungshütten«), spielt dessen Qualität und Materialzusammensetzung eine untergeordnete Rolle. Bei Zelttouren entscheidet die Qualität allerdings darüber, ob man friert oder nicht. Nachttemperaturen, die selbst im Hochsommer öfter unter 0 °C fallen, verlangen nach einer guten Qualität, wobei Daunen- und Kunstfaserschlafsäcke zur Auswahl stehen. Daunenschlafsäcke haben den Vorteil, leichter und kleiner im Packmaß zu sein und einen besseren Schlafkomfort zu bieten. Dagegen nimmt die Daune bei länger anhaltendem, nassem Wetter Feuchtigkeit auf und verliert schnell an Isolationsvermögen. Schlechte Erfahrungen habe ich mit Daune bei Herbsttouren gemacht, wenn die Kondenswasserbildung im Zelt zunimmt, und die Tagestemperaturen zum Trocknen nicht mehr ausreichen. Gerade für diese Jahreszeit bevorzuge ich Kunstfaserschlafsäcke, weil sie weniger Feuchtigkeit aufnehmen.

Rucksack Bei Hüttentouren, wo selten mehr als 12 bis 15 kg zusammenkommen, sollte ein Rucksack von ca. 50 Liter Volumen ausreichen. Bei ausgedehnten Zelttouren werden dagegen 60 bis 80 Liter Volumen notwendig sein. Dabei stehen Innen- und Außentraggestellrucksäcke zur Auswahl. Für die Größe des Rucksacks passend ist zusätzlich ein Regenüberzug wichtig, denn es gibt keinen dauerhaft wasserdichten Rucksack.

Innentraggestell-Rucksäcke werden meist durch zwei integrierte Alu-Stangen stabilisiert und übertragen die Last vorzugsweise auf den Hüftgurt. Sie sind in der Regel bis etwa 20 kg stabil genug. In höheren Gewichtsklassen gibt es nur wenige Modelle, die über eine ausreichend stabile Traggestell-Hüftgurt-Kombination verfügen. Das Gewicht sollte fast ausschließlich von der Hüfte getragen werden – die Schultergurte sollten dann so entlastet sein, daß sie fast nur noch die Balance übernehmen! Wichtigstes Entscheidungsmerkmal ist die optimale Paßform von Rückenlänge, Schultergurtlänge und -breite sowie die Paßgenauigkeit des Hüftgurts. Vor allem (kleinere) Frauen sollten sich gut beraten lassen und mehrere Modelle ausprobieren.

Hochwertige **Außentraggestell-Rucksäcke** sind aufgrund ihrer optimalen Lastverteilung für Lasten über 20 kg nach wie vor unschlagbar und in Skandinavien berechtigterweise sehr beliebt. Allerdings eignen sie sich wegen der sperrigen Konstruktion nur für die Fjellregionen.

Rucksackpacken: Um den Schwerpunkt nahe an den Rücken zu bringen, müssen schwere Ausrüstungsgegenstände dicht am Körper und möglichst hoch verstaut werden.

Kocher Gas-, Benzin- oder Spirituskocher? **Gaskocher** sind unkompliziert, brennen sauber und sind leicht zu regeln. Allerdings sind sie auch windanfällig, und man hat auf längeren Touren die Last mehrerer, oft teurer Kartuschen. Alle gängigen Gaskartuschen sind in Norwegen in Sporthäusern, oftmals auch in Lebensmittelgeschäften erhältlich. **Benzinkocher** sind für Skandinavientouren relativ ungeeignet, weil beim Startvorgang meist eine Stichflamme entsteht. Schlechtwetter zwingt oft, im Zelt bzw. in der Apsis zu kochen. Das ist mit Benzinkochern zu gefährlich. Optimal konstruiert für nordische Verhältnisse ist der **Spiritus-Sturmkocher** (z. B. Trangia). Er ist relativ leicht, robust, ohne störanfällige Verschleißteile und äußerst unkompliziert im Gebrauch. Auch Wind kann ihm nichts anhaben. Spiritus ist in nordischen Ländern an fast jeder Tankstelle und in jedem Sportgeschäft erhältlich (norw. Rød Sprit), allerdings wesentlich teurer als bei uns (1 Liter kostet etwa DM 10,–).

Ausrüstungsliste

- ❏ evtl. Teleskopstöcke
- ❏ Schlafsack
- ❏ Isoliermatte
- ❏ Rucksack
- ❏ Rucksacküberzug (wichtig)
- ❏ Packsäcke (wasserdicht)
- ❏ Zelt (Gestänge + Reserve, Heringe)
- ❏ evtl. Zeltunterlage
- ❏ Imprägnierwachs für Schuhe

Kleidung:
- ❏ Bergschuhe, Gummistiefel, Jagdstiefel
- ❏ Turnschuhe (Bachdurchquerung, Hütte)
- ❏ Unterwäsche (Spezialunterwäsche aus Kunstfaser)
- ❏ Socken, Strümpfe
- ❏ Hemd (Wolle, Fleece)
- ❏ Pullover, Jacke (Wolle, Fleece)
- ❏ Hose (lang – winddicht, kurz)
- ❏ Lange Unterhose (Fleece)
- ❏ evtl. Trainingsanzug (Reserve, Hütte)
- ❏ Windjacke (Mischgewebe, Mikrofaser)
- ❏ Regenjacke oder Poncho
- ❏ Regenhose
- ❏ Haube, Mütze
- ❏ Handschuhe
- ❏ Halstuch
- ❏ Sonnenhut

Orientierung:
- ❏ Karten
- ❏ Tourenführer
- ❏ Kompaß
- ❏ evtl. Höhenmesser

Küche:
- ❏ Kocher
- ❏ Brennstoff
- ❏ evtl. Spülmittel, Putzlappen
- ❏ Kochgeschirr

- ❏ Trinkflasche
- ❏ Trinkbecher
- ❏ Besteck
- ❏ Dosenöffner
- ❏ Wassersack
- ❏ Messer

Proviant:
- ❏ Brot (Knäcke-)
- ❏ Butter, Honig, Marmelade, Aufstrich, Käse, Hartwurst
- ❏ Müsli
- ❏ evtl. Milchpulver
- ❏ Trockenobst
- ❏ Tee, Kaffee
- ❏ Zucker
- ❏ Instant-Suppen
- ❏ Teigwaren usw.
- ❏ Fertiggerichte
- ❏ Trockengemüse
- ❏ Gewürze
- ❏ Müsliriegel
- ❏ Schokolade
- ❏ Studentenfutter
- ❏ Elektrolytgetränke
- ❏ Brausetabletten

Sonstiges:
- ❏ Taschenlampe (Stirnlampe)
- ❏ Batterie, Glühbirne
- ❏ Tagebuch
- ❏ Mitgliedsausweis (DNT)
- ❏ Hüttenschlüssel
- ❏ Geld
- ❏ Schreibzeug
- ❏ Sonnenbrille
- ❏ Sonnenschutzcreme
- ❏ Insektenschutzmittel
- ❏ Apotheke
- ❏ Leukoplast
- ❏ Waschzeug
- ❏ Streichhölzer
- ❏ Nähzeug
- ❏ Taschentücher, WC-Papier
- ❏ Fotoapparat mit Zubehör

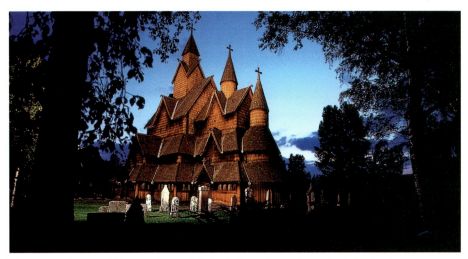

Von den rund 800 Stabkirchen, die zur Zeit der Reformation im 12. und 13. Jahrhundert erbaut wurden, stehen heute nur noch 21 an ihrem ursprünglichen Platz. Diese Holz-Stab-Bauweise war auf dem Land üblich, in den Städten entstanden Kirchenbauten aus Stein. Stabkirche von Heddal in Notodden.

Allgemeine Reisetips

Information

Für Informationen aller Art, die Sie für eine Reise nach Norwegen brauchen, wenden Sie sich an folgende Adresse:
Norwegisches Fremdenverkehrsamt
Postfach 76 08 20
D-22058 Hamburg

Anreise

Autofähren nach Skandinavien

Der Weg nach Norwegen führt übers Wasser. Eine ganze Reihe von Schiffsverbindungen von Deutschland oder Dänemark ermöglichen eine Anreise entweder direkt an einen südnorwegischen Hafen, oder man wählt eine kürzere Fährpassage über Schweden. Die meisten Linien verkehren ganzjährig. Während der Hauptreisezeit im Sommer sind die Schiffe oft voll, und eine Reservierung ist vorteilhaft.

Color Line:
Kiel (D) – Oslo (NOR) – Hirtshals (DK) – Oslo (NOR)
Hirtshals (DK) – Kristiansand (NOR)
Newcastle (ENG) – Stavanger, Bergen (NOR)
Larvik Line:
Frederikshavn (DK) – Larvik (NOR)
Stena Line:
Kiel (BRD) – Göteborg (SWE)
Frederikshavn (DK) – Göteborg (SWE)
Frederikshavn (DK) – Oslo (NOR)
Frederikshavn (DK) – Moss (NOR)
Scandinavian Seaways:
Kopenhagen (DK) – Oslo (NOR)
Scandi Line:
Strømstad (SWE) – Sandefjord (NOR)
Hansa Ferry:
Rostock (D) – Trelleborg (SWE)
Sassnitz (D) – Trelleborg (SWE)
Fjord Line:
Hanstholm (DK) – Egersund (NOR) – Bergen (NOR)

Im Sommer wie im Winter, am Tag und in der Nacht, ermöglichen Autofähren, wie diese an der E 6 südlich von Narvik, den reibungslosen Verkehr in diesem von Fjorden zerklüfteten Land.

DSB Vogelfluglinie:
Puttgarden (D) – Rødby (DK) –
Helsingør (DK) – Helsingborg (SWE)

Einfuhr von Tieren

Seit 1. Mai 1994 ist es erlaubt, Hunde und Katzen nach Norwegen einzuführen. Eine Identitätskennzeichnung, Einfuhrgenehmigung und tierärztliche Atteste werden benötigt. Das Tier muß gegen Tollwut geimpft sein sowie einer anschließenden Antikörperkontrolle unterzogen werden (Achtung: Blutprobe darf frühestens 120 Tage nach der Impfung durchgeführt werden). Auch wird eine Impfung gegen Hundestaupe und Leptospirose verlangt. Die Einfuhrgenehmigung, die eine Gültigkeit von einem Jahr hat, kostet NOK 500,–. Dazurechnen muß man noch die anfallenden Arztkosten. Die notwendigen Unterlagen erhalten Sie beim Norwegischen Fremdenverkehrsamt (DM 3,–) oder bei der Norwegischen Botschaft in Bonn.

Unterwegs mit dem Auto

Straßenverhältnisse Allen Vorurteilen zum Trotz verfügt Norwegen über ausgezeichnete Straßen. Dank des Geldregens aus den Ölfunden war Norwegen in der Lage, innerhalb kürzester Zeit große Tunnelprojekte zu verwirklichen und Paßstraßen auszubauen. Der Weg nach Norden wurde damit auch für große Wohngespanne bequem ermöglicht. Nur in entlegenen Landesteilen kann es noch etwas eng werden.

Im Winter wird nur im Bereich von Oslo auf wenigen Straßen Salz gestreut. Sonst begnügt man sich, die hartgefrorene Eis- oder Schneeschicht mit einer Fräse aufzurauhen, was erstaunlich effektiv ist. In Norwegen werden fast ausnahmslos Spikesreifen (norw. piggdekk) verwendet, die vom 1. Nov. bis eine Woche nach Ostern erlaubt sind.

Geschwindigkeit Die angegebenen Höchstgeschwindigkeiten (Ortschaft 50 km/h, außerhalb geschlossener Ortschaften 80 km/h, auf wenigen Schnellstraßen 90 km/h) sollten genau eingehalten werden, denn die Bußgelder für Überschreitungen sind hoch. Man kann davon ausgehen, daß für jede 5 km/h, die zu schnell gefahren werden, etwa 100,– DM zu zahlen sind! Häufige Radarkontrollen, auch aus zivilen Autos, werden durchgeführt.

Übernachten

Im ganzen Land gibt es eine Fülle von *Campingplätzen* (etwa 1400) unterschiedlichen Standards. Im südlichen Teil Norwegens hat man auf den Tagesetappen die Wahl unter mehreren Campingplätzen. Weiter im Norden werden sie besonders auf entlegeneren Straßen rar, so daß hierfür eine exakte Planung (speziell für Radfahrer) erfolgen sollte. In Norwegen ist es üblich, daß nahezu alle Campingplätze auch kleine *Blockhütten* (Hytter) vermieten. Nach anhaltenden Regengüssen sind sie oft die einzige Möglichkeit, sich und die Ausrüstung wieder trocken zu bekommen.

Im ländlichen Bereich wird man öfter auf das Schild »Rum« stoßen. Damit sind privat vermietete *Zimmer* gekennzeichnet. Einerseits sind sie recht günstig, anderseits kommt man in den Genuß, die Atmosphäre einer norwegischen Familie kennenzulernen. Ich kenne Leute, die auf diese Art einige gute Freunde in Norwegen gewonnen haben.

Ebenso wie auf Wandertouren, bietet sich auch bei Radtouren die freie Natur an, das *Zelt* überall aufzubauen. Durch das »Jedermannsrecht« gibt es hier kaum Einschränkungen (siehe Jedermannsrecht, Seite 232). Allerdings sollten die Bestimmungen im eigenen Interesse und im Interesse derjenigen, die nach uns folgen, eingehalten werden – denn eines sollte man nicht vergessen – wir alle sind nur Gast im Land.

Jugendherbergen (Vandrehjem): Zwischen Kristiansand im Süden und Honningsvåg im Norden (auch Svalbard-Spitzbergen) bieten fast 100 Jugendherbergen dem Wanderer, Radfahrer und Autotouristen günstige Übernachtungsmöglichkeiten. Meist sind sie wesentlich komfortabler ausgestattet (Einzel-, Doppel-, Familien- und Mehrbettzimmer), als wir sie von Mitteleuropa gewohnt sind. Die Mehrzahl der Jugendherbergen bietet Mahlzeiten an. Leinenschlafsäcke oder Bettwäsche ist Pflicht. Teilweise sind sie ganzjährig geöffnet, andere wiederum nur in den Sommermonaten. Die Mitgliedschaft anderer JH-Verbände wird für Ermäßigungen akzeptiert.

Weitere Informationen mit Adreßliste und Übersichtskarte von:

Norske Vandrehjem
Dronningensgate 26
N-0154 Oslo
Tel.: 22 42 14 10
Fax: 22 42 44 76

Aufwendige Räumungseinrichtungen halten die Straßen im Winter frei. Am Polarkreis.

Kleiner Sprachführer

Norwegisch – Deutsch

aksla – Ausläufer
ås, åsen – Bergrücken
austre – östlich
bekk – Bach
botn, botnen – Tal
bre – Gletscher
bru – Brücke
bukt, bukta – Bucht
dal, dalen – Tal
egg, eggi – (Gebirgs-)Kamm
eid, eidet – Landenge
elv – Fluß
fjell – Berg, Gebirge
fonn – Gletscher
foss, fossen – Wasserfall
fylke – Regierungsbezirk

hallet, halline – Abhang, Halde
halsen, halsane – (Land-, Meer-)Enge
hamar – steiler Fels
haug, haugen – Hügel, Anhöhe
hav – Meer, See, Ozean
hei – Bergrücken
hø – Anhöhe, Gipfel
høgda, høgdene – Hügel
hølen – (Wasser-, Fluß-)Tiefe
holm, holmen – Insel
jøkul – Gletscher
lægret, lega,
legene – Schutz(-hütte)
litle – klein
myr – Moor
ned, nedre – untere
nibba – Gipfel
nordre – nördlich
nut, nuten, nutane – Gipfel, Spitze
øvre – oberer
øy, øya – Insel
pigg – Gipfel
rygg, ryggen – (Gebirgs-)Kamm
sæter (seter), støl, – Bergbauernhof,
stu   Alm
seter, støl – Alm
sjø, sjøen – See
skar, skard,
skardet – Einschnitt, Paß
skog – Wald
søre – südlich
stein, steinen – Stein, Fels
store – groß
strupen – Paß
sund – Sund, Meerenge
tangen – Landzunge
tind, tindan, – Gipfel
tindane tjørn – See, Teich
topp, toppen – Spitze, Gipfel
turisthytte – Wanderer-,
Touristenhütte
ur, urd – Geröll, -abhang

Abendstimmung am Straumfjorden in Nordnorwegen.

Der Sieg bei dem alljährlich zu Ostern durchgeführten Rentierschlittenrennen bringt dem Samen wie in frühen Zeiten hohes Ansehen. Die Siegesprämie stellt eine Adaption an die heutige Zeit dar – ein Motorschlitten!

våg, vågen – Bucht
varde – Steinhaufen
vatn, vatnet – See
vesle – klein
vestre – westlich
vidda – Ebene
vik, vika – Bucht
voll, vollen – Bergwiese (Alm)

Samisch – Deutsch

áhpi, ape – Moorlandschaft, großes Moor
alip, alep – Westen, westlich
bákti, pakte – Steilhang, spitzer Berg
c^ohkka, c^okka, tjåkkå – Berggipfel
c^orru, tjårro – Bergrücken

eatnu, ätno – Fluß
gáise, kaise – Gipfel, steiles Gebirge
gaska, kaska – mittel, zwischen
gorsa, kårsa – Schlucht, Klamm
jávri, jaure – See
jietnja, jetna – Gletscher
johka, jåkkå, jokk – Bach
láhku, lako – Hochebene
lulip, lulep – Osten
luokta – Bucht
luoppal – Fluß
njarga – Landenge
oaivi, åive – Berg
suolu, suola – Insel
vággi, vagge – Tal
várri, vaarri, vare – Berg
vuobmi, vuobme – Urwald, Wald

Register

Die geradestehenden Ziffern verweisen auf Textstellen, die kursiven Ziffern auf Stichworte in Bildlegenden.

DIE WELT

UND

SICH SELBST

ERLEBEN

AUF ÜBER 200

TREKKINGROUTEN

WELTWEIT

Hauser
Exkursionen
international GmbH

Marienstr. 17 80331 München
Tel. 089/235006-0 Fax 089/ 2913714

travellunch aquaplus®
lightweight food

das Original

a good meal - wherever you go

TRAVELLUNCH - die Outdoor-Verpflegung im praktischen Standbeutel, in dem die Mahlzeit bequem zubereitet werden kann. Extrem leicht - ohne Konservierungsstoffe jahrelang haltbar - bakteriologisch sicher - zuverlässig verpackt - schmackhaft und abwechslungsreich - vollständige und vollwertige Verpflegung mit allem, was der Körper benötigt - auch bei härtester Belastung.
Entwickelt und produziert in Zusammenarbeit mit vielen Expeditionsleitern, Sportmedizinern und Profis ist REITER *lightweight food* die richtige Verpflegung für alle, die draußen unterwegs sind beim Trekking, Bergsteigen, Wassersport, bei Forschungsprojekten, Expeditionen, Abenteuerreisen und Hilfseinsätzen.
REITER lightweight food kann selbst unter extremen Bedingungen bequem und schnell nur mit Zugabe von heißem Wasser zubereitet werden.

travellunch aquaplus®
lightweight food

das Original

und

ADVENTURE -LUNCH
aquaplus ®

Qualität die man schmeckt!
Mehrfach DLG prämiert!

Info: SIMPERT REITER GMBH • Postfach 180 • 86062 Augsburg
Telefon 08 21 / 2 40 75 00 • Fax 08 21 / 2 40 75 10

„The Spirit of the North"

Stille und Weite – Einsamkeit und Reinheit.
Mitternachtssonne und Polarlicht.
Mystischer Zauber des Nordens!

Wer ihn erlebt hat, den läßt er nie mehr los.

Nach Forschern und Entdeckern zieht es heute viele Menschen in die Regionen des Nordens. In Grenzbereiche wagen – Entdecktes neu entdecken – unvergeßliche Stunden im rauhen Atem der Natur. Vom arktischen Eis bis zu den Wüsten, wo Grenzbereiche begangen werden, ist BIG PACK mit dabei.

In vier Sommern durchquerte Hans Memminger mit seinem Team 4000 Kilometer Eismeer und bewältigte erstmals mit Kajak und bloßer Muskelkraft den gefürchtetsten Eisteil der Nordwest-Passage.

Bruno Baumann schaffte in einzigartiger Weise die Durchquerung der Wüsten Gobi und Takla-Makan. Meisterleistungen an Willen und Ausdauer, aber auch ein Beweis für den hohen Qualitätsstandard der Ausrüstung. „An sie stelle ich höchste Ansprüche", sagt Hans Memminger.

„Daß sie funktionell ist, ist Grundbedingung. Aber sie soll auch leicht sein und so variabel, daß ich mich damit den unterschiedlichen klimatischen Bedingungen meiner Reisegegend anpassen kann. Das ist letztlich nur möglich, wenn die Kleidung aus mehreren dünnen Lagen besteht.

BIG PACK hat das mit seinem 5-Lagen Climate Clothing System optimal gelöst. Wobei ich besonders darauf achte, daß die Unterwäsche weder im Schritt noch unter dem Arm scheuert und daß ich trotz des guten Feuchtigkeitstransports der TREVIRA-Mikrofaser ein naßgeschwitztes Hemd schnell wechseln kann.

Ich persönlich ziehe es vor, mich für den aktiven Teil eines Unternehmens lieber leichter anzuziehen. Für Pausen und Ruhephasen habe ich aber immer Windbreaker und Daunenjacke griffbereit.

Um Tage und Wochen optimale Leistung zu erbringen, ist guter Schlaf Voraussetzung. Das heißt, Schlafsack und Unterlage grundsätzlich für Komfortbereich auswählen. Nicht nur die Länge eines Schlafsackes muß den Körpermaßen entsprechen, sondern ebenso die Breite.

Ein Schlafsack unter 85 Zentimeter wird nur sehr schmalen Personen Freude bereiten, Qualitätsdaune ist weit weniger feuchtigkeitsempfindlich als üblicherweise angenommen, schließlich stammt sie ja von Wasservögeln.

In den vielen Monaten im Eismeer gab uns der Daunen-Schlafsack nie Anlaß zur Beschwerde, obwohl wir häufig die naßgeschwitzte Kleidung darin trockneten. Ein Schlafsack mit Baumwoll-Innenseite ist für Anwendungen dieser Art allerdings nicht empfehlenswert. Sie trocknet nur schwer, ist kalt und bringt unnötiges Gewicht.

Lang wäre die Liste der Ausrüstungsempfehlungen: Zelt, Kocher, Rucksack – für Extremunternehmungen ist nur das Beste gut genug, auch wenn es seinen Preis hat. Letztlich Endes kommt ein hochreißfestes Zelt weit billiger als ein Unternehmen, das wegen eines zerfetzten Zeltes abgebrochen werden muß.

Eines möchte ich jedem empfehlen: sich mit jedem Teil der Ausrüstung vor Antritt einer Reise vertraut zu machen und wenn irgend möglich, alles unter ähnlichen wie den zu erwartenden Bedingungen zu testen. Und zu wissen, daß die optimale Ausrüstung nur eine, wenn auch wichtige Seite eines Unternehmens sein kann.

Die andere Seite ist unsere physische und psychische Kraft und die Fähigkeit, mit den Gesetzen der Natur in Einklang zu stehen."

SALOMON TREKKING

Überzeugende Schuhkonzepte für jede Zielgruppe

»Für jeden Anspruch den richtigen Schuh« – so lautet die Devise bei SALOMON. Deshalb hat SALOMON für die unterschiedlichen Motivationen und Anforderungen der Wanderer und Outdoor-Freaks die passenden Schuhlinien für unterschiedlichste

Freizeitaktivitäten auf den Markt gebracht. Innerhalb jeder Schuhlinie werden technische und attraktive Modelle speziell für Frauen angeboten, die der weiblichen Fußanatomie entsprechen.

Die Linie **Super Mountain für den alpinen Leistungsbereich** in Eis, Schnee und Fels. Durch den innovativen Aufbau aus Kunststoff und Leder und die interne, individuelle Anpassung ist unvergleichliche Vielseitigkeit im Alpinismusbereich garantiert.

Die Linie **Adventure für ambitionierte Berg-steiger** und Wanderer, die technische Innovation suchen. Die Modelle sind technisch hochwertig, leicht innovativ im Design und bieten außerge-wöhnliche Griffigkeit und Paßform.

Die Linie **Authentic für die traditionellen Bergwanderer**, die einen klassischen Bergschuh bevorzugen. Die Schuhe sind aus Volleder, sehr wi-derstandsfähig, bequem und zeichnen sich durch ausgezeichnete Griffigkeit aus.

Die Linie **Discovery für die Freizeitwande-rer**, denen der Komfort und die Funktionalität eines modischen Trekkingschuhs wichtig ist. Die Modelle sind sehr leicht, feuchtigkeitsbeständig (die meisten Modelle sind mit einer Gore-Tex-Membran) und haben eine extrem griffige Sohle.

Die Linie **X-Hiking: Die neue Schuhgenera-tion für sportliche Outdoor-Freaks**, die auf einen trendigen, aber auch funktionalen Schuh für unterschiedlichste Freizeitaktivitäten setzen. Die X-Hiking Schuhe sind sehr leicht, modisch und bieten optimalen Fußhalt und eine sehr griffige Contagrip-Sohle.

Contagrip und Sensifit – innovative und technische Funktionen

● **Die Contagrip-Sohle:** Griffigkeit in feuchtrut-schigem Gelände ist für jeden Wanderer extrem wichtig. Speziell dafür hat SALOMON die Conta-grip-Sohle entwickelt. Sie ist das Ergebnis der Zusammenarbeit mit einem in der Entwicklung für Formel-1-Reifen spezialisierten Labor und besteht aus 100 Prozent Kautschuk. Die Contagrip-Soh-len sind außergewöhnlich haftfähig und abriebfest. Die erste Trekkingsohle, die von der schweizeri-schen Beratungsstelle für Unfallverhütung (bfu) we-gen ihrer außergewöhnlichen Griffigkeit empfohlen wird.

Alle SALOMON Produktlinien sind mit der Contagrip-Sohle ausgestattet, je nach Funktion unterscheiden sich Sohlenaufbau und Stollen-profil.

● Die **Sensifit-Paßformregulierung:** Für richti-gen Fußhalt und Tragekomfort sorgt Sensifit, das von SALOMON entwickelte Konzept zur internen und externen Paßformregulierung.

Die **interne Paßformregulierung** besteht aus einem weichen und luftdurchlässigen Netz an der Innenseite des Schuhs, das dem Fuß optimalen Halt gibt und schmerzhaftes Reiben oder drückende Zehen verhindert.

Die **externe Paßformregulierung Sensifit** (bei X-Hiking Modellen). Die flexible Banda-genschnürung umhüllt den Rist vollständig, wo-durch der Fuß fest im Schuh gehalten wird. Der externe, vom Schaft unabhängige Adapter er-möglicht ein Schnüren mit homogener Druckvertei-lung.

„Fjorde und Fjelle Norwegens"

Der Spezialveranstalter Hauser Exkursionen aus München bietet Trekkingreisen in die schönsten Regionen weltweit an. Eine der über 200 Routen führt zu den „Fjorden und Fjellen" Norwegens:

Das Trekkingprogramm umfaßt Tageswanderungen und mehrtägige Touren von Hütte zu Hütte. Vom Ausgangspunkt Stavanger unternehmen Sie eine Tour zum 600 Meter aus dem Lysefjord aufragen-den Felsplateau Preikestolen.

Von hier wandern Sie mehrere Tage auf dem Ryfylkeheiene. Der Weg führt durch eine beein-druckende Granitlandschaft, vorbei an unzähligen Seen und Wasserfällen. Anschließend überqueren Sie die Hardangervidda, den größten norwegischen Nationalpark. Flora und Fauna sind hier reich und vielfältig. Bis auf wenige ganzjährig geöffnete Fjellgasthöfe ist das 9000 qkm große Gebiet prak-tisch unbesiedelt.

Auf dem Rallarvegen, einer stillgelegten Bahntrasse radeln Sie nach Finse. Mitten im Sommer versetzt Sie hier eine Gletschertour in eine Welt aus Eis und Schnee. Eine Stadtbesichtigung in Bergen run-det das vielfältige Bild der Norwegenreise ab.

Die 14tägige Reise beinhaltet den Flug ab/bis Ham-burg, alle Überland- und Bootsfahrten, Übernach-tungen in Hotels und Hütten, Halbpension, deutschsprachige Reiseleitung und Versicherungs-paket und kostet ab 3495,– Mark.

Detaillierte Programme und persönliche Beratung erhalten Sie beim Veranstalter: HAUSER EXKURSIONEN international, München, Telefon 0 89/2 35 00 60, Fax 0 89/2 91 37 14.